स्वाधीनता आन्दोलन
और
हिन्दी कविता

सम्पादक
डॉ. जे. आत्माराम

Swadheenta Andolan Aur Hindi Kavita

(स्वाधीनता आन्दोलन और हिन्दी कविता)

First Edition: Jun 2023

ISBN (Paperback): 978-81-963075-2-3
ISBN (E-Book): 978-81-963075-3-0

Published By
Kasturi Vijayam,
3-50, Main Road,
Dokiparru Village -521322
Krishna Dist., Andhra Pradesh, India.

Editor
Dr. J. Atmaram
Ph: +91 9440747501
Email: atmaram.hcu@gmail.com

Cover Page design : Shailesh Kumar

Book Available
@
Amazon, flipkart, Google Play, ebooks, Rakuten and KOBO

तवास्मि

यह पुस्तक हमारे प्रेरणा स्रोत, हमारे गुरुजन

प्रो. चंद्रभान रावत

प्रो. विजेंद्र नारायण सिंह

प्रो. वै. वेंकटरमण राव

प्रो. शशि मुदीराज

प्रो. नूरजहाँ बेगम

प्रो. सुवास कुमार

और

डॉ. सीएच. रामुलु

को

सश्रद्धा समर्पित है।

हैदराबाद विश्वविद्यालय
UNIVERSITY OF HYDERABAD

Prof. B J Rao
FNA, FASc, FNASc
JC Bose Fellow

Vice-Chancellor

दिनांक 15 मई. 2023

संदेश

हिन्दी विभाग द्वारा अपने विभाग के पूर्व विद्यार्थियों के आलेखों से सुसज्जित 'स्वाधीनता आंदोलन और हिन्दी कविता' पुस्तक प्रकाशित करना अत्यंत हर्ष का विषय है । विद्यार्थी अपने विश्वविद्यालय की पहचान होते हैं। उनकी उपलब्धियों एवं सफलताओं से विश्वविद्यालय का सम्मान बढ़ता है । मुझे यह जानकर बहुत प्रसन्नता का अनुभव हो रहा है कि हिन्दी विभाग के अनेक विद्यार्थी आज देश-विदेश के अनेक प्रतिष्ठित संस्थानों में सेवारत हैं और वे अपने रचनात्मक एवं शैक्षणिक योगदान से न केवल अपने संस्थान का बल्कि हैदराबाद विश्वविद्यालय के हिन्दी विभाग का गौरव भी बढ़ा रहे हैं । मैं हिन्दी विभाग की भी सराहना करता हूँ कि यह विभाग अपने पूर्व-विद्यार्थियों को अपने विभाग के गतिविधियों से जोड़े रखने का सतत् प्रयास कर रहा है और यह पुस्तक उसीका एक उदाहरण है । मैं इस पुस्तक के प्रकाशन से जुड़े विभाग के सभी शिक्षकों को बधाई देता हूँ ।

प्रो. बी.जे.राव
कुलपति
हैदराबाद विश्वविद्यालय, हैदराबाद

Professor C. R. Rao Road, Central University P.O., Gachibowli, Hyderabad - 500 046. (Telangana) India
Phone: +91-40-2301 0121, 2313 2000. Email: vc@uohyd.ac.in, bjrao@uohyd.ac.in, Web: www.uohyd.ac.in

Prof. R S Sarraju
Pro Vice-Chancellor

प्रो आर एस सर्राजु
सम-कुलपति

हैदराबाद विश्वविद्यालय
UNIVERSITY OF HYDERABAD
Ranked 9 by NIRF among Indian Universities in 2021

आमुख

भारत के विभिन्न प्रदेशों में स्वाधीनता आन्दोलन के विकास में हिन्दी कविता की महत्त्वपूर्ण भूमिका रही। स्वाधीनता आन्दोलन के दौरान हिन्दी कविता को प्रादेशिकता से ऊपर उठकर राष्ट्रीयता की छवि मिली। हिन्दी कविता के साथ-साथ हिन्दी भाषा भारत के आत्मगौरव की पहचान बन गयी। हिन्दी कविता हिन्दी भाषी प्रदेश की ही नहीं भारतीयों के दुःख-दर्द की अभिव्यक्ति का माध्यम बनी।

स्वाधीनता आन्दोलन के समय की हिन्दी कविता ने देश के नव युवकों को देश प्रेम के साथ जागरण का भी संदेश दिया था। मैथिली शरण गुप्त जैसे कवियों ने भारत वर्ष को **"भू-लोक का गौरव और प्रकृति का पुण्य लीला-स्थल"** कहा था।

भारतीय जनता में आत्मविश्वास का संचार करते हुए स्वाधीनता आन्दोलन के समय की हिन्दी कविता में अहिंसा, सहिष्णुता, शांति और सत्य को जीवन मूल्यों के रूप में प्रतिपादित किया गया था। भारतीय जीवन को स्वाधीनता आन्दोलन की कविताओं ने शक्ति और प्रेरणा दी।

वर्तमान भारत की युवा पीढ़ी स्वातंत्र्योत्तर भारत की युवा पीढ़ी है। आज हम इस युवा पीढ़ी के साथ मिलकर आत्मनिर्भर और स्वयं समृद्ध भारत का विकास करना चाहते हैं। हम भारतीय परंपराओं को समकालीन भारत-बोध के साथ जोड़ना चाहते हैं। हमारी युवा पीढ़ी में नये सिरे से आत्मविश्वास का संचार करना चाहते हैं। आशा करता हूँ कि डॉ. जे. आत्माराम के द्वारा संपादित और हिन्दी विभाग, हैदराबाद विश्वविद्यालय के पूर्व-विद्यार्थियों के द्वारा लिखित आलेखों से समृद्ध यह पुस्तक हिन्दी भाषा और साहित्य प्रेमी भारत के नव-युवकों का पथ-प्रदर्शन करेगी।

दिनांक 14-5-2023
हैदराबाद

(प्रो. आर.एस. सर्राजु)

Professor C. R. Rao Road, Central University P.O., Gachibowli, Hyderabad - 500 046 (Telangana), India
प्रोफेसर सी. आर. राव रोड, सेंट्रल यूनिवर्सिटी पी.ओ., गाच्चीबावली, हैदराबाद - 500 046, (तेलंगाना), भारत
Phone: +91-40-2301 0384, 2313 2010; Email: pvc@uohyd.ac.in, rssarraju@gmail.com; Web: www.uohyd.ac.in

हैदराबाद विश्वविद्यालय
UNIVERSITY OF HYDERABAD

(विश्वविद्यालय की स्थापना संसद के 1974 अधिनियम के अनुसार हुई)

(A Central University Established in 1974 by an Act of Parliament)

डाकघर केन्द्रीय विश्वविद्यालय
P.O. Central University
हैदराबाद - 500 046. टि.एस., भारत
Hyderabad - 500 046. T.S., India
Phone(O) : 040-23133301
Mobile : 09849603071
e-mail : vooshamalla@gmail.com

आचार्य वी. कृष्ण / Prof. V. Krishna
अध्यक्ष / Dean
मानविकी संकाय / School Of Humanities

दिनांक 12 मई. 2023

संदेश

आज़ादी के अमृत महोत्सव के उपलक्ष्य पर मानविकी संकाय के हिन्दी विभाग द्वारा अपने विभाग के पूर्व-विद्यार्थियों की एक राष्ट्रीय संगोष्ठी आयोजित करना और उस संगोष्ठी में प्रस्तुत किए गए प्रपत्रों के साथ कुछ और आलेखों को जोड़ कर 'स्वाधीनता आंदोलन और हिन्दी कविता' पुस्तक प्रकाशित करना अत्यंत हर्ष का विषय है । इस पुस्तक के माध्यम से विभाग के पूर्व-विद्यार्थियों को फिर से एक बार विभाग के शैक्षणिक गतिविधियों से जोड़ने का अच्छा प्रयास हुआ है । इसके लिए मैं हिन्दी विभाग को बधाई देता हूँ और आशा करता हूँ कि विभाग अपने पूर्व-विद्यार्थियों को जोड़ते हुए इस प्रकार के आयोजन आगे भी जारी रखेगा ।

(प्रो. वी. कृष्ण)

हैदराबाद विश्वविद्यालय

University of Hyderabad

(A Central University established under an Act of Parliament)

(केन्द्रीय विश्वविद्यालय पो.ऑ. / P.O. Central University)

गचीबावली /Gachibowli, हैदराबाद/ Hyderabad- 500 046

दिनांक : 12 मई, 2023

संदेश

हिन्दी विभाग की गौरवशाली परम्परा की विकास यात्रा में प्रस्तुत किताब एक नया अध्याय है। कोविड महामारी ने जब दुनिया को अपने अपने घरों में कैद होने को मजबूर कर दिया तब इन्टरनेट के माध्यम से पठन-पाठन का एक मात्र विकल्प हमारी मज़बूरी थी। हमने इसी बीच देश भर में फैले अपने पूर्व विद्यार्थियों को जोड़ कर आभासी मंच पर व्याख्यानों का एक सिलसिला शुरू किया। अपने प्रतिभा संपन्न पूर्व विद्यार्थियों को सुनते हुए मुझे अक्सर गुरु नानक याद आए। एक बार वे किसी ऐसे गाँव में गए थे जहाँ उनके साथ निकृष्ट कोटि का व्यवहार हुआ। उस गाँव से विदा लेते हुए उन्होंने वहाँ के अन्तेवासियों को आशीर्वाद दिया कि वे सभी आबाद रहें। फिर किसी दूसरे गाँव में गए जहाँ उनका इतना आदर-सत्कार हुआ कि भाव-विह्वल हो गए। उस गाँव से विदा लेते हुए उन्होंने उस गाँव के लोगों को बिखर जाने का शाप दिया। शिष्य चकित थे कि दुर्जनों को गुरुदेव आबाद होने का वरदान दे रहे हैं जबकि सज्जन बर्बाद होने का शाप पा रहे हैं। गुरु नानक ने बहुत बाद में किसी शंका निवारण सत्र में स्पष्ट किया था कि बुराई को फैलने से रोकना जिम्मेदार नागरिक का बुनियादी कर्तव्य होना चाहिए जबकि अच्छाई का जितना अधिक प्रसार हो वह दीन-दुनिया के लिए सौभाग्य का विषय होता है। मैं विश्वासपूर्वक कह सकता हूँ कि हमारे विभाग के विद्यार्थी गुरु नानक की उसी अभिशप्त परम्परा में हैं जो देश दुनिया में हर जगह बिखरे हुए हैं और अपने प्रकाश से भावी पीढ़ियों को प्रकाशित कर रहे हैं। यह अलग से कहने की जरूरत नहीं कि गुरु नानक की यह अभिशप्त परम्परा हमारे देश के लिए वरदान है। किसी भी देश के लिए सौभाग्य का विषय हो सकती है।

प्रो. श्याम राव जी और डॉ. जे आत्माराम जी ने इस आयोजन के जरिए विभाग के अतीत, वर्तमान और भविष्य के बीच जिस संवाद श्रृंखला की शुरूआत की है उसकी जरूरत निरंतर बनी रहेगी। इन आयोजनों को किताब के रूप में परिणत करने की संकल्पना के लिए मैं डॉ. जे आत्माराम जी के प्रति हार्दिक आभार प्रकट करता हूँ।

सादर ,

गजेन्द्र पाठक

अध्यक्ष, हिन्दी विभाग

हैदराबाद विश्वविद्यालय

दो शब्द

बारह मार्च एक ऐतिहासिक तारीख़ है, इसी दिन सन् 1930 ई. में महात्मा गाँधी ने दांडी यात्रा की शुरुआत कर अंग्रेजों के अन्यायपूर्ण नमक क़ानून के विरुद्ध आंदोलन छेड़ा था, जो असंख्य जनता की भागीदारी से स्वाधीनता संग्राम का एक बड़ा जनांदोलन बन गया । स्वतंत्रता दिवस की 75वीं वर्षगांठ के उपलक्ष्य में आयोजित 'आज़ादी के अमृत महोत्सव' को 'जन महोत्सव' बनाने के उद्देश्य से सभी सरकारी व गैर-सरकारी संस्थाओं द्वारा अपने-अपने स्तर पर विभिन्न प्रकार के साहित्यिक, साँस्कृतिक और देश-सेवा के कार्यक्रम आयोजित किए गए । इस प्रक्रिया में हैदराबाद विश्वविद्यालय में भी कई प्रकार के साहित्यिक व साँस्कृतिक कार्यक्रम आयोजित किए गए । विश्वविद्यालय के हिन्दी विभाग ने 'स्वाधीनता आंदोलन और हिन्दी कविता' विषय पर अपने विभाग के पूर्व-विद्यार्थियों की राष्ट्रीय संगोष्ठी आयोजित कर उन्हें इस महोत्सव से जोड़ने का प्रयास किया । इस आयोजन को यादगार बनाने के उद्देश्य से संगोष्ठी में जो प्रपत्र प्रस्तुत किए गए थे, उनके साथ कुछ और आलेखों को सम्मिलित कर एक पुस्तक तैयार करने का विचार हमें आया । यह पुस्तक उसी का परिणाम है ।

हिन्दी साहित्य में मैथिली शरण गुप्त, दिनकर, माखनलाल चतुर्वेदी, बालकृष्ण शर्मा 'नवीन', सोहनलाल द्विवेदी आदि ऐसे कई कवि हुए हैं जिन्होंने स्वाधीनता आन्दोलन में सक्रिय रूप से भाग लिया और जब देश स्वतंत्र हुआ, तो उसके बाद भी राष्ट्र-निर्माण एवं राष्ट्रीय-चेतना की कविताएँ लिखते रहे । अस्तु, इस पुस्तक में स्वाधीनता आंदोलन के दौरान हिन्दी के कवियों द्वारा अपनी कविताओं में चित्रित किए गए देश की जनता के सपनों और संघर्षों पर केन्द्रित आलेखों के साथ-साथ, उन आलेखों को भी शामिल किया गया है जिसमें स्वाधीनता प्राप्ति के बाद की परिस्थितियों पर राष्ट्रीय-चिंता की कविताएँ लिखी गई हैं । हिन्दी विभाग की संस्थापक सदस्या प्रोफेसर शशि मुदीराज जी, जिन्होंने संगोष्ठी में बीज व्याख्यान दिया था, द्वारा प्राप्त आलेख को हमने आशीर्वाद स्वरूप स्वीकार किया है । शेष आलेखों के लेखक इस विभाग के पूर्व-विद्यार्थी हैं जो वर्तमान में देश के अलग-

अलग प्रान्तों में स्थित बड़े एवं प्रतिष्ठित विश्वविद्यालयों में अध्यापन कर रहे हैं। आदरणीय प्रो. कृष्णकुमार सिंह जी, प्रो. एम. श्याम राव जी, डॉ. कामेश्वरी जी, प्रो. पद्मप्रिया जी, प्रो. एम. आंजनेयुलु जी, प्रो. करन सिंह ऊटवाल जी और डॉ. अनंतलक्ष्मी जी ने समय पर अपने आलेख प्रदान कर इस योजना का बीजवपन किया, अस्तु, हृदय से उनका आभार। युवा आलोचक डॉ. जनार्दन, डॉ. अनुज, एवं डॉ. मनोजकुमार 'मौर्य', डॉ. प्रफुल्ल कुमार और डॉ. अनिक कुमार के शोधपूर्ण आलेखों के लिए बहुत-बहुत आभार। शोध छात्र संजीव कुमार, रजनीश ने भी आलेख दिए, उनके प्रति साधुवाद।

इसमें दो राय नहीं कि कंचनजंगा से लेकर कन्याकुमारी तक और कोंकण से लेकर कोरोमंडल तक, पूरे भारत को एक सूत्र में पिरोने और स्वतंत्रता की लहर को पूरे देश में पहुँचाने में हिन्दी भाषा, हिन्दी के कवियों एवं साहित्यकारों की महत्त्वपूर्ण भूमिका रही है। यह एक हिन्दी के कवि के कलम की शक्ति थी कि जिसके 'पुष्प की अभिलाषा' ने असंख्य स्वतंत्रता सेनानियों को तैयार किया; इसीप्रकार यह एक हिन्दी के गीतकार के कलम की ही ताकत थी कि जिसके गीत 'ऐ मेरे वतन के लोगों' ने अनेक देशवासियों को देश-रक्षा के लिए अपना सब कुछ न्योछावर करने के लिए प्रेरित किया। यह कौन नहीं जानता कि एक हिन्दीतर भाषी क्रांतिकारी चेम्बाकरमण पिल्लई द्वारा पहली बार दिया गया 'जय हिन्द' का नारा कैसे सभी भारतीयों के लिए जय घोष बन गया।

आज़ादी के अमृत महोत्सव के अंतर्गत स्वतंत्रता संग्राम के उन उच्च आदर्शों एवं उद्देश्यों को याद किया जा रहा है, जिन्हें हासिल करने के लिए असंख्य स्वतंत्रता सेनानियों ने अपने प्राण गवाए थे। इस महोत्सव के माध्यम से देशवासियों में वही देश-प्रेम, राष्ट्रभक्ति, देश के प्रति समर्पण एवं त्याग की भावना को जगाने का प्रयास किया जा रहा है, जो आज से लगभग पचहत्तर वर्ष पहले भारत के स्वतंत्रता सेनानियों के मन में थी। इस महोत्सव के आयोजन के द्वारा स्वतंत्रता सेनानियों के सपनों एवं आदर्शों के अनुरूप भारत को और भी मजबूत एवं आत्मनिर्भर बनाने का संकल्प लिया जा रहा है। केवल राजनीतिक स्वतंत्रता ही हासिल करना कभी भी किसी भी देश का वास्तविक लक्ष्य नहीं हो सकता, बल्कि राजनीतिक स्वतंत्रता के साथ-साथ, आर्थिक, सामाजिक, साँस्कृतिक एवं भाषिक स्वतंत्रता भी हासिल करना उसका परम लक्ष्य होना चाहिए और भारत आज इसी लक्ष्य को लेकर आगे

बढ़ रहा है। भारत को राजनीतिक पराधीनता से मुक्त हुए पचहत्तर वर्ष हो गए हैं, अब उसे भाषा की गुलामी से भी आज़ाद होना होगा।

स्वतंत्रता के स्वप्नदर्शी, देश के वीर सेनानी देश को केवल राजनीतिक रूप से ही नहीं, बल्कि भाषिक, सामाजिक एवं साँस्कृतिक रूप से भी आज़ाद देखना चाहते थे। उन त्यागमूर्तियों की इच्छा थी कि आज़ाद भारत विश्व का सबसे मजबूत, लोकतांत्रिक एवं सर्वसमावेशी देश हो जिसमें देश के सभी लोग सुखी रहें। लोकतांत्रिक स्वतंत्र भारत का सरकारी काम-काज भी लोक की भाषा, यानी हिन्दी एवं भारतीय भाषाओं में हों। जनता को हिन्दी या अपनी मातृभाषा में श्रेष्ठ शिक्षा मिलें और ज्ञान-विज्ञान के शोध-अनुसंधान के कार्य भी मूल रूप से हिन्दी तथा देश की भाषाओं में हो। इन लक्ष्यों को हासिल करने के लिए नई शिक्षा नीति 2020 के तहत किए जा रहे प्रयासों की भी अपनी अहम् भूमिका है।

आज़ादी का अमृत महोत्सव देश की आज़ादी के लिए अपना सब कुछ न्यौछावर कर देने वाले उन असंख्य वीरों को याद करने, और उनके सपनों को साकार करने का संकल्प लेने का अवसर भी है। स्वतंत्रता सेनानियों ने जिस स्वावलंबी, स्वाभिमानी और आत्मनिर्भर भारत के निर्माण की कल्पना की थी, उसे पूरा करने का 'अमृत काल' शुरू हो चुका है।

इस 'अमृत काल' में विश्वविद्यालय के हिन्दी विभाग के पूर्व-विद्यार्थियों के रचनात्मक कौशल को एक पुस्तक रूप में लाने का यह हमारा पहला प्रयास है। पुस्तक को प्रकाशित करने में विभाग के सदस्य प्रो. वी. कृष्ण जी, प्रो. रवि रंजन जी, प्रो. आर.एस. सर्राजु जी, प्रो. सच्चिदानंद चतुर्वेदी जी, प्रो. गजेन्द्र पाठक जी, प्रो. आलोक पांडेय जी, प्रो. सी. अन्नपूर्णा जी, प्रो. विष्णु सरवदे जी, प्रो. एम. श्यामराव जी, प्रो. एम. आंजनेयुलु जी, डॉ. भीम सिंह जी और डॉ. प्रकाश कोपार्डे जी का सतत् सहयोग एवं मार्गदर्शन सहयोग मिलता रहा, अतः सभी के प्रति कोटिशः धन्यवाद। डॉ. कामेश्वरी जी और डॉ. प्रफुल्ल कुमार ने प्रूफ़ देखने का भार स्वतः लेकर पुस्तक के प्रकाशन में जो सहयोग दिया उसके लिए उनका भी बहुत-बहुत आभार। प्रकाशक श्री सुधीर रेड्डी जी (कस्तुरी विजयम् से व्यवस्थापक) के प्रति विशेष आभार, जिनके सहयोग के बिना इस पुस्तक का प्रकाशन संभव नहीं था। पुस्तक का प्रकाशन बड़ा जिम्मेदारीभरा कार्य होता है, अतः इस पुस्तक में कहीं कोई कमी अथवा त्रुटि रह गई हो तो विद्वान -पाठक क्षमा करें।

जे. आत्माराम

अनुक्रमणिका

स्वाधीनता आन्दोलन और हिन्दी कविता : साक्षी और साक्ष्य

प्रो.शशि मुदीराज

स्वाधीनता आन्दोलन और हिन्दी कविता अर्थात् स्वाधीनता की संकल्पना को क्रियान्वित करने वाले आन्दोलन की कविता के माध्यम से अभिव्यक्ति। लेकिन हिन्दी कविता की भूमिका इससे भी बढ़कर है। यह न केवल आन्दोलन की अभिव्यक्ति का माध्यम बल्कि इसका परिप्रेक्ष्य, इसके विभिन्न पड़ावों की साक्षी और साक्ष्य बनी। इसी कारण स्वाधीनता आन्दोलन के विभिन्न घटनाक्रमों के साक्ष्य हिन्दी कविता में मिलते चलते हैं और भी ध्यातव्य है कि स्वाधीनता की प्राप्ति के बाद भी बाह्य स्थिति और कवि की मन:स्थिति में जो घटित हो रहा था – कविता उसकी भी साक्षी बनती है। इसलिए इस विषय के दो पक्षों की चर्चा आवश्यक है – पहला, स्वाधीनता-आन्दोलन और हिन्दी कविता का समकाल, और दूसरा, स्वाधीनता-प्राप्ति के बाद, यानी स्वप्न के यथार्थ में रूपान्तरण की फलश्रुति। दोनों ही तरह से कविता जीवन की इस यात्रा का साक्ष्य प्रस्तुत करती है। इसलिए कि कविता कालबद्ध और कालांकित ही नहीं कालातीत भी होती है। क्योंकि कविता का सम्बन्ध इस चेतना से है जो इतिहास बनाती है और स्वयं इतिहास बनती है। इसलिए स्वाधीनता-आन्दोलन और हिन्दी कविता के

अंत:सम्बन्ध को केवल ऐतिहासिक घटनाक्रम तक सीमित न रखकर स्वाधीनता की संकल्पना और चेतना पर विचार करना होगा और इसके लिए याद आते हैं निराला —

> "भ्रमर का गुंजार, वह भी स्वाधीन
>
> पक्षियों का कलरव, वह भी स्वाधीन
>
> उदय-अस्त दिनकर का,
>
> xx   xx   xx
>
> सब हैं स्वाधीन ...."

लेकिन इसके विपरीत – कवि की तड़प क्या है -

> "मेरे साथ मेरे विचार –
>
> मेरी जाति –
>
> मेरे पददलित –
>
> मौन हैं – निद्रित हैं
>
> स्वप्न में भी पराधीन!"

जो देश और समाज स्वप्न में भी पराधीन हैं, उनकी मुक्ति की बात भला सोची भी कैसे जा सकती है, मगर निराला आगे बढ़ते हैं, निष्कर्ष देते हैं -

> "समझा मैं,
>
> भय ही व्यवस्था का जनक है
>
> निर्भय अपने को
>
> और दुर्बल समाज को
>
> करके दिखाना है,
>
> 'स्वाधीन' का ही
>
> एक और अर्थ निर्भय है।"

यह कविता 'स्वाधीनता पर' शीर्षक से सन् 1924 ई. के 'मतवाला' में प्रकाशित हुई थी।

स्वाधीनता की यह छटपटाहट उन्नीसवीं शताब्दी के पूर्व से ही छिटपुट विद्रोहों की शक्ल में व्यक्त हो रही थी। लेकिन बड़ा विस्फोट होता है सन् 1857 ई. की क्रान्ति के रूप में, जिसे ब्रिटिश हितसाधक इतिहासकारों ने 'सिपाही विद्रोह', ग़दर, म्यूटिनी कहकर अवमूल्यित किया किन्तु पहली बार वीर सावरकर ने '1857

च्या स्वातंत्र्य समर' और डॉ. रामविलास शर्मा ने '1857 की राज्यक्रान्ति' कहा । अब इसे भारत के प्रथम स्वाधीनता संग्राम के रूप में याद किया जाता है । उस समय की खड़ीबोली हिन्दी में इससे सम्बद्ध कविताएँ तो नहीं मिलतीं लेकिन उर्दू में इस पर विपुल काव्य-रचना हुई । उस समय के कई स्थापित शायरों जैसे ग़ालिब, ज़हीर देहलवी, दाग़ देहलवी, मुनीर शिकोहाबादी ने दिल्ली के लुटने, उजड़ने और अंग्रेज़ों के अमानवीय दमन का हाल बयां किया है । बहादुरशाह ज़फ़र का दुखांत तो सब जानते हैं इतिहास से और उनकी शायरी से । यहाँ विशेष रूप से उल्लेखनीय है अज़ीमुल्ला खां की लिखी यह नज़्म जिसे क्रान्तिकारियों के अख़बार 'पयामे आज़ादी' में सबसे पहले छापा गया था और जगह-जगह गाया जाता था । इसकी कुछ पंक्तियाँ हैं –

<blockquote>
हम हैं इसके मालिक हिन्दुस्तान हमारा ।
पाक वतन है क़ौम का जन्नत से भी प्यारा ।

xx   xx   xx

इसकी शानोशौकत का दुनिया में जयकारा ।
आया फिरंगी दूर से ऐसा मंतर मारा
लूटा दोनों हाथों से प्यारा वतन हमारा
आज शहीदों ने है तुमको पहले वतन ललकारा
तोड़ो ग़ुलामी की ज़ंजीरें, बरसाओ अंगारा
हिन्दु मुस्लिम सिख हमारा, भाई-भाई प्यारा
यह है आज़ादी का झण्डा इसे सलाम हमारा
</blockquote>

वाचिक रूप में भारत की विभिन्न भाषाओं और उप भाषाओं में लोकगीतों के रूप में अंग्रेज़ों के अमानवीय दमन और हिंसा, क्रान्तिकारियों के अदम्य साहस और जननायकों की गौरवगाथा के रूप में सन् 1857 ई. की क्रान्ति और उसके परिणामों का सजीव चित्रण मिलता है। लोकमानस सजीव इतिहास होता है । खड़ीबोली के सन्दर्भ में भारतेन्दु हरिश्चन्द्र के बलिया में सन् 1884 ई. में दिए गए व्याख्यान का जिक्र यहाँ अप्रासंगिक नहीं होगा । इसका विषय था – 'भारतवर्ष की उन्नति कैसे हो सकती है?' इस व्याख्यान में स्वतंत्रता या स्वाधीनता शब्द कहीं नहीं आते हैं, लेकिन यह बात वे स्पष्ट कह रहे हैं कि भारतवर्ष की उन्नति के लिए

भारतवासियों को एकजुट होकर प्रयास करना होगा। वे हिन्दू और मुसलमान दोनों को उद्बोधित करते हैं। यह बात विशेष रूप से रेखांकनीय इसलिए है कि अज़ीमुल्ला खां के क़ौमी तराने में हिन्दू-मुसलमान को भाई-भाई बताया गया, सन् 1857 ई. की क्रान्ति दोनों क़ौमों ने मिलकर की थी लेकिन इसी वास्तविकता को समझकर अंग्रेज़ों ने अपनी कूटनीतिक चाल चली, जिसका त्रासद परिणाम सन् 1947 ई. में देश के विभाजन के रूप में हुआ। हाँ, भारतेन्दु अपने इस व्याख्यान से दस वर्ष पूर्व सन् 1874 ई. में 'कवि वचन सुधा' में 'सच मत बोल' शीर्षक से सम्पादकीय टिप्पणी में लिखते हैं "जिस प्रकार अमेरिका उपनिवेशित होकर स्वाधीन हुआ वैसे भी भारतवर्ष स्वाधीनता-लाभ कर सकता है परन्तु भारतवर्ष के उपनिवेशित होने से इसके विपक्ष में बहुत आपत्ति है।" यहाँ वे मूल कारण को पकड़ रहे हैं 'उपनिवेशवाद' और स्वाधीनता के लिए इससे मुक्ति आवश्यक मानते हैं। भारतेन्दु के लिए भी स्वाधीनता एक समग्र अवधारणा है जिसमें राजनीतिक, सामाजिक, आर्थिक, धार्मिक और साँस्कृतिक पक्ष शामिल हैं। साक्षी है उनकी 'भारत दुर्दशा' कविता। सन् 1857 ई. की क्रान्ति का संदर्भ भी भारतेन्दु की कविता में मिलता है –

कठिन सिपाही द्रोह अनल जा जल बलनासी।
जिन भय सिर न हिलाय सकत भारतवासी ॥

अर्थात् सिपाही विद्रोह की भयंकर अग्नि को अंग्रेज़ों ने उतने ही प्रचण्ड जल-बल से बुझा दिया। यह दमन इतना अमानवीय था कि उस आतंक से भारतवासी सिर भी नहीं हिला सकते थे।

सन् 1857 ई. के ज़िक्र-भर से सुभद्रा कुमारी चौहान की वह कविता गूँज उठती है जिसने एक अमर काव्य विषय को शब्द देने वाली कवियत्री को भी अमर कर दिया –

"चमक उठी सन् सत्तावन में वह तलवार पुरानी थी
बूढ़े भारत में आई फिर से नई जवानी थी
बुन्देले हर बोलों के मुख हमने सुनी कहानी थी
खूब लड़ी मर्दानी वह तो झाँसी वाली रानी थी।"

   स्वाधीनता आन्दोलन और हिन्दी कविता

यह एक बानगी है । ऐसे ही कितने ही परिचित, अपरिचित, सुनाम-अनाम, जननायक जो इतिहास बना गए लेकिन जिनका ज़िक्र तक इतिहास में नहीं है, ऐसों को इस काल के कवियों ने अपनी वाणी से प्रत्यक्ष कर दिया । माखनलाल चतुर्वेदी, बालकृष्ण शर्मा 'नवीन' और सुभद्रा कुमारी चौहान, क्रियाशील कवि थे जिन्होंने स्वतंत्रता-आन्दोलन में भाग लिया, जेल गए और काव्य-रचना भी की । 'पुष्प की अभिलाषा', 'कैदी और कोकिल' (माखनलाल चतुर्वेदी), बालकृष्ण शर्मा 'नवीन' की 'कवि कुछ ऐसी तान सुनाओ जिससे उथल-पुथल मच जाये' आदि रचनाएँ इस आन्दोलन की उपलब्धि थीं ।

स्वाधीनता आन्दोलन की आधारभूमि है - भारतीय नवजागरण । इसीलिए स्वाधीनता का समग्र अर्थ हुआ सभी प्रकार की जड़ताओं और बंधनों से मुक्ति । निराला ने कविता की मुक्ति और मनुष्य की मुक्ति को एकाकार कर दिया । नवजागरण, राष्ट्रीय चेतना और मानववाद – इस समय के काव्य की त्रिवेणी है । राष्ट्र की एक सुलभ परिभाषा है – भूमि, जन और संस्कृति का समुच्चय – इस दृष्टि से इस काल की कविता में देश के भूगोल, इतिहास और संस्कृति के महिमागान के साथ देश की जनता की आर्थिक विपन्नता, शोषण और दु:ख-दारिद्रय का चित्रण भी हुआ । रेखांकनीय बात यह कि 'जन' के साथ इस जुड़ाव के कारण ही स्वतंत्रता-प्राप्ति के बाद कवि नये सिरे से व्याकुल हो उठे क्योंकि उनको लगा 'वो इन्तज़ार था जिसका, ये वो सहर तो नहीं ....!' (फ़ैज़)

इस काल की कविता का मुख्य स्वर है – राष्ट्रीयता और इस राष्ट्र-चिन्ता के तीन घटक हैं – देश का भूगोल, देश का इतिहास और देशवासियों की जीवन-स्थितियाँ । पहला है देश का भूगोल – यानी देश की भौगोलिक सीमाओं, प्राकृतिक सम्पदा और सौन्दर्य का जैसा मनोहरी चित्रण इस काल की कविता में हुआ वैसा अन्यत्र दुर्लभ है । दूसरे शब्दों में 'कविता में भूगोल' का अवतरण हो गया हो जैसे । रामचन्द्र शुक्ल ने अपने 'साहित्य का इतिहास' में कटाक्ष करते हुए लिखा है कि 'जो लोग यह भी नहीं जानते कि कोयल किस चिड़िया का नाम है, वे अपने देश से प्रेम करने का दावा करें तो हँसी आती है ।' देश प्रेम यानी देश की प्रकृति से प्रेम, उसके भूगोल, इतिहास, संस्कृति, अतीत, वर्तमान से लगाव – सब इस दायरे में आ जाते हैं। श्रीधर पाठक की कविता 'कश्मीर सुषमा' में प्रकृति-सौन्दर्य का चित्रण है, मगर अन्यत्र कवि यह भी देखता है कि सावन-भादों में अपेक्षित वर्षा न होने से कुएँ कैसे

सूख गये हैं, हरियाली उजड़ गई है । माखनलाल चतुर्वेदी के काव्य-संग्रह हैं – 'हिम किरीटिनी', 'हिम तरंगिनी'। दिनकर का 'मेरे नगपति मेरे विशाल' सुपरिचित है । गुप्त जी की 'मातृभूमि' कविता वस्तु-वर्णन से आगे बढ़कर वस्तु-चित्रण में उनकी सामर्थ्य दिखाती है । हाँ, एक रेखांकनीय विशेषता जरूर हमारा ध्यान खींचती है कि छायावादी कविता इस राष्ट्रीय चेतना का चरमोत्कर्ष प्रस्तुत करती है । जिन भौगोलिक सीमाओं का वर्णन छायावाद से पूर्व के कवियों का कथ्य रहा, छायावादी दृष्टि ने इन सीमाओं को असीम कर दिया । देखिए प्रसाद का यह प्रसिद्ध गीत –

'अरुण यह मधुमय देश हमारा

जहाँ पहुँच अनजान क्षितिज को मिलता कूल किनारा'

इससे बढ़कर किसी देश के भूगोल का वर्णन क्या होगा जहाँ वस्तुगत अस्तित्व को पूरी तरह से प्रतीकात्मक कर दिया जाता है । हिमालय के प्रतीकीकरण का एक श्रेष्ठ उदाहरण निराला प्रस्तुत करते हैं 'राम की शक्ति पूजा' में और अलग से इसके लिए कविता में 'स्पेस' बनाते हैं –

देखो, बन्धुवर, सामने स्थित जो यह भूधर

शोभित शत-हरित-गुल्म-तृण से श्यामल सुन्दर

पार्वती कल्पना है इसकी, मकरन्द बिन्दु

गरजता चरण-प्रान्त पर सिंह वह नहीं सिन्धु

दशदिक समस्त है हस्त, और देखो ऊपर

अम्बर में हुए दिगम्बर अर्चित शशि-शेखर

कविता में वर्णित वस्तु को स्थायित्व मिलता है - मिथकों के प्रयोग से और मिथक उपजते हैं संस्कृति की उर्वर भूमि से । विपिन चन्द्र पाल स्पष्ट करते हैं कि ''यूरोपीय राष्ट्रवाद और भारतीय राष्ट्रवाद में मूलभूत अन्तर यह है कि यूरोपीय राष्ट्रवाद जहाँ क्षेत्रीय एकता पर ज़ोर देता है वहाँ भारतीय राष्ट्रवाद साँस्कृतिक एकता पर। इसलिए छायावाद के कवि इतिहास के माध्यम से अपने वर्तमान राष्ट्रीय स्वतंत्रता आन्दोलन को सम्बोधित करते हैं । सब लोग परिचित हैं प्रसाद के 'चन्द्रगुप्त' नाटक में प्रयुक्त अभियान गीत से –

''हिमाद्रि तुंग श्रृंग से प्रबुद्ध शुद्ध भारती

स्वयंप्रभा समुज्ज्वला स्वतंत्रता पुकारती

अमर्त्य वीरपुत्र हो, दृढ़ प्रतिज्ञ सोच लो

   स्वाधीनता आन्दोलन और हिन्दी कविता

प्रशस्त पुण्य पंथ है, बढ़े चलो, बढ़े चलो
_असंख्य कीर्ति रश्मियाँ विकीर्ण दिव्यदाह-सी_
_सपूत मातृभूमि के, रुको न शूर साहसी ।_
_अराति सैन्य सिन्धु में, सुबाड़वाग्नि से जलो,_
_प्रवीर हो, जयी बनो, बढ़े चलो, बढ़े चलो ।”_

हालाँकि कविता के शिल्प-सौष्ठव पर बात करने का यहाँ समय नहीं है फिर भी एक शब्द पर ध्यान दीजिए 'सुबाड़वाग्नि'- अराति सैन्य सिन्धु में सुबाड़वाग्नि से जलो – समुद्र की अथाह गहराइयों में जलने वाली आग, जो अलक्षित है लेकिन जो सब कुछ जला कर निःशेष कर देती है । 'सु' उपसर्ग जोड़ा है कवि ने अर्थात् यह अग्नि सोद्देश्य है, मंगलकारी है । यह निरुद्देश्य ध्वंस नहीं बल्कि जनकल्याण के लिए किया जाने वाला संघर्ष है । इस अभियान-गीत से मध्यकालीन झिलमिली हटा दें तो ऐसा लगता है कि सामने से गुज़र रहे आज़ादी के दीवानों के जुलूस को कवि संबोधित कर रहा है ।

इसी संदर्भ में याद आता है शमशेर ने सन् 1946 ई. में मज़दूरों को संबोधित करते हुए मार्चिंग सांग लिखा था जिसमें एक ईमानदार साहसिक संबोधन है –

_“फिर वह एक हिलोर उठी –_
_गाओ –_
_वह मज़दूर किसानों के_
_स्वर कठिन हठी !_
कवि हे, उनमें अपना हृदय मिलाओ !
उनके मिट्टी के तन में
_है अधिक आग_
_है अधिक ताप ।”_

यह जन-मात्र की मुक्ति का आवाहन है । वह जनता जो बाहरी बेड़ियों से अधिक भीतरी अन्याय से त्रस्त है । केदारनाथ अग्रवाल की इस कविता में 'विरासत' की बात है, लेकिन कैसी विरासत, देखिए –

_“जब बाप मरा तो यह पाया_
_भूखे किसान के बेटे ने_
घर का मलबा, टूटी खटिया

इसी कारण स्वाधीनता-आन्दोलन के साथ चलती हिन्दी कविता इस आन्दोलन के अभिप्रेत 'सुराज' या 'स्वराज' या 'स्वतंत्रता' को पालने के बाद नए सिरे से अर्थवान हो उठती है। क्या राजनैतिक आज़ादी पा लेने भर से हमारा लक्ष्य पूरा हुआ ? क्या सामाजिक असमानता, आर्थिक साम्राज्यवाद, धर्मोन्माद, अंधविश्वास, रूढ़िवाद से मुक्ति पा सके हम ? दिनकर ने आवाज़ दी थी 'सिंहासन खाली करो कि जनता आती है' – सिंहासन ख़ाली हुआ मगर क्या जनता आयी ? बैठा कौन सिंहासन पर ? वही – जिसकी भविष्यवाणी प्रेमचंद ने बहुत पहले कर दी थी – "स्वराज मिलेगा तो भी क्या, जॉन की जगह गोविन्द बैठ जाएगा....।"

अब कविता ने करवट बदली। 15 अगस्त, 1947 ई. को तिरंगा फहराता देखकर मैथिलीशरण गुप्त ने लिखा था – 'यह पुण्य पताका फहरे / मुक्त वायु मंडल में अपनी मानव-लहरी लहरे।'

उसी को लक्ष्य कर धूमिल ने सवाल किया –

धीरे-धीरे राष्ट्रीय गौरव का एक-एक प्रतिमान कवियों के सवालों-तले कटने लगा। रघुवीर सहाय ने पूछा –

सर्वेश्वरदयाल सक्सेना पूछते हैं -

लेकिन इन कवियों की सारी की सारी अभिव्यक्ति नकारात्मक और व्यंग्योक्तियों तक सीमित नहीं है । धूमिल की 'पटकथा' आज़ादी के सपने और उसके भंग होते चले जाने की कथा है । जंग जारी थी मगर दुश्मन अब बाहर नहीं भीतर था, हमारा अपना तंत्र – जो सत्ता-लोलुप नेताओं, उनके पुछल्लों, ऊपर से नीचे या नीचे से ऊपर तक फैला भ्रष्टाचार और कविता खड़ी है – प्रतिपक्ष में । मुक्तिबोध पूछते हैं –

"ज्यादा लिया और दिया बहुत-बहुत कम ।
मर गया देश, अरे जीवित रह गए तुम!"

इस घृणा, इस भर्त्सना का सम्बोध्य कौन है ? मध्यवर्ग - जहाँ से सफेदपोश नेता और सत्ता के दलाल आते हैं, जो परीक्षा की निर्णायक घड़ी में किसी भी जन-आन्दोलन को धोखा दे देता है । इस 'पेटी बूर्जवा वर्ग' पर कार्ल मार्क्स ने भरोसा नहीं किया था, मुक्तिबोध भी नहीं करते, बुद्धिजीवी पर तो और नहीं । उनका भरोसा है श्रमजीवी मेहनतकश जनता पर, उनका विश्वास है -

"जनता के गुणों से ही संभव
भावी का उद्भव"

निष्कर्ष रूप में हिन्दी कविता का एक सर्वसमावेशी और प्रगतिशील चरित्र इस प्रकरण में उद्घाटित होता है । स्वाधीनता की चेतना ही के कारण बीसवीं शताब्दी के उत्तरार्द्ध में हाशिए पर रह आए समुदाय – स्त्री, दलित, आदिवासी, अल्पसंख्यक – अपनी-अपनी आज़ादी का अनुभव करने और कराने लगते हैं । यह हिन्दी कविता का समावेशी चरित्र ही है जो आज़ादी के लिए दोहरे-तिहरे स्तर पर संघर्ष करने वाले क्षेत्रों का भी प्रतिनिधित्व करती है । जैसे तेलंगाना मुक्ति-आन्दोलन जो सन् 1939 से 1948 ई. तक चला, जिसका संघर्ष ब्रिटिश साम्राज्यवाद के साथ-साथ सामंती निज़ामशाही से था, इस पर नागार्जुन ने विशेष रूप से काव्य-रचना की । हिन्दी कविता और स्वाधीनता-आन्दोलन की यह सहयात्रा अनवरत है क्योंकि इसका सम्बोध्य है – जन, और इसका लक्ष्य है भीतरी और बाहरी पाटों के बीच पिसने वाले मनुष्य की 'नीच ट्रैजडी' (मुक्तिबोध) को दुहराए जाने से रोकना ।

*****

स्वाधीनता आन्दोलन और भारतेन्दुयुगीन कविता

प्रो. कृष्ण कुमार सिंह

आजादी का अमृत महोत्सव के अंतर्गत हिन्दी विभाग, हैदराबाद विश्वविद्यालय ने उसके पूर्व छात्रों के लिए खास तौर से इस राष्ट्रीय संगोष्ठी का आयोजन किया। संगोष्ठी के प्रथम सत्र में भाग लेने के लिए मुझे आमंत्रित किया गया। संगोष्ठी का विषय था - 'स्वाधीनता आंदोलन और हिन्दी कविता', मैं उद्घाटन सत्र में उपस्थित था और सभी वक्तव्य मैंने सुने। गुरुवर प्रो. शशि मुदीराज जी को सुनना मेरे लिए बहुत सुखद था। प्रो. मुदीराज के स्वर में वही खनक मुझे सुनाई पड़ी जो उनकी कक्षा में एक विद्यार्थी के रूप में बैठकर कभी सुनने को मिलता था। 'स्वाधीनता आंदोलन और हिन्दी कविता' विषय बहुत व्यापक है और मैं यही प्रयास करुंगा कि अपनी बात विषय के इर्द-गिर्द ही रखूँ। स्वाधीनता आंदोलन की जब बात आती है तो जाहिर है हमारे मानस में बहुत सारे सवाल एक ही साथ उपस्थित होते हैं। 'मैं सोचता हूँ कि बस एक ही खयाल रहे', प्रसिद्ध शेर है-

मैं सोचता हूँ कि बस एक ही खयाल रहे।
मगर खयाल से पैदा खयाल होता है ।।

एक विचार जाहिर है कि अपने साथ कई विचारों की शृंखला लेकर आता है । जब स्वाधीनता आंदोलन की चर्चा होगी, हिन्दी कविता की चर्चा होगी, तो महात्मा गांधी की चर्चा होगी ही, बाल गंगाधर तिलक की चर्चा होगी ही, उससे पहले जो हमारे पूर्वज थे- भारतेन्दु हरिश्चंद्र, प्रताप नारायण मिश्र आदि भारतेन्दु मंडल के सदस्य, वे सब भारत की चिंता कर रहे थे । आज़ादी की छटपटाहट उन सब लोगों के मन में बराबर मौजूद रही थी । इस बात को हमें निश्चित रूप से ध्यान में रखना चाहिए, भारतेन्दु की वे पंक्तियाँ तो हम सब लोगों को याद आती हैं, अक्सर -

"अँगरेज-राज सुख साज सजे सब भारी।
पै धन विदेश चलि जात इहै अति ख्वारी।"

उन्हीं के समकालीन प्रताप नारायण मिश्र ने भी एक जगह लिखा था कि-

"सरबस लिए जात अंग्रेज़, हम केवल लेक्चर के तेज़ ।"

यह प्रताप नारायण मिश्र की काव्य पंक्ति है । सब लेकर जा रहे हैं वे ......। देखिए, किस महीन अदा से प्रताप नारायण मिश्र ने बहुत से लोगों को कटघरे में खड़ा कर दिया है । और उस कटघरे में देर-सवेर हम सारे लोग बंदी होते हैं, उसमें पड़े रहते हैं । 'हम केवल लेक्चर के तेज़', इसी बात को भारतेन्दु ने अपने ढंग से कहा था । 'जाहिर बातन में अति तेज़' वह अंग्रेज़ों के लिए कहा था लेकिन यह बात आज भी हम लोगों पर कम लागू नहीं होती है । हमें 'केवल लेक्चर के तेज़' पर बहुत ही संजीदगी के साथ विचार करना चाहिए । स्वाधीनता आंदोलन पर बात होगी तो उसके बहाने उस दौर में लिखी गई हिन्दी कविता पर चर्चा होगी, जाहिर है बहुत सारे लोगों की चर्चा होगी, रवीन्द्रनाथ ठाकुर की चर्चा होगी । स्वाधीनता की कामना रवीन्द्रनाथ ठाकुर की कविताओं से बहुत खुलकर सामने आती है । टैगोर ने संपूर्ण आधुनिक हिन्दी साहित्य में कविता को खासतौर से किस तरह से प्रेरित किया, उसके लिए कितनी उर्वर जमीन तैयार की, वह भी हिन्दी प्रदेश से बाहर रह कर । यह हम सब लोग अच्छी तरह से जानते हैं, उसके सारे तथ्यों से परिचित हैं । मैं दो-तीन बिन्दुओं की तरफ आपका ध्यान आकर्षित कराना चाहता

था । स्वाधीनता संग्राम का जब संदर्भ हो तो बहुत से विषयों की याद आती है, मैथिलीशरण गुप्त का जिक्र किए बिना काम चलेगा नहीं । मैथिलीशरण गुप्त ने एक जगह कहा -

"कवियों उठो अब तो अहो कवि कर्म की रक्षा करो
सब नीच भावों का हरण कर उच्च भावों को भरो ॥"

यह आह्वान है कवियों से । मैथिलीशरण गुप्त का आह्वान है, अपने सजातीय बंधुओं से, सहकर्मियों से, कवि कर्म की रक्षा तब होगी जब हमें अपने देश की चिंता होगी । देश की चिंता, और कौन-सा देश, वह देश जो पराधीनता की बेड़ियों में जकड़ा हुआ है, उसको मुक्त करना सबसे बड़ी चिंता है । यह हिन्दी कविता की चिंता है । मित्रों, मैं समझता हूँ यह बहुत ही जैनुइन समस्या है, अपने युग से, अपने समाज से, प्रेम करने वाला कोई भी लेखक, कोई भी कलाकार, कोई भी व्यक्ति ऐसा नहीं हो सकता है जिसे भारत को गुलामी से मुक्त करने की चिंता न रही हो । मैं समझता हूँ कि इस तरह की शिकायत की कोई गुंजाइश हिन्दी की कविता के क्षेत्र में नहीं है । 'दिनकर' का एक संग्रह उसी ज़माने में प्रकाशित हुआ था । जिसने उस समय बहुत तहलका मचाया था । उस संग्रह का नाम है 'हुंकार'। 'हुंकार' के आमुख में दिनकर ने लिखा है -

"वर्तमान की जय" अभीत हो खुलकर मेरी (मन की) पीर बजे
एक राग मेरा भी रण में बंदी की जंजीर बजे ॥"

'मेरा भी एक राग हो, रण में रणभूमि में उतर रहा है ।' कवि उतरना चाह रहा है एक राग लेकर, लेकिन राग कैसा ? एक राग मेरा भी रण में रणभूमि में राग छेड़ना चाह रहे हैं, दिनकर बंदी की ज़ंजीर बजाना चाह रहे हैं, ज़ंजीर को बजा कर उससे मुक्ति की कामना कर रहे हैं । यह हुंकार का कवि लिख रहा है । दिनकर उसी संग्रह में आगे कहते हैं -

"तिमिर-ज्योति की समर-भूमि का मैं चारण, मैं वैताली॥"

                                स्वाधीनता आन्दोलन और हिन्दी कविता

वह समय क्या था स्वाधीनता संग्राम का, कवि दिनकर के लिए क्या था मित्रों, 'तिमिर-ज्योति की समर-भूमि का मैं चारण, मैं वैताली' वह तिमिर और ज्योति का समर था । वह प्रकाश और अंधकार का समय था । ब्रिटिश उपनिवेशवाद, इस देश को अंधकार में रखना चाहता था । हर तरह से अंधकार में रखना चाहता था । और यह हमारी चिंता थी कि वह चाहता था कि इस देश को हर तरह से कंगाल कर दिया जाए । आर्थिक रूप से कंगाल बनाने की पूरी योजना और हम सब लोग जानते हैं उस दौर के बड़े इतिहासकारों ने लिखा है, आर.सी. दत्त जैसे इतिहासकारों ने उस दौर की कलई खोल कर रख दी थी । अपने इतिहास की पुस्तकों में उन्होंने सारे आँकड़े देकर बताया था कि किस तरह से देश को लगातार कमज़ोर करती चली जा रही है ब्रितानी हुकूमत । किस तरह से यहाँ का धन सारा विदेश चला जा रहा है । मैं समझता हूँ कि 'भारत-भारती' के लेखन की प्रेरणा कहीं न कहीं मैथिलीशरण गुप्त को आर.सी. दत्त जैसे लोगों के लेखन से मिली है । रमेश चंद्र दत्त की पुस्तक का ज़िक्र मैथिलीशरण गुप्त ने 'भारत-भारती' में बहुत ढंग से किया है । इसको ध्यान में रखना चाहिए कि हमारी आज़ादी का जो आंदोलन चल रहा था उसमें कवि, कलाकार लेखक विचारक इतिहासकार सब कंधे से कंधा मिलाकर लड़ रहे थे । अपने-अपने ढंग से सहयोग कर रहे थे । यह हमारी बहुत बड़ी ताकत है । स्वाधीनता संग्राम में हिन्दी कवियों ने जो योगदान दिया है उसके स्मरण के संदर्भ में हमको इस बात को नहीं भूलना चाहिए । जिन कवियों की चर्चा अक्सर होती है - माखनलाल चतुर्वेदी, बालकृष्ण शर्मा 'नवीन' आदि की प्रो. शशि मुदीराज जी ने बहुत ठीक ढंग से, ठीक संदर्भ में उनकी कविताओं की चर्चा की । उनके योगदान की चर्चा की । उनको दोहराने की आवश्यकता मैं नहीं समझता हूँ । उन कविताओं की थोड़ी चर्चा की जा सकती है जिनका उल्लेख नहीं हुआ है ।

उस दौर में जो कवि लिख रहे थे उनकी चिंता के केंद्र में भारत माता थी । भारत माता के पैरों में पड़ी हुई जंजीरें, वह बेड़ियाँ, उन्हें परेशान कर रही थीं, और उनसे मुक्ति की कामना लगातार वे कर रहे थे । वे तमाम कवि जो उस दौर में लिख रहे थे, उनकी चिंता यहाँ के लोगों की चिंता है । भारत माता कौन है ? यह सवाल बराबर चर्चा के बीच में आता रहता है। हाल में भी इस सवाल पर बहुत बात हुई, नेहरू जी ने काफी पहले भारत माता के संदर्भ में एक लेख लिखा था, उसी दौर में ।

हम आज़ादी का अमृत महोत्सव मना रहे हैं, मित्रों, यह भारत सरकार की बहुत अच्छी पहल है और हम सब लोग कहीं न कहीं अपने पूर्वजों को याद कर रहे हैं, उनको स्मरण करने का एक बहाना है और उनके महान योगदान को हम श्रद्धा पूर्वक याद करके, कहीं न कहीं अपने प्रयास को सार्थकता प्रदान कर सकते हैं।

दिनकर लिखते हैं आज़ादी के उस आंदोलन के दौर में जो यहाँ का जनजीवन था, उसमें जो हाहाकार मचा हुआ था, जो पीड़ा थी जो चारों तरफ लोग परेशान थे, उपनिवेशवाद के दौर में शोषण और दमन के चक्रव्यूह में पिसती हुई जनता का जो दु:ख-दर्द था, इन कवियों के यहाँ बराबर मौजूद रहता था। इनके मानस में बराबर वह दु:ख-दर्द मौजूद रहता था।

यह दिनकर की पंक्तियाँ हैं मैं उद्धृत कर रहा हूँ -

यह चेतना है। हिन्दी का कवि इतना जागरूक है, उसकी संवेदना का दायरा इतना व्यापक है कि उसे रोज़ यह सवाल बेधता है कि यहाँ इतनी गरीबी, इतनी भुखमरी, इतना वैषम्य क्यों है ? जब कवि हर सुबह नया सवाल देखता है, तो ज़ाहिर है कि उसकी कलम रुकती नहीं है। हम जानते हैं कि एक से एक बेहतरीन कविताओं की रचना दिनकर ने उस दौर में की है। दिनकर की कविताओं की चर्चा के बगैर स्वाधीनता आंदोलन के संदर्भ में लिखी गई हिन्दी कविता पर कोई भी बात पूरी नहीं मानी जा सकती है। 'कविता की पुकार', 'हाहाकार, 'हिमालय' इन सारी कविताओं ने उस समय बहुत धूम मचा दी थी और लोगों को प्रेरित किया था। इनके माध्यम से उन्होंने एक बहुत बड़ा पाठक वर्ग तैयार किया था -

मुख में जीभ, शक्ति भुज में, जीवन में सुख का नाम नहीं है,
वसन कहाँ ? सूखी रोटी भी मिलती दोनों शाम नहीं है।

  स्वाधीनता आन्दोलन और हिन्दी कविता

आज़ादी किन के लिए आनी चाहिए, किनकी हालत खराब है, हालत तो इन लोगों की खराब है जो सामान्य जनता है, किसान है, मजदूर है। वे बेहद परेशान हैं, पूँजीवाद के उस दौर में। और मैं समझता हूँ कि उसी दौर में बालकृष्ण शर्मा 'नवीन' जो स्वयं क्रांतिकारी थे, जिन्होंने जेल यात्रा भी की थी, कई-कई बार जेल गए, ने भी कई कविताएँ लिखीं। 'कवि कुछ ऐसी तान सुनाओ' इसकी चर्चा तो हो चुकी है, उनकी एक कविता थी 'जूठे पत्ते' उस कविता में उन्होंने लिखा-

लपक चाटते झूठे पत्तल जिस दिन देखा मैंने नर को
उस दिन सोचा क्यों न लगा दूँ आग आज इस दुनिया भर को।

अपने जमाने के दुःख-दर्द को देख कर कवि के सीने में आग भड़क रही है, कवि इतना क्रोधित है कि वह इस शोषणकारी जमाने को ही खत्म कर देना चाहता है। माखनलाल चतुर्वेदी की कविताओं की चर्चा बहुत विस्तार से करने का समय नहीं है लेकिन एक जगह एक कविता में उन्होंने भी लिखा -
"हूँ मोट खींचता लगा पेट पर जुआ।"

पेट पर जुआ लगाकर मोट खींचना, मित्रों, कम लोग जानते होंगे, आज की पीढ़ी के बच्चे संभवतः इस चीज़ को समझने में परेशानी महसूस करें, मोट खींचना, सिंचाई के लिए जब कुएँ से पानी निकाला जाता था, मोट का इस्तेमाल होता था। और मोट को बैल खींचते थे, पानी निकालने के लिए। किंतु किसान की व्यथा को व्यक्त करते हुए माखनलाल चतुर्वेदी लिखते हैं -
"हूँ मोट खींचता लगा पेट पर जूआ, खाली करता हूँ ब्रिटिश राज का कुआँ।"

इस कविता के माध्यम से माखनलाल चतुर्वेदी किसान की व्यथा को व्यक्त करते हुए कहते हैं कि किस तरह उनका किसान मज़दूर बनता जा रहा है, उस दौर में। इतनी सारी चीजें लिखी गईं, उस दौर में, इन कवियों द्वारा, आज भी याद करने लायक हैं वे कविताएँ। आज की हिन्दी कविता के सामने यह अत्यंत महत्त्वपूर्ण विरासत के रूप में मौजूद है। और आज के हमारे कवियों के लिए अजस्र स्रोत है

उस कविता में। रामनरेश त्रिपाठी उस दौर के बहुत महत्त्वपूर्ण कवि हुआ करते थे। उनकी एक पंक्ति है--

"एक घड़ी की भी परवशता कोटि नरक के सम है।"

मित्रों, ये रामनरेश त्रिपाठी कह रहे हैं - पल भर की भी स्वतंत्रता सौ स्वर्गों से उत्तम है। एक पल की भी स्वाधीनता अगर मिल जाए तो सौ स्वर्ग उसके सामने पानी भरेंगे, वह फीके होंगे। यह आज़ादी की तड़प थी उस दौर में। हमारे साहित्य के सामने, हमारी कविता के सामने, और मैं समझता हूँ कि हमारे कवियों ने उसको बहुत ही ढंग से स्मरण किया है। और कहीं न कहीं हमको उनके प्रति गहरी कृतज्ञता से भरा होना चाहिए। जब हम उनके योगदान को याद करें तो अत्यंत श्रद्धा मन में रखकर हम उनको याद करें। आज जो हम खुली हवा में साँस ले रहे हैं, उसका श्रेय अगर उस दौर के बड़े राजनेताओं को जाता है। जननायकों को जाता है। विचारकों को जाता है, तो उसमें एक हिस्सा कवियों को भी जाता है जिसमें भारतेन्दु से लेकर रवीन्द्रनाथ ठाकुर और तमाम कवि आते हैं, बांग्ला के रवीन्द्रनाथ ठाकुर, बांग्ला के काज़ी नज़रुल इस्लाम अब अल्लामा इकबाल की चर्चा हम लोगों ने कर ली है। मैं समझ रहा हूँ कि इन सब को इस संपूर्ण विरासत को हमको याद रखना चाहिए।

जब हिंदुस्तान को आज़ादी मिली तो उत्साह में बहुत सारे लोगों ने कविताएँ लिखी, भरमार लग गई थी कविताओं की, मैथिलीशरण गुप्त ने कविता लिखी। ढेर सारे कवियों ने कविताएँ लिखीं। आज़ादी प्राप्त होने का जो उत्सव था उसका तो अंदाजा लगाना आज सचमुच कठिन है। हम महोत्सव मना रहे हैं और इसमें हमारी खुशी शामिल है, इसमें हमारा हृदय कहीं न कहीं आह्लाद का अनुभव करता है तो उस दौर में जो स्वाधीनता प्राप्त हुई तो कैसा लग रहा होगा, लोगों को? मैथिलीशरण गुप्त ने 'पंद्रह अगस्त' नाम से कविता लिखी। उसी तरह की कविता में गिरिजाकुमार माथुर की कविता भी सामने आई थी जिसका शीर्षक ही है 'पंद्रह अगस्त सावधानी का स्वर'। यहाँ मैं उस अंश को उद्धृत कर रहा हूँ, जहाँ हमारे लिए चेतावनी का स्वर है, मैं उसकी महत्ता उस रूप में ज्यादा देखता हूँ -

"आज जीत की रात पहरुए

सावधान रहना।"

(पाठकों को पहरुए कह रहा है कवि)

 स्वाधीनता आन्दोलन और हिन्दी कविता

कवि उछल नहीं रहा है, मिठाई नहीं बाँट रहा है, गले नहीं मिल रहा है, वह अतिरिक्त उत्साह में नहीं है, वरन् बहुत सावधान है । अपने जमाने को जान रहा है, और यह जान रहा है कि किस दुश्मन से हमको छुटकारा मिला है । जिससे छुटकारा मिला है वह इतना मामूली नहीं है वह ऐसा दुश्मन है जिसके साम्राज्य में कहा जाता था कि सूरज कभी डूबता नहीं था । कवि सावधान करते हैं कि बहुत ज्यादा उत्साह में मत आओ, आज जीत की रात पहरुए सावधान रहना, पहरेदार के रूप में । इनको सावधान कर रहा है कि सो मत जाना खुले देश के द्वार अचल दीपक समान रहना ।

अचल दीपक के समान आप सावधान रहिए क्योंकि हवा फिर आ सकती है, दीपक फिर बुझ सकता है । आँधी आ सकती है, तूफान आ सकता है और मैं समझता हूँ कि गिरिजाकुमार माथुर ने बहुत ही ढंग से संकेत कर दिया है। इस कविता में उन्होंने कहा कि शत्रु हट गया, लेकिन उसकी छायाओं का डर है ।

इसी कविता में कहा है शत्रु हटा है, यह नहीं कह रहे हैं कि शत्रु मर गया, मरा नहीं था शत्रु, हटा था, शत्रु हट गया, लेकिन उसकी छायाओं का डर है बहुत सावधान है । कवि हमको चेतावनी दे रहा है कि निश्चिंत मत हो जाना, दीपक बुझा के सो मत जाना क्योंकि खतरा मौजूद है । खतरा हमेशा मंडराता रहेगा और आज मित्रों हम देख रहे हैं कि साम्राज्यवाद नए रूप में, नई वेशभूषा में हमारे सामने उपस्थित है । नव साम्राज्यवाद अपनी चंगुल में पूरी दुनिया को जकड़ने के लिए बेताब है । और हम समझ रहे हैं कि हमारे जैसे देश अगर सावधान नहीं रहेंगे, अगर जागरूक नहीं रहेंगे, तो कभी भी हम नए सिरे से परेशानी में पड़ सकते हैं इसलिए-

यह सावधान करने वाली पंक्ति गिरिजाकुमार माथुर की हमको जरूर स्मरण रखनी चाहिए और मैं समझता हूँ कि आज़ादी का अमृत महोत्सव मनाते हुए हम इन चीजों पर भी, इस तरह की चेतावनियों, इस तरह की सावधानियों पर से अपना ध्यान हटा देंगे तो हम मुश्किल में पड़ेंगे । हिन्दी के जागरूक, युगदृष्टा कवियों ने हमारे लिए पर्याप्त संकेत अपनी कविता के रूप में छोड़ रखे हैं और उस विरासत पर सचमुच हमको गर्व होना चाहिए । सचमुच हम गर्व का अनुभव करते हैं।

एक बार पुनः मैं इस आयोजन के लिए हिन्दी विभाग, हैदराबाद विश्वविद्यालय के प्रति उससे जुड़े सभी मित्रों के प्रति धन्यवाद ज्ञापित करता हूँ।

*****

1857 का संघर्ष और स्वाधीनता चेतना की रचनात्मक अभिव्यक्ति

डॉ. प्रफुल्ल कुमार

संसार में सभी मानव और मानवेतर प्राणियों के लिए मुक्ति की आकांक्षा हमेशा से प्रिय रहा है । मुक्ति अथवा स्वाधीनता एक ऐसा मूल्य है, जिसके लिए मनुष्य सभ्यता ने संघर्षों के लंबे इतिहास को देखा है । विश्व इतिहास की सभी महत्त्वपूर्ण क्रांतियों जैसे-फ्रांसीसी क्रांति अथवा रूसी क्रान्ति के केंद्र में स्वाधीनता का मूल्य ही दृष्टिगत होता है । स्वाधीनता अथवा स्वतंत्रता के कई स्तर हो सकते हैं, लेकिन जब हम एक नियमबद्ध सभ्य समाज की बात करें तो वहाँ स्वाधीनता को प्रमुख रूप से दो स्तरों क्रमशः व्यक्तिगत और समूहिक स्तर पर देखा जा सकता है । व्यक्तिगत स्तर पर स्वाधीनता का मूल्य व्यक्ति के जीवन शैली को आजीवन प्रभावित करता रहता है, वहीं सामूहिक स्तर पर यह राष्ट्र या राज्य की स्वतंत्रता से जुड़ता है । जब हम राष्ट्र की स्वाधीनता की बात करें तो हम पाते हैं कि राष्ट्रीय स्वाधीनता चेतना का निर्माण विशेष सामाजिक, आर्थिक और राजनैतिक परिस्थितियों के सापेक्ष निर्मित होता है । इस निर्मिति की प्रक्रिया में सामूहिक आंदोलनों के साथ-साथ भाषा, कला और संस्कृति के तत्त्वों का भी महत्त्वपूर्ण योगदान होता है। स्वाधीनता के मूल्य का महत्त्व

स्वयंसिद्ध होते हुए भी कलाकारों और रचनाकारों द्वारा पोषित और वर्धित होता रहा है । समाज की गति को समझने के कारण एक सच्चा रचनाकार, समाज में जब कभी, किसी भी स्तर पर स्वतंत्रता की बात चलती है, तो वह उसी का पक्ष लेता हुआ समाज को दिशा दिखाते हुए आगे बढ़ता है ।

भारत में अंग्रेजों के आगमन से पूर्व भी कश्मीर से कन्याकुमारी तक और त्रिपुरा से गुजरात तक का भूखंड साँस्कृतिक रूप से एक रहा है । भौगोलिक, धार्मिक, भाषायी और खानपान संबंधी भिन्नताओं के बावजूद भी 'विविधता में एकता' के तत्त्व आदि काल से मौजूद रहे हैं । इस एकाकी रचनात्मक वैचारिकी के तत्त्व हम भक्तिकाल में आसानी से देख सकते हैं । इसके बावजूद भी 'देश' अथवा 'राष्ट्र' के रूप में 'भारत' का उदय आधुनिक काल में ही होता है । 19वीं शताब्दी में अंग्रेजी साम्राज्यवाद इस देश में अपनी जड़ें मजबूत कर चुका था । इस समय तक देश में रेल, डाक, तार और नवीन उद्योग-धंधों का विकास होने लगा था । इससे देश में एक ओर औद्योगिक विकास को बल मिला, वहीं दूसरी ओर इसने पारंपरिक कुटीर उद्योगों को नष्ट करने का भी कार्य किया । हालांकि इस औद्योगिक प्रगति के मूल में साम्राज्यवादी विस्तार नीति काम कर रही थी । लेकिन जाने-अनजाने इन परिवर्तनों के माध्यम से भारतीय चिंताधारा में यथार्थवादी और वैज्ञानिक चेतना का तीव्रता से प्रसार हुआ, जिसे कुल जमा आधुनिकता का नाम दिया जा सकता है । इस आधुनिकता के प्रसार में जिस घटना ने सबसे महत्त्वपूर्ण भूमिका निभाई वह मुद्रण कला का विकास था । प्रेस के विकास ने ज्ञान के प्रसार करने के साथ-साथ एक जनमत तैयार करने में महत्त्वपूर्ण भूमिका निभाई ।

हिन्दी साहित्य में आधुनिकता की शुरुआत भारतेन्दु युग से मानी जाती है क्योंकि यही वह समय था जब साहित्य आम आदमी के सुख-दुःख से जुड़ते हुए साहित्य की नई राहें तलाश रहा था । इस सम्बन्ध में आचार्य रामचन्द्र शुक्ल का कथन द्रष्टव्य है- "भारतेन्दु ने साहित्य को नवीन मार्ग दिखाया और उसे वे शिक्षित जनता के साहचर्य में ले आए । नई शिक्षा के प्रभाव से लोगों की विचारधारा बदल चली थी । उनके मन में देशहित, समाजहित आदि की नई उमंगें उत्पन्न हो रही थी। काल की गति के साथ उनके भाव और विचार बहुत आगे बढ़ गए थे पर साहित्य पीछे पड़ा था- x x x भारतेन्दु ने साहित्य को दूसरी ओर मोड़कर जीवन के साथ फिर से लगा दिया ।"[1]

अब सवाल यह उठता है कि भारतेन्दु युग की चेतना के निर्माण में वे कौन से महत्त्वपूर्ण, राजनीतिक, आर्थिक, और सामाजिक परिवर्तन थे, जिसने साहित्य को नई दिशा दी? अंग्रेजों के आगमन और उनके द्वारा किए जा रहे दमन और शोषण के खिलाफ आम जनता के एकजुट होने और उपनिवेशवादी सत्ता के खिलाफ खड़े होने के क्रम में ही राष्ट्रीय चेतना का निर्माण होता है। इस चेतना का निर्माण और इसकी रचनात्मक अभिव्यक्ति विशेष आर्थिक, शैक्षिक, राजनैतिक, साँस्कृतिक और तदयुगीन परिवेश से उपजी समेकित चेतना की देन है। हिन्दी प्रदेश में इस चेतना के निर्माण में सन् 1857 ई. के प्रथम स्वाधीनता संग्राम का योगदान अत्यंत महत्त्वपूर्ण है। सन् 1857 ई. में साम्राज्यवादी शक्ति के खिलाफ खड़े होने के क्रम में विभिन्न धाराओं में बिखरे भारतीय समाज के एकजुट होकर संघर्ष करने की चिंता ही, उस समय के चेतना निर्माण में महती भूमिका निभाती है। सन् 1857 ई. के संघर्ष को लेकर विद्वानों और इतिहासकारों में पर्याप्त मतभेद मिलता है, लेकिन अब तक मिले साक्ष्यों के आधार पर इसे प्रथम स्वाधीनता संग्राम माना जा सकता है। इस सम्बन्ध में विलियम हावर्ड रसेल की डायरी 'माई इंडियन म्यूटिनी डायरी-संपादक-मिशेल एडवर्ड' में उठाए गए सवाल पर गौर करना जरूरी है। वे इस संग्राम के राष्ट्रीय और जनपक्षीय चरित्र की तरफ इशारा करते हुए नजर आते हैं। वे लिखते हैं- "अगर यह विद्रोह महज सिपाही विद्रोह था और उसमें भारतीय जनता शामिल नहीं थी तो उन्हें सिर्फ सिपाहियों को दंड देना चाहिए। उनके चाहे वे जितने टुकड़े कर डालें लेकिन वे तो गाँव के गाँव पूरे शहर को फांसियाँ दे रहे हैं। विजन कर रहे हैं। कत्लेआम कर रहे हैं! क्यों? तो फिर उन्हें यह मान लेना चाहिए कि इसका चरित्र राष्ट्रीय था और वह एक जनांदोलन था"[2]

एक अंग्रेज़ द्वारा बिना किसी दवाब के इन प्रश्नों को उठाना, हमें ठहर कर विचार करने को प्रेरित करता है। वास्तव में इस संग्राम का स्वरूप बहुस्तरीय और जन आकांक्षाओं से जुड़ा हुआ है। सावरकर ने इसकी पड़ताल करते हुए इस संग्राम के सर्वसमावेशी और जन आंदोलनीय चरित्र की पहचान की है। डॉ. रामविलास शर्मा इस संघर्ष की विशेषता बताते हुए लिखते हैं- "1857-58 में जो सामंत अंग्रेजों से लड़े, वे प्रगतिशील थे जो सामंत अंग्रेजों का साथ दे रहे थे, वे प्रतिक्रियावादी थे। किन्तु इस लड़ाई में नेतृत्व सामंतों के हाथ में न था। अंग्रेजों से अब तक जितनी लड़ाइयाँ हुई थी, उनसे 57 की लड़ाई, गुणात्मक रूप से भिन्न थी। उसका नेतृत्व

सिपाही कर रहे थे । ये फौजी वर्दी पहने हुए हिन्दी प्रदेश के किसान थे । भारतीय इतिहास में पहली बार सामंत को मातहत बनाकर भारतीय किसान देश की आज़ादी के लिए लड़ रहा था । अब तक भी यह इस तरह की अंतिम लड़ाई है ।"[3]

वास्तव में 1857 के संग्राम का चरित्र अपने आप में विशिष्ट रहा है, और इस विशिष्टता की पहचान करते हुए ही डॉ. रामविलास शर्मा ने भारतेन्दु युग को 'हिन्दी नवजागरण' कहा है । हिन्दी प्रदेश में समाज सुधार आंदोलनों की बजाय औपनिवेशिक सत्ता के खिलाफ प्रतिरोध की भावना ने हिन्दी पट्टी की चेतना के निर्माण में प्रमुखता से योगदान दिया है। कुछ प्रतिक्रियावादी लेखक मानते हैं कि यह क्रान्ति कंपनी राज की शिक्षा नीतियों, आर्थिक नीतियों और औद्योगिक नीतियों के फलस्वरूप हुआ । लेकिन ऐसा मानना भ्रामक है, क्योंकि कंपनी का उद्देश्य यह कदापि न था कि नई शिक्षा नीति के प्रसार से विद्रोह की जमीन तैयार हो। हालांकि स्वाधीनता चेतना के निर्माण में इन तत्वों का योगदान अवश्य रहा है। इस सम्बन्ध में डॉ. नामवर सिंह का मत भिन्न दिखाई पड़ता है, उनके अनुसार यह नवजागरण वास्तविक नवजागरण नहीं था । वे लिखते हैं- "उन्नीसवीं शताब्दी के आरंभ से भारत के नवशिक्षित बौद्धिकों में एक नई चेतना का उदय हुआ जिसके अग्रदूत राजा राममोहन राय माने जाते हैं। इस चेतना को यूरोप के 'रिनेसांस' के वजन पर अपने देश में कहीं "पुनर्जागरण" और कहीं "नवजागरण" कहा जाता है । चेतना की यह लहर देर-सबेर कमोबेश भारत के सभी प्रदेशों में फैली । किन्तु अधिक चर्चा बंगाल नवजागरण और महाराष्ट्र प्रबोधन की ही होती है । अन्य प्रदेशों की तरह हिन्दी प्रदेश में भी नवजागरण की यह लहर उठी, किन्तु ज़रा देर से-उन्नीसवीं शताब्दी के उत्तरार्ध में, 1857 के प्रथम स्वाधीनता संग्राम की पराजय के लगभग एक दशक बाद और उसका प्रसार भी बीसवीं शताब्दी के आरंभिक दो दशकों तक बना रहा।"[4] यहाँ डॉ. नामवर सिंह उस नवीन चेतना के प्रसार को तो स्वीकार करते हैं, लेकिन वे उसके मूल में 1857 के स्वाधीनता संग्राम की भूमिका तय नहीं कर पाते हैं ।

सन् 1857 ई. के आंदोलन में भले ही भारतीयों की पराजय हुई, लेकिन इस संग्राम ने राष्ट्रीय और स्वाधीनता की चेतना का निर्माण करने के साथ-साथ स्वाधीनता का मार्ग प्रशस्त करने में अहम भूमिका निभायी। यह एक ऐसी घटना थी, जिसने आधुनिक काल को कई मायने में आधुनिक और जनचेतना का संवाहक बनाया । जब हम हिन्दी भाषा और हिन्दी भाषा-भाषी समाज पर इन प्रभावों को

देखते हैं, तो हम पाते हैं, कि निश्चय ही इस चेतना के निर्माण में तत्कालीन रचनाकारों का महत्त्वपूर्ण योगदान है । रामविलास शर्मा इस संग्राम को हिन्दी प्रदेश का जातीय संग्राम मानते हुए लिखते हैं- "यह संग्राम हिन्दी भाषी प्रदेश में चलाया गया । यह प्रदेश ही मुख्य रणक्षेत्र था । अन्य प्रदेशों में छुट-पुट घटनाएँ हुईं । फौजी सिपाहियों और गाँवों के किसानों ने मिलकर जहां संगठित रूप से यह संग्राम चलाया, वह हिन्दी प्रदेश था । अंग्रेजों ने जिस देशी फौज की सहायता से अपना राज्य फिर कायम किया, उसमें अधिकतर हिन्दी प्रदेशों के सिपाही थे । सन् 57 का स्वाधीनता संग्राम हमारा जातीय संग्राम था । इसका सबसे बड़ा प्रमाण यह है कि जितने लोकगीत विभिन्न जनपदों में हमारे यहाँ रचे गए, उतने अन्य प्रदेशों में कुल मिलाकर भी नहीं रचे गए ।"[5]

यह संग्राम कई रूपों में हमारे सामने आता है । हार और जीत के निर्णय से इतर यह समय जनभाषा और जनचेतना की स्वाभाविक अभिव्यक्ति का समय है । जब 'शास्त्र' दिशाहीन हो जाए तो 'लोक' से ही वह ऊर्जा ग्रहण करता है । यहाँ भी इन अभिव्यक्तियों के माध्यम से लोक साहित्य शिष्ट साहित्य को नई दिशा दिखाने का कार्य करता है । इसके योगदान को यूं ही भुलाया नहीं जा सकता । विशेष रूप से हिन्दी की बोलियों में ऐसी रचनाओं की बहुलता दिखाई पड़ती है । इन बोलियों में भी भोजपुरी और बुंदेली में ये रचनाएं बहुलता में हैं । एक भोजपुरी लोकगीत में कंपनी राज में मौजूद कुव्यवस्था का वर्णन है-

"हो गइली कंगाल हो विदेसी तोरे रजवा में
सोने की थारी जहां जेवना जेवत रहनी,
कठवा के डोकिया ले भइली मुहाल
भारत के लोग आजु दाना बिनु तरसे भइया
लंदन के कुतवा उड़ावे मजा माल"[6]

इन लोकगीतों में कंपनी राज में फैली कुव्यवस्था और अंग्रेजों के प्रति आक्रोश के साथ-साथ 1857 के संग्राम द्वारा 'सुराज' नहीं ले पाने का दुःख भी व्यंजित होता है ।

"कुल्ही गुनलका रामा
मटिया में मिली गइले
नाहीं लेबे पवली हम सुराज"[7]

1857 के संग्राम के प्रमुख केंद्र में से एक था लखनऊ यानी अवध का क्षेत्र, जहाँ अंग्रेजों को कड़ा प्रतिरोध मिला था। बेगम हजरत महल, रानी लक्ष्मीबाई के अतिरिक्त भी कई वीरों ने अंग्रेजों से लोहा लिया था। अवध क्षेत्र के रायबरेली के ही एक वीर राणा बेनीमाधव थे, जिनके बारे में लोककवि दुलारे लोकगीत के माध्यम से कहते हैं-

"अवध मां राना भयो मरदाना

पहिल लड़ाई भई बक्सर मां सेमरी के मैदाना

हुवाँ से जाय पुरवा मां जित्यो तबै लाट घबड़ाना

नक्की मिले मान सिंह मिलिगे मिले सुदरसन काना

छत्री बेस एक ना मिलिहै जानै सकल जहाना

भाई बंध और कुटुम कबीला सबका करौं सलामा

तुम तो जाय मिल्यो गोरन ते हमका हैं भगवाना

हाथ मां भाला बगल सिरोही घोड़ा चले मस्ताना

कहें 'दुलारे' सुन मोर प्यारे यों राना किया पयाना"[8]

1857 के प्रथम स्वाधीनता संग्राम से जन्मे इसी चेतना का व्यवस्थित रचनात्मक विकास भारतेन्दु और उनके मण्डल के साहित्यकारों के यहाँ दिखाई पड़ता है। 1857 में भारतेन्दु महज 07 वर्ष के थे, लेकिन उनकी स्मृतियों में उस संग्राम के प्रति आक्रोश व्याप्त दिखाई देता है। तभी तो वे लिखते हैं- 'कठिन सिपाही द्रोह अनल जा जलबल नासी, जिन भय सिर न हिलाई सकत कहुं भारतवासी'। प्रेस एक्ट के बावजूद भारतेन्दु अपने काव्य में गदर की स्मृतियों को सँजोए हुए हैं। हालांकि कुछ आलोचक उनकी राजभक्ति को प्रमुख मानते हैं, लेकिन ऐसा विचार करते वक्त वे युगीन परिस्थितियों में उनकी रचनाओं में मौजूद राष्ट्रीय चेतना के तत्त्व को नजरंदाज कर देते हैं। प्रत्येक युग का रचनाकार अपने युगीन परिस्थितियों से प्रभावित हुए बिना नहीं रह सकता। एक सजग रचनाकार अपने समय और समाज में व्याप्त अव्यवस्थाओं से मुंह मोड़ कर, कला का प्रदर्शन नहीं कर

सकता है। तभी तो कबीर भी अपने समाज में व्याप्त कुव्यवस्थाओं को देख कर रोते हैं, और भारतेन्दु भी भारत की दुर्दशा को देख कर रोते हैं-

"रोवहु सब मिलिकै आवहु भारत भाई।

हा हा! भारत दुर्दशा न देखी जाई

x x x

अंग्रेज़ी राज सुख साज सजे सब भारी।

पै धन विदेश चलिजात इहै अति ख्वारी॥

ताहू पै महंगी काल रोग बिस्तारी ...

सबसे ऊपर टिक्कस की आफत आई

हा हा! भारतदुर्दशा न देखी जाई"

साहित्यकार और उसके परिवेश के अंतर्संबंधों पर विचार करते हुए प्रेमचंद अपने निबंध 'जीवन में साहित्य का स्थान' में लिखते हैं कि "साहित्यकार बहुधा अपने देश-काल से प्रभावित होता है। जब कोई लहर देश में उठती है, तो साहित्यकार के लिए उससे अविचलित रहना असंभव हो जाता है। उसकी विशाल आत्मा अपने देश-बंधुओं के कष्टों से विकल हो उठती है, और इस तीव्र विकलता में वह रो उठता है, पर उसके रुदन में भी व्यापकता होती है।"[10] सही अर्थों में देखा जाए तो भारतेन्दु के रुदन में व्यापक मानवीय बोध और राष्ट्र मुक्ति की कामना अंतर्निहित है। भारतेन्दु मंडल के रचनाकारों में स्वदेश प्रेम और स्वभाषा के प्रति लगाव अनायास नहीं है, बल्कि उसके पीछे पूरी एक परंपरा मौजूद है। भारतेन्दु के यहाँ स्वदेश, स्वभाषा और स्वदेशी वस्तुओं के प्रति लगाव उनकी दूरदर्शिता और सुचिन्तित चिंतन को प्रदर्शित करता है। महात्मा गांधी के दर्शन में भी इन तत्त्वों की प्रधानता, भारतेन्दु के चिंतन की गंभीरता को पुष्ट करती है। भाषा के सवाल को अस्मिता और आत्मविश्वास से जोड़कर भारतेन्दु ने जनभाषा में अभिव्यक्ति कर स्वाभिमान की चेतना को विकसित किया। 'निज भाषा को उन्नति का मूल' मानकर उन्होंने भारतवासियों को राष्ट्रीय चेतना जागृत करने का मूलमंत्र बता दिया था। उनकी ये पंक्तियाँ द्रष्टव्य हैं-

'अंग्रेजी पढ़ि के जदपि, सब गुन होत प्रवीन
पै निज भाषा-ज्ञान बिन, रहत हीन के हीन।
उन्नति पूरी है तबहिं जब घर उन्नति होय
निज शरीर उन्नति किये, रहत मूढ़ सब कोय।'*

यहाँ भारतेन्दु ने ज्ञान और गुण प्राप्त कराने वाली अंग्रेजी भाषा के बरक्स स्वभाषा को ऊँचा स्थान देकर अपनी प्रतिबद्धता को जाहिर किया है। स्वाधीनता प्राप्ति में भाषा की अहम भूमिका स्वीकार करते हुए वे यहाँ के लोगों में स्वाभिमान की भावना जगाते हैं। जनभाषा में रचनाओं के माध्यम से उन्होंने साहित्य को रसिकों और दरबार से निकाल कर आम जनता के साहचर्य में लाने और जनता को जागृत करने का कार्य किया। भारतेन्दु जानते थे कि औपनिवेशिक सत्ता के केंद्र में व्यापार और अर्थ (पैसा) हैं, इस पर चोट किए बिना मुक्ति की कल्पना नहीं की जा सकती। तभी तो वे विदेशी बहिष्कार और स्वदेशी स्वीकार करने की बात करते हैं। वे 'कविवचन सुधा' में प्रकाशित प्रतिज्ञा पत्र में लिखते हैं- "हम लोग सर्वान्तर्यामी सब स्थल में वर्तमान सर्वद्रष्टा और नित्य सत्य परमेश्वर को साक्षी देकर यह नियम मानते हैं और लिखते हैं कि हम लोग आज के दिन से कोई विलायती कपड़ा न पहिनेंगे और जो कपड़ा कि पहिले से मोल ले चुके हैं और आज कि मिति तक हमारे पास है उसको तो जीर्ण हो जाने तक काम में लावेंगे पर नवीन मोल लेकर किसी भांति का भी विलायती कपड़ा न पहिनेंगे, हिंदुस्तान ही का बना कपड़ा पहिनेंगे। हम आशा रखते हैं कि इसको बहुत ही क्या प्रायः सब लोग स्वीकार करेंगे और अपना नाम इस श्रेणी में होने के लिए श्रीयुत बाबू हरिश्चंद्र को अपनी मनीषा प्रकाशित करेंगे और सब देशी हितैषी इस उपाय की वृद्धि में अवश्य उद्योग करेंगे।"[11] भारतेन्दु और उनके मंडल द्वारा स्त्री शिक्षा का समर्थन और रूढ़िवादी मान्यताओं का विरोध कर जिस चेतना को जगाने का कार्य किया, उसके मूल में स्वदेश प्रेम ही था।

इन सभी तथ्यों को अगर गौर से परीक्षण किया जाए तो हम पाते हैं कि हिन्दी साहित्य के आधुनिक काल के आरंभ में जिस आधुनिकता का सूत्रपात हुआ और उसके मूल में जो चेतना कार्य कर रही थी, उसके बीज 1857 के संग्राम में ही निहित थे। इस संग्राम को भले ही कई आलोचक रिड्यूस कर दिखाने की कोशिश

करते रहे हैं, लेकिन सच्चाई यह है कि 1857 ने आम जनता में मुक्ति का जो स्वप्न दिखाया, उसका प्रभाव दीर्घकालिक और बहुआयामी रहा । लोक गीतों और जनश्रुतियों के माध्यम से इसके लोकग्राही व दीर्घकालिक प्रभाव को समझा जा सकता है । इसका साहित्यिक रचनात्मक प्रतिफलन हमें भारतेन्दु युग में दिखाई पड़ता है । इसी संघर्ष की चेतना से प्रेरणा लेते हुए भारतेन्दु युग का अधिकांश साहित्य स्वदेश प्रेम और देशोन्नति के सवाल से टकराते हुए साहित्य की एक मजबूत नींव तैयार करता है, जो कई मायनों में विशिष्ट है। इस युग के साहित्य की जरूर कुछ सीमाएं हो सकती हैं, लेकिन स्वाधीनता की चेतना का अलख जगाते हुए रचनाओं का जनप्रिय और पठनीय होना इसकी गंभीरता और उद्देश्यपरकता को दिखाता है ।

* * *

संदर्भ ग्रंथ

1. हिन्दी साहित्य का इतिहास, रामचन्द्र शुक्ल, पृ- 306
2. आलोचना पत्रिका; अप्रैल-जून 2010; पृ-63
3. भारत में अंग्रेजी राज और मार्क्सवाद; रामविलास शर्मा; पृ-26-27
4. हिन्दी नवजागरण के अग्रदूत: भारतेन्दु हरिश्चंद्र; प्रतिनिधि संकलन; सं-कमला प्रसाद प्रधान संपादक-नामवर सिंह के संपादकीय वक्तव्य से
5. महावीर प्रसाद द्विवेदी और हिन्दी नवजागरण; रामविलास शर्मा; पृ-10
6. तद्भव पत्रिका; अप्रैल 2014; पृ 22
7. आलोचना पत्रिका; अप्रैल-जून 2010; पृ-78
8. तद्भव पत्रिका; अप्रैल 2014; पृ 25
9. भारत दुर्दशा; संपादक-लक्ष्मीसागर वार्ष्णेय; पृ-21-22
10. प्रेमचंद रचनावली; खंड-07 पृ- 382
11. भारतेन्दु हरिश्चंद्र और हिन्दी नवजागरण की समस्याएँ; रामविलास शर्मा; पृ 74

स्वतंत्रता पूर्व हिन्दी कविता में राष्ट्रीय चेतना

डॉ. अनुज कुमार

सारांश

राष्ट्र एक ऐसी अवधारणा है जिसे किसी भी चौहद्दी में बाँधना एक दुष्कर कार्य है। किसी भी राष्ट्र की अपनी जैविकता होती है। सतत परिवर्तन इसका महत्त्वपूर्ण गुण है। भूमंडलीकरण ने एक बिलकुल नया समीकरण हमारे सामने प्रस्तुत किया है। बाजारीकरण, भूमंडलीकरण का सबसे अहम् हिस्सा है। बाज़ार अब हमें पूर्ण रूप से नियंत्रित कर चुका है। यह भी छुपा नहीं है कि राजनीतिक निर्णय भी बाज़ार को केंद्र में रखकर लिए जाते हैं, लिए जा रहे हैं। राष्ट्र भी एक ब्रांड बन कर रह गया है और राष्ट्रीय चेतना को एकरंगी बनाने की मुहीम सी चली हुई है। यह लेख स्वतंत्रता पूर्व हिन्दी कविता में निहित राष्ट्रीय चेतना की जानकारी के माध्यम से हमारे आज की शिनाख्त करने का प्रयास करता है। आज़ादी का सन्देश देती कविताओं का ज़िक्र युगों को बाँट कर किया गया है और उस युग के महत्त्वपूर्ण कवियों की कविताओं का हवाला देते हुए हम अतीत में व्याप्त राष्ट्रीय चेतना को देखने का एक सद्प्रयास इस लेख में करते हैं।

संकेताक्षर :

राष्ट्र, राष्ट्रीय-चेतना, भारतेन्दु, मैथिलीशरण गुप्त, सुभद्राकुमारी चौहान, माखनलाल चतुर्वेदी, प्रसाद, पन्त, निराला, महादेवी वर्मा, दिनकर, सोहनलाल द्विवेदी

राष्ट्र एक आधुनिक अवधारणा है और उन्नीसवीं सदी के उत्तरार्द्ध में हम भारत में राष्ट्र की परिकल्पना को एक आकार पाता हुआ देख पाते हैं। बावजूद इसके कि अपने मूल में राष्ट्र एक राजनीतिक संकल्पना है यह ध्यान देना ज़रूरी है कि इस अवधारणा के नेपथ्य में कई कारण सन्निहित हैं, राजनीतिक, सामाजिक, साँस्कृतिक, आर्थिक, भौगोलिक आदि। समयानुसार इस अवधारणा में भी कई परिवर्तन आये हैं। भारत के संदर्भ में देखा जाए तो सन् 1857 ई. के प्रथम स्वाधीनता संग्राम को हम इस भावना के बीज के रूप में ग्रहण कर सकते हैं। वर्तमान परिदृश्य में भारत-राष्ट्र की संकल्पना उसके संविधान द्वारा परिभाषित की जाती है। सर्वहित, सर्वाधिकार, समभाव इसके मूल में निहित है।

एक राष्ट्र की अपनी एक चेतना होती है, जिसे हम राष्ट्रीय चेतना की संज्ञा देते हैं। राष्ट्र की पूर्ण संकल्पना में राष्ट्रीय चेतना का भी योगदान होता है। चेतना का निर्माण राष्ट्र के नागरिकों द्वारा किया जाता है। इस चेतना के निर्माण के पीछे उस राष्ट्र के इतिहास, उसकी परम्पराओं, भाषाओं, धर्मों और परिवेश का महत्त्वपूर्ण योगदान होता है। इन सब के मिले-जुले रूप से राष्ट्रीय-चेतना की निर्मिती होती है। चूँकि राष्ट्र की संकल्पना को एक मनोवैज्ञानिक प्रक्रिया की उपज माना जा सकता है, ऐसे में मनुष्य की सहज सामुदायिक भावना ही एक राष्ट्र को राष्ट्र की संज्ञा देने के पीछे का मूलाधार है। ज़ाहिर है भौगोलिक सीमाओं से परे राष्ट्र, मिल-जुल कर रहने की प्रवृत्ति, अपनत्व और ममत्व का एक भावनात्मक प्रतिफलन भी है।

जिस प्रकार राष्ट्र की अवधारणा स्थायी नहीं हो सकती, उसी प्रकार राष्ट्रीय-चेतना कोई परिपूर्ण अवधारणा नहीं है, अपितु एक गतिशील प्रक्रिया है, जोड़-घटाव और सतत विकास इस चेतना का अनिवार्य अंग हैं। मौजूदा हालातों के मद्दे नज़र हम देखें तो पाएंगे कि भूमंडलीकरण और तकनीकी क्षेत्र में अभूतपूर्व बदलाव आए हैं। इन दोनों के गठजोड़ ने एक ऐसा समीकरण पैदा किया है जिससे बच पाना साधारण मनुष्य के लिए संभव नहीं। मनुष्य जीवन का ऐसा कोई भी पहलू नहीं जो इस गठबंधन से अछूता रहा हो। आर्थिक, सामाजिक, राजनीतिक, धार्मिक और

साँस्कृतिक धरातल पर एक सामान्य नागरिक सोचने को बाध्य हुआ है । कहना ज़रूरी नहीं, फिर भी भूमंडलीकरण के मूल में जो पूंजीवादी तंत्र विन्यस्त होता है; उसकी क़ैद में जीवन मूल्यों, भावनाओं और आस्थाओं को नित नवीन परिभाषाओं में सीमित करने की कोशिश की जा रही है । राष्ट्र, राष्ट्र के प्रति प्रेम, भावना, लगाव, श्रद्धा सब का पुनर्लेखन हो रहा है । सह-अस्तित्व की भावना को संभवतः वर्तमान भारतीय सन्दर्भ में शायद ही इतनी शिद्दत से महसूस किया गया हो। डेमोक्रेसी की शक्ल को आगे कर जिस तरह से पूंजीवादी तंत्र नेपथ्य से सभी मामलों को मानवीय संवेदनाओं का रूप देकर आम जन की भावनाओं का मखौल उड़ा रहा है, वह चिंतनीय है । राष्ट्र के प्रति प्रेम को गद्दारी और भक्ति के फाँक में विभक्त कर एक सूडो राष्ट्रीय चेतना को एक विशेष राजनीतिक और साँस्कृतिक विचारधारा के हित हेतु प्रचारित-प्रसारित किया जा रहा है ।

एक राष्ट्र के रूप में हम आज उस मोड़ पर खड़े हैं जहाँ यह लाज़िमी है कि हम इस तथाकथित राष्ट्रीय-चेतना की पड़ताल करें । साहित्य का विद्यार्थी होने के नाते, हिन्दी साहित्य के इतिहास के उन पन्नों को पलटें जब देश आज़ाद नहीं हुआ था और उपरोक्त सारे हालात राष्ट्र के रूप में हमारे सामने नहीं उभरे थे । हम केवल खुद को पराधीनता की दासता से मुक्त होने की चाह में संघर्षशील थे । इस सन्दर्भ में हम स्वन्तन्त्रता पूर्व की कविताओं में व्यक्त हुई राष्ट्रीय चेतना की पड़ताल इस लेख द्वारा करने की कोशिश करेंगे ।

दिनकर के अध्ययन को आधार बना कर कहा जा सकता है कि इस देश में 11 जातियों का आगमन हुआ, नीग्रों, ऑस्ट्रिक, द्रविड़, आर्य, यूनानी, यूची, शक, आभीर, हूण, मंगोल और मुस्लिम-आक्रमण के पूर्व आने वाले तुर्क । हमारा सामजिक स्वरूप इन्हीं जातियों का समागम है । युगों के अन्तः संघर्ष के बाद एक साझी संस्कृति का जो निर्माण हुआ है, वही मूलतः हमारे देश की असल चेतना है । यह दीगर बात है कि दिनकर इस साझी चेतना को व्यापक हिन्दू-संस्कृति का अंश मानते हैं । यह विमर्श का विषय हो सकता है । आज की भाषा में इसे ही सेकुलर चेतना के रूप में ग्रहण किया जाता है । इसकी महत्ता को इस बात से आँका जा सकता है कि पाश्चात्य जगत आज भी हमें रश्क और इश्क, दोनों ही नज़र से देखता है। आकर्षित होता है । इस आकर्षण के साँस्कृतिक पक्ष को बचाए रखना हमारा परम ध्येय होना चाहिए ।

"तीसरी दुनिया के देशों के औपनिवेशिक देशों में विदेशी शासन से मुक्ति के लिए राष्ट्रवाद की भावना अंकुरित हुई। भारतीय राष्ट्रवाद स्वाधीनता आन्दोलन के दौरान विकसित हुआ। इसके मूल में साम्राज्यवादी विरोधी भावना थी।"[1] इस विरोध ने हमें अपने अतीत को खंगालने के लिए बाध्य किया। इसके नेपथ्य में वह अंग्रेजी तालीम थी जिसमें मनुष्य की गरिमा को महत्ता दी जाती थी। ऐसी शिक्षा का हमारे समाज में आभाव था। हम स्व अस्मिता की तलाश की ओर अग्रसर हुए, अपने सामाजिक-सांस्कृतिक दोषों का संज्ञान लिया। इस नाज़ुक समय के वैचारिक मंथन को ही साहित्य की विधाओं में शब्दबद्ध किया गया। कविता उन्हीं विधाओं में से एक थी।

मोटा-मोटी तौर पर, राष्ट्रीय चेतना से ओतप्रोत हिन्दी काव्य को हम निम्न चरणों में देख सकते हैं, भारतेन्दु युग, द्विवेदी युग, छायावादी युग, प्रगतिवादी युग।

चूँकि आज़ादी के प्रथम उद्घोष (1857 क्रान्ति) के बाद भारतेन्दु युग का अविर्भाव हुआ। नतीजतन भारतेन्दु युग की कविताओं में निहित ताप, ऊर्जा, दृढ़ संकल्पबद्धता के भावों का आधिक्य दिखाई देता है। एक ऊहापोह की स्थिति भी हमें दिखाई देती है, क्योंकि भारतेन्दु युग एक प्रकार से संक्रमण का युग था। नए और पुराने का द्वंद्व था। रास्ता निकालने की पहल थी। ब्रिटिश सत्ता से मुक्ति मुख्य ध्येय था। जातीय स्वत्व की पहचान दूसरा। इस हेतु स्वाधीनता के लिए छटपटाती आकांक्षा को कविता के माध्यम से आम जन सामान्य के समक्ष प्रस्तुत किया गया। भारतेन्दु ने लिखा : *"निज भाषा उन्नति अहै, सब उन्नति को मूल/ बिन निज भाषा ज्ञान कै, मिटत न हिय को सूला।।"*[2]

'निज भाषा' की उन्नति का यह आह्वान क्या मात्र एक साहित्य-सेवी की दृष्टि से था? या कि वे एक बृहत्तर संकल्पना को लेकर चल रहे थे? साफ है भारतेन्दु एक बड़े फलक को देख पा रहे थे। यह विज़न उनकी राष्ट्रीय चेतना का परिणाम था। हालांकि उन्हें जो दाय में मिला था वह भक्तिकालीन और रीतिकालीन काव्य परम्परा थी, उसका निर्वहन करते हुए भी भारतेन्दु युग के कवियों ने साहित्य के इतिहास में अपना नाम इसलिए दर्ज करवा पाए क्योंकि इन कवियों ने पहली बार लीक से हटकर खड़े होने की हिम्मत दिखाई। ऐसे विषयों को कविता का विषय बनाया जो तात्कालिक समाज के समक्ष मुँह बाए खड़ी थीं। जिनका निदान ज़रूरी था। *"निर्धनता, भूख, अकाल, महंगाई, बैर, कलह, आलस्य, संतोष, खुशामद, कायरता,*

स्वाधीनता आन्दोलन और हिन्दी कविता

टैक्स, अनैक्य, देश की दुर्दशा, धार्मिक मतमतान्तर, छुआछूत, बाल-विवाह, विधवा-विवाह, व्यभिचार, अशिक्षा, अंग्रेजी भाषा एवं शिक्षा, अज्ञान, रूढ़िप्रियता, समुद्रयात्रा, कूपमंडूकता, ईश्वर, देवी-देवता, भूत-प्रेत, न्याय-व्यवस्था, पुलिस-प्रशासन, रिश्वतखोरी, बेकारी, सुरा-सेवन।"[3] आदि। भारतेन्दु युग के कवियों ने इन समस्याओं का संज्ञान लिया तथा अपने हृदय के उद्गार को अपनी कविताओं में पिरोया। कभी यह आक्रोश के रूप में व्यक्त हुआ तो कभी-कभी व्यंग्य का सहारा लिया गया। कई रियासतों में बंटे देश और उन रियासतों के अपने राग-द्वेष को भारतेन्दु उजागर करते हैं, साथ ही साथ अंग्रेजों की कूटनीति का भी पर्दाफाश करते हैं -

"सत्रु सत्रु लड़वाई दूर रही लखिये तमाशा। / प्रबल देखिय जहँ ताहि मिली दीजै आसा॥"
एक अन्य जगह वे लिखते हैं-

"गयो राज, धन, तेज, रोष, बल ज्ञान नसाई। / बुद्धि, वीरता, श्री, उछाह, सूरता विलाई॥

आलस, कायरपनों, निरूपमता अब छाई। / रही मूढ़ता, बैर, परस्पर कलह, लराई॥"[4]

सामाजिक जड़ता के क्या भयावह परिणाम हो सकते हैं इसकी ओर भी भारतेन्दु सचेत करते हैं और असम्पृक्त व्यवहार को लेकर क्षोभ भी व्यक्त करते हैं :
"सीखत कोउ न कला उदर भरि जीवत केवल। / पसु समान सब अन्न खात पीवत गंगाजल।"
धन विदेस चलि जात तऊ चित होत न चंचल। / जड़ समान है रहत अकिल रचि न सकल कल।"[5]

"अंग्रेज़-शासन के विरुद्ध जनता को जगाते हुए प्रताप नारायण मिश्र ने देश-प्रेम की सुंदर कविताएँ की हैं। निम्नलिखित उद्धरण में उनकी राष्ट्रीय चेतना का क्रांतिकारी रूप देखा जा सकता है-
"सब तजि गही स्वतंत्राता, / नहीं चुप लाते घाव

राजा करे सो न्याव है / पासा परे सो दांवा।"
"ब्रिटिश-राज को देशोन्नति के लिए अनुकूल मानकर प्रेमघन भी कुछ इसी प्रकार का उद्गार व्यक्त करते हैं-

"उठो आर्य संतान सकल मिलि बस न विलंब लगाओ,
ब्रिटिश राज स्वातंत्रामय समय व्यर्थ न बैठि बिताओ।"[7]

जातिगत भेदभाव को लेकर भारतेन्दु युग के कवि संवेदनशील रहे और उसके खात्मे को अपना धर्म माना। स्वयं भारतेन्दु की रचना 'भारत-दुर्दशा' में "सत्यानाश अपना महत्त्व धार्मिक मतभेद और छुआछूत फैलाकर दर्शाता है-

"बहुमत हमने फैलाए धर्म, बढ़ाया छुआछूत का कर्म

xx   xx   xx

जाति अनेकन करी, नीच अरु ऊंच बनाई। / खान-पान सम्बन्ध सबन सौं अरजि छुड़ायो"

अंततः, वे सामाजिक और जातिगत भेदभाव मिटाकर मानवतावादी प्रेम पर आधारित समता की दिशा सामाजिक प्रगति की कामना व्यक्त करते हैं-
"होइ एक मन भाई सबै अब / छोड़हु चाल कुचाल हो दुइ-रंगी।"[8]

अंग्रेजी औपनिवेशिक आर्थिक शोषण की दमनकारी नीतियों ने भारतीय अर्थव्यवस्था की रीढ़ तोड़ कर रख दी। एक ओर औद्योगीकरण और दूसरी तरफ भारतीय लघु उद्योगों का नाश तात्कालिक हुकुमत का मूल ध्येय रहा, इससे समाज का हर तबका प्रभावित हुआ। किसान भी इससे अछूते नहीं रहे। बालमुकुन्द गुप्त जी ने किसानों की करुण दशा का मार्मिक चित्रण निम्नलिखित पंक्तियों में दर्शाया है :
"जिनके कारण सब सुख पावै जिनका बोया सब जन खाए / हाय-हाय उनके बालक नित भूखों के मारे चिल्लाएँ / काम-सर्प की-सी फुंफकारें लुएं भयानक चलती है। / धरती की सातों परतें जिसमें तावा सी जलती हैं। / तभी खुले मैदानों में वह कठिन किसानी करते हैं। / नंगे तन बालक नर-नारी पिता पानी भरते हैं। / अहा बिचारे दुख के मारे निस-दिन पच-पच मरें किसान। / जब अनाज उत्पन्न होय तब सब उठवा ले जाय लगान।"[9]

द्विवेदी युग में भी लगभग वही परिस्थितियाँ बनी रहीं जिनसे मुक्ति की कामना हमें भारतेन्दु युग में दिखाई पड़ती हैं। किन्तु अब तक आम जन और साहित्यकारों में यह परिवर्तन आ चुका था कि वे अंग्रेजों की स्वार्थपरक कूटनीतियों को समझने लगे थे। परिणामस्वरूप राजनीतिक रूप से हम अधिक सजग हुए। इस सजगता ने हमें अपनी धरोहरों की ओर आकर्षित किया। लोक और उससे जुड़ी मान्यताओं का अद्यतनीकरण नए संदर्भों में हुआ। तात्कालिक सामाजिक

परिस्थितियों ने हमें पुनः मंथन करने के लिए प्रेरित किया। नैतिक आदर्श, त्याग तथा बलिदान की भावनाएं प्रबल होती गई और आदर्शवादिता इस युग का मुख्य उद्देश्य बन गया। इस हेतु भाषा भी सहज-सरल हुई, अलंकरण का त्याग अनिवार्य हो गया। इस युग के प्रमुख हस्ताक्षर रहे श्रीधर पाठक, नाथूराम शर्मा 'शंकर', अयोध्या सिंह उपाध्याय 'हरिऔध', मैथिलीशरण गुप्त, रामनरेश त्रिपाठी। इसी प्रकार आगे चलकर द्विवेदी युगीन राष्ट्रीय चेतना से प्रभावित कवियों में माखनलाल चतुर्वेदी, सियारामशरण गुप्त, बालकृष्ण शर्मा 'नवीन', रामधारी सिंह 'दिनकर', सुभद्राकुमारी चौहान, सोहनलाल द्विवेदी मुख्य रहें।

श्रीधर पाठक अपनी रचना 'भारतगीत' में लिखते हैं-

"वन्दनीय वह देश, जहाँ के देशी निज अभिमानी हों। / बान्धवता में बंधे परस्पर परता के अज्ञानी हों / निंदनीय वह देश, जहाँ के देशी निज अज्ञानी हों / निंदनीय वह देश, जहाँ के देशी निज अज्ञानी हों/ सब प्रकार परतंत्र पराई प्रभुता के अभिमानी हों"[10]

जहाँ प्रकृति द्वारा श्रीधर पाठक राष्ट्र के करीब खुद को पाते हैं वहीं नाथूराम शर्मा 'शंकर' समाज से होकर खुद को देश के करीब पाते हैं। सामाजिक कुरीतियों को लेकर वे तल्ख तेवर अपनाते हैं। जाति-पांति के कारण जो एकजुटता में व्यवधान आता है, इससे 'शंकर' जी वाकिफ हैं। 'पञ्चपुकार' में वे कहते हैं-

"जाति-पांति के विकट जाल में जूझे फंसे गँवार / मैं अब सब को सुलझा दूंगा, करके एकाकार / वैतरणी का ठेका लूँगा देकर दाढ़ी मूँछ / घर घर वाटर बाईसिकल पर बिना गाय की पूँछ / मरो को पार उतारूंगा, किसी से कभी न हारूंगा।"[11]

अयोध्यासिंह 'हरिऔध' जी ने अपनी रचना 'प्रियप्रवास' और 'वैदेही वनवास' में कृष्ण काव्य और राम काव्य का मानवीकरण किया। उसे तात्कालिक समाज अनुरूप ढालने का यत्न किया। एक जगह वे लिखते हैं-

"न मूढ़ ही है अविवेक में फँसे / यही दशा है मतिमान वृन्द की। / समर्थ हैं जो तम के विनाश में / स्वयं वही हैं तम पुंज में पड़े।"[12]

हरिऔध जी मूलतः मानववाद से प्रेरित कवि हैं-

"जगत में कौन पराया है / कौन यहाँ नहीं हमारा है।"[13]

द्विवेदी युग के सबसे प्रभावी कवि हमें मैथिलीशरण गुप्त के रूप में प्राप्त होते हैं, नवीन सन्दर्भों में नारी अस्मिता की प्रतिष्ठा उन्हें अन्य कवियों से अलग कतार में खड़ा कर देता है। 'साकेत', 'शकुन्तला', 'यशोधरा', 'हिडिम्बा', 'विष्णुप्रिया' आदि में नारी जीवन से जुड़े अनेक प्रश्नों से सीधे रुबरु होने की हिम्मत गुप्त जी दिखाते हैं। वहीं समय की माँग के अनुसार वे हिन्दू जाति के पुनरोत्थान की कामना से 'भारत-भारती' की रचना करते हैं। जहाँ एक ओर इस रचना में हिन्दू गौरव अतीत की बात है वहीं समाज के खांचों में बंटे होने की बात भी है। इस रचना के माध्यम से वे भारतीय एकता की बात को पाठक के समक्ष प्रस्तुत करते हैं। इस एकता के एक और पैरोकार अज़ीम शख्सियत अकबर थे। 'अकबर' नामक शीर्षक में उनकी चाह धर्मों से परे एक्य की भावना को दर्शाता है-

"प्रकट त्रिवेणी तट के मन में / एक और संगम की चाह / हिन्दू मुसलमान का मानस / मिलनतीर्थ यह महाप्रवाह / राम-रहीम धाम होगा तब वही दुर्ग, संहत सन्नाह / उस मंदिर का आदि पूजारी / स्वयं सिद्ध तू अकबर शाह।"[14]

नैराश्य को कवि एक दुर्गुण मानते हैं। इससे उबरने का आह्वान करते हैं-

"अपने युग को हीन समझना / आत्महीनता होगी / सजग रहो, इससे दुर्बलता और दीनता होगी / जिस युग में हम हुए वही तो / अपने लिए बड़ा है।"[15]

'भारत-भारती' में भी वे भारतीय जनसमुदाय को सचेत करते हैं-

"हे भाइयों! सोयो बहुत, अब तो उठो, जागो अहो! / देखो ज़रा अपनी दशा, आलस्य को त्यागो अहो! / कुछ पार है, क्या क्या समय के उलट-फेर न हो चुके / अब भी सजग होंगे न क्या? सरसत तो हो खो चुके।"[16]

इस युग में स्त्री-स्वर के रूप में हमारे सामने प्रस्तुत हुई सुभद्राकुमारी चौहान। तमाम विपरीत हालातों में उन्होंने अपनी लेखनी और निजी जीवन की मिसाल पेश की। उनका स्वर सदैव क्रांति का आग्रह लिए रहा। राष्ट्रीय चेतना की वे एक सजग कवियत्री रही हैं। जलियाँवाला बाग़ हत्याकाण्ड ने उन्हें झकझोर कर रख दिया। जलियावाला बाग़ के हत्याकाण्ड पर उन्होंने लिखा:

"आओ प्रिय ऋतुराज, किन्तु धीरे से आना/ यह है शोक स्थान, यहाँ मत शोर मचाना/ कोमल बालक मरे यहाँ गोली खा-खाकर।"[17]

सुभद्रा जी अपनी अप्रतिम रचना 'झाँसी की रानी' वीर नायिका लक्ष्मी बाई का यशोगान करती हैं :

"सिंहासन हिल उठे राजवंशों ने भृकुटी तानी थी,
बूढ़े भारत में भी आई फिर से नयी जवानी थी,
गुमी हुई आज़ादी की कीमत सबने पहचानी थी,
दूर फिरंगी को करने की सबने मन में ठानी थी।
चमक उठी सन सत्तावन में, वह तलवार पुरानी थी,
बुंदेले हरबोलों के मुँह हमने सुनी कहानी थी,
खूब लड़ी मर्दानी वह तो झाँसी वाली रानी थी।।"[18]

हम कह सकते हैं कि 'सरस्वती' के माध्यम से महावीर प्रसाद 'द्विवेदी' जी ने भारतेन्दु मंडल के कवियों द्वारा बोए गए आत्माभिमान और गौरव के बीज को सींचा और लोकमंगल को मुख्य ध्येय माना। उन्होंने उन सभी कवियों को प्रोत्साहित किया जो समाज-सुधार एवं राष्ट्रोद्धार की चेतना से ओतप्रोत थे। इस समय के कवि असल जीवन में भी स्वतंत्रता संग्राम के आन्दोलन में शामिल थे। ज़ाहिर है राष्ट्रीय स्वर मुखर और प्रखर था। जनता का मनोबल इन कवियों का संबल था।

छायावादी युग में भी यह राष्ट्रीय चेतना अग्रसारित हुई। किन्तु यह मुख्य धारा न बन पाई। छायावाद में राष्ट्रीय चेतना का प्रसार इक अलग वैशिष्ट्य धारण

किये हुए हमारे सामने प्रस्तुत हुई । राष्ट्रीय चेतना ने मानववाद का रूप ग्रहण किया, इसके नेपथ्य में सम्पूर्ण विश्व दृष्टि हो सकती है । जो यह मान कर चलती है कि सीमाएं हमारी चेतना को परिभाषित नहीं कर सकतीं यथा सम्पूर्ण विश्व से एक तरह से हमारा एक अभिन्न सम्बन्ध है । संभवतः इसी भावना को नगेन्द्र जी ने शब्दबद्ध किया है :

"पिछले महासमर के उपरांत यूरोप के जीवन में एक निस्सार खोखलापन आ गया था- जीवन के प्रति विश्वास ही नष्ट हो गया था । परन्तु भारत में आर्थिक प्रभाव के होते हुए भी जीवन में एक स्पंदन था । भारत की उदबुद्ध चेतना युद्ध के बाद अनेक आशाएं लगाए बैठीं थीं उसमें स्वप्नों की चंचलता थी । वास्तव में भारत की आत्म-चेतना का यह किशोर-काल था जब अनेक इच्छा अभिलाषाएं उड़ने के लिए पंख फड़फड़ा रही थी। भविष्य की रूप-रेखा नहीं बन पाई, परन्तु उसके प्रति मन में इच्छा जग गई थी । पश्चिम के स्वच्छन्द विचारों के संपर्क से राजनीतिक और सामाजिक बन्धनों के प्रति असंतोष की भावना मधुर उभार के साथ उठ रही थी, भले ही उनको तोड़ने का निश्चित विधान अभी मन में नहीं आ रहा था । राजनीति में ब्रिटिश साम्राज्य की अचल सत्ता और समाज में सुधारक की दृढ़ नैतिकता असंतोष और विद्रोह की इन भावनाओं को बहिर्मुखी अभिव्यक्ति का अवसर नहीं देती थी । निदान वे अंतर्मुखी होकर धीरे-धीरे अवचेतन में जाकर बैठ रही थी । और वहां से शक्ति पूर्ति के लिए छाया-चित्रों की सृष्टि कर रही थी । नवीन चेतना से उद्दीप्त कवि के स्वप्न अपनी अभिव्यक्ति के लिए चंचल हो रहे थे, परन्तु वास्तविक जीवन में उसके लिए संभावना नहीं थी । अतएव स्वभावतः उसकी वृत्ति निकट यथार्थ स्थूल से विमुख होकर सुदूर रहस्मय, और सूक्ष्म के प्रति आकृष्ट हो रही थी ।"[19]

छायावाद कालीन सामाजिक, आर्थिक बदलाव के अवदान को नकारा नहीं जा सकता एक ओर जहाँ राजनीतिक स्थितियों में बदलाव न के बराबर हुआ था वहीं एक बिलकुल नये वर्ग का आविर्भाव हमें छायावाद में देखने को मिलता है। इस विषय पर शम्भूनाथ सिंह जी ने अपनी पुस्तक 'छायावादी युग' में विशद एवं गंभीर विवेचन किया है । इस समाज का अपना एक दृष्टिकोण था तथा अपनी शर्तों पर ही वे सामाजिक-राजनैतिक समस्याओं को देखना चाहते थे । छायावादी कवि व्यक्ति से होते हुए समाज की ओर देखते थे । राष्ट्र के प्रति उनकी चेतना भी इसी दृष्टिकोण से प्रेरित थी । इसका एक और कारण अंग्रेजों की दमनकारी नीतियाँ भी थी जिसने

कवियों को अंतर्मुखी होने को एक तरह से बाध्य कर दिया। इसका ज़िक्र ऊपर नगेन्द्र जी के कथन में भी किया जा चुका है। यह कहीं से भी पलायन अथवा आत्मकेन्द्रण की बात नहीं थी वरन लगभग सभी छायावादी कवियों ने 'स्वतंत्रता' को प्रमुखता दी। वैयक्तिक स्वातंत्र्य उनका अभीष्ट रहा, तदुपरांत राष्ट्रीय स्वातंत्र्य की ओर वे बढ़े।

इस युग के प्रमुख कवि जिनके यहाँ हम राष्ट्रीय चेतना की बहुलता देख पाते हैं, वे हैं जयशंकर प्रसाद, सुमित्रानंदन पन्त, सूर्यकान्त त्रिपाठी 'निराला', महादेवी, माखनलाल चतुर्वेदी, रामधारी सिंह 'दिनकर', बालकृष्ण शर्मा 'नवीन' और श्रीकृष्ण सरल।

प्रसाद जी मूलतः राष्ट्र प्रेम से अनुप्राणित कवि थे, दीगर बात है कि वे प्रत्यक्ष रूप से स्वाधीनता संग्राम में शामिल नहीं थे। प्रसाद जी की सर्वश्रेष्ठ कविताओं में से एक है, "अरुण यह मधुमय देश हमारा"।

"अरुण यह मधुमय देश हमारा। / जहाँ पहुँच अनजान क्षितिज को मिलता एक सहारा।। / सरल तामरस गर्भ विभा पर, नाच रही तरुशिखा मनोहरा। / छिटका जीवन हरियाली पर, मंगल कुंकुम सारा।। / लघु सुरधनु से पंख पसारे, शीतल मलय समीर सहारे। / उड़ते खग जिस ओर मुँह किए, समझ नीड़ निज प्यारा।। "[20]

पन्त का स्वर प्रसाद समान मूलतः मानवतावादी रहा और उन्होंने समय की माँग के अनुसार अपने काव्य-रुचियों में परिवर्तन किया। इस गीत में उनकी राष्ट्रीय चेतना का दर्शन होता है :

"जय जन भारत जन मन अभिमत / जन गण तंत्र विधाता / जय गण तंत्र विधाता / गौरव भाल हिमालय उज्ज्वल / हृदय हार गंगा जल / कटि विंध्याचल सिंधु चरण तल / महिमा शाश्वत गाता।"[21]

"पंत जी ने 'युगवाणी' में आदर्श समाज की कल्पना की है -

'रूढ़ि रीतियाँ जहाँ न हों आराधित, / श्रेणी वर्ग में मानव नहीं विभाजित, / धन-बल से हो जहां न जन-श्रम शोषण, / पूरित भव-जीवन के निखिल प्रयोजन

'वसुधैव कुटुंबकम्' का आदर्श पंत की इन पंक्तियों में दृष्टव्य है -
क्यों न एक हों मानव मानव सभी परस्पर, मानवता निर्माण करें जग में लोकोत्तर।" [22]

निराला जी की विद्रोही भावना से तारीफ कराने का कोई तुक नहीं बनता, उनकी राष्ट्रीय चेतना में भी उनकी हर क्लीशे को तोड़ देने की भावना निहित है। अपनी कविता 'जागो फिर एक बार' में आह्वान करते हैं :

"जागो फिर एक बार! / प्यार जगाते हुए हारे सब तारे तुम्हें / अरुण-पंख / तरुण-किरण / खड़ी खोलती है द्वार- / जागो फिर एक बार! / आँखें अलियों-सी / किस मधु की गलियों में फँसी, / बन्द कर पाँखें / पी रही हैं / मधु मौन / अथवा सोयी कमल-कोरकों में?- / बन्द हो रहा गुंजार- / जागो फिर एक बार!" [23]

निराला में यह अदम्य विश्वास है कि :

"जितने विचार आज / मारते तरंगे हैं / साम्राज्यवादियों की भोग वासनाओं में / नष्ट होंगे चिरकाल के लिए / आयेगी भाल पर भारत की गई ज्योति, / हिन्दुस्तान मुक्त होगा घोर अपमान से, / दासता के पाश कट जावेंगे।" [24]

निराला जी की राष्ट्रीय चेतना का परिचय हमें 'भारती जय विजय करे', 'शिवाजी का पत्र', 'बुझे तृष्णाशा', आदि कविताओं में भी प्राप्त होता है, उत्तरोतर उनकी कविताएँ परिमार्जित होती गईं। उन्होंने व्यंग्य और करूणा को अपनी कविताओं में जगह दी।

महादेवी वर्मा जी ने अपने शुरूआती दिनों में राष्ट्रीय भावना से भरी कविताओं को ही रचा। धीरे-धीरे उन्होंने नारी के अंतरतम भावनाओं को शब्दों में बाँधने का काम किया। उनकी प्रसिद्ध कविता 'मस्तक देकर आज खरीदेंगे हम ज्वाला' में वे कहती हैं :

"जब ज्वाला से प्राण तपेंगे, / तभी मुक्ति के स्वप्न ढलेंगे, / उसको छू कर मृत साँसें भी / होंगी चिनगारी की माला! / मस्तक देकर आज खरीदेंगे हम ज्वाला!" [25]

स्वाधीनता आन्दोलन और हिन्दी कविता

‘विजयनी तेरी पताका!’ द्वारा हम उनकी राष्ट्रीय ध्वज के प्रति सम्मान से अवगत होते हैं । ‘दीन भारतवर्ष’, ‘अनुरागमयी वरदानमयी’, ‘ क्रान्ति गीत’ आदि कविताओं में भी उनकी राष्ट्रीय चेतना देख पाते हैं ।

छायावाद के इन चार स्तंभों के अलावा माखन लाल चतुर्वेदी जी, रामधारी सिंह ‘दिनकर’, बालकृष्ण शर्मा ‘नवीन’ ने विशुद्ध रूप से राष्ट्रीय भावना से ओत-प्रोत कविताएँ लिखीं ।

माखनलाल चतुर्वेदी ने ‘कैदी और कोकिला’ शीर्षक कविता में अपनी अनुभूति को इस रूप में व्यक्त किया:

“क्या? देख न सकती जंजीरों का गहना/ हथकड़ियाँ क्यों? यह ब्रिटिश राज्य का गहना।। / कोल्हू का चरक चूँ? जीवन की ताना। / मिटटी पर लिखे अँगुलियों ने क्या गान? / हूँ मोट खींचता लगा पेट पर जुआ / खाली करता हूँ ब्रिटिश अकड़ का कुंआ।”[26]

‘पुष्प की अभिलाषा’ उनकी प्रसिद्ध गीतात्मक कविता है :

“चाह नहीं सम्राटों के शव पर / हे हरि डाला जाऊँ, / चाह नहीं देवों के सिर पर / चढूँ भाग्य पर इठलाऊँ, / मुझे तोड़ लेना बनमाली, / उस पथ पर देना तुम फेंक! / मातृ-भूमि पर शीश- चढ़ाने, / जिस पथ पर जावें वीर अनेक!”[27]

माखनलाल जी के यहाँ प्रकृति-चित्रण भी स्वभावतः राष्ट्रीय प्रेम में तिरोहित हो जाता है । युगचारण की भूमिका में वे लिखते हैं:

“हम सोचने के आनंद-भरे प्रवाह में वर्षा की तरह झरें, / बादलों की तरह गरजें, वृक्षों की तरह ऊँचे उठें, फूलों की तरह महकें / फलों की तरह रस भरें हों, फिर सबके सब मिलकर अपनी / मातृभूमि की गोद में कभी पुकार होने पर और कभी बिना पुकारे बिखर पड़ें। / कला का यही छोटा इतिहास है।”[28]

रामधारी सिंह ‘दिनकर’ जी की कविताओं पर चर्चा किए बिना इस युग की कविता में राष्ट्रीय चेतना पर चर्चा करना असंभव है। स्वतंत्रता प्राप्ति से पहले वे

अंग्रेजी औपनिवेशिक साम्राज्य के खिलाफ जन साधारण के रोष के सबसे प्रमुख स्वर बन कर उभरे। संभवतः गुप्त जी के बाद उन्हें राष्ट्रीय कवि का मान उनकी ओजस्वी कविताओं के कारण दिया गया। कविता के क्षेत्र में जब उनका पदार्पण हुआ तब तक छायांवाद अपनी ढलान की ओर था। यथार्थ की ज़मी से उपजी समाजवादी चेतना, कल्पनाशील उद्गारों की जगह लगभग प्रतिस्थापित हो चुकी थी। अपनी प्रथम कृति 'रेणुका' में ही कवि 'मंगल आह्वान' करते हैं :

"गत विभूति भावी की आशा / ले युगधर्म पुकार उठे / सिंहों की अंध गुहा में / जागृति की हुँकार उठे।"[29]

उनकी एक और प्रसिद्ध कविता 'हिमालय के प्रति' की हर पंक्ति से दिनकर जी की राष्ट्रीय चेतना का अंदाज़ा लगाया जा सकता है, उनकी वेदना को देखा जा सकता है :

'युग-युग अजेय, निर्बन्ध, मुक्त, / युग-युग गर्वोन्नत, नित महान, / निस्सीम व्योम में तान रहा / युग से किस महिमा का वितान? / कैसी अखंड यह चिर-समाधि? / यतिवर! कैसा यह अमर ध्यान? / तू महाशून्य में खोज रहा/किस जटिल समस्या का निदान?/उलझन का कैसा विषम जाल? /मेरे नगपति! मेरे विशाल!'[30]

दिनकर जी जिस उग्र राष्ट्रवाद के लिए जाने जाते हैं उसका रूप हम उनके काव्य-संग्रह 'हुंकार' में बखूबी देख सकते हैं, " 'हुँकार' में दिनकर युग-धर्म एवं राष्ट्र-धर्म के प्रति पूर्णतः समर्पित हैं | यहाँ कवि के हृदय में अपनी केन्द्रीय दिशा के प्रति को दुविधा या संशय नहीं है। यही करण है कि 'हुँकार' को दिनकर की रचना-परम्परा में राष्ट्रीयता से संबंधित रचना माना जा सकता है।"

"युगों से हम अन्याय का भार ढोते आ रहें हैं; / न बोली तू मगर, हम टूटते जा रहें हैं। / पिलाने को कहाँ से लाएं रक्त दानवों को? / नहीं क्या सत्व है प्रतिशोध का हम मानवों को ? / जरा तू बोल तो, सारी धरा हम फूँक देंगे; / पड़ा जो पंथ में गिरि, कर उसे दो टूक देंगे।"[31]

'कुरुक्षेत्र' काव्य संग्रह की इन पंक्तियों को कौन भूला सकता है जो कि निर्बल मनोवृत्ति का निर्मम उपहास है :

स्वाधीनता आन्दोलन और हिन्दी कविता

"क्षमा, दया, तप, त्याग, मनोबल सबका लिया सहारा / पर नर व्याघ्र सुयोधन तुमसे कहो कहाँ कब हारा? / क्षमाशील हो रिपु-समक्ष तुम हुये विनीत जितना ही / दुष्ट कौरवों ने तुमको कायर समझा उतना ही / अत्याचार सहन करने का कुफल यही होता है / पौरुष का आतंक मनुज कोमल होकर खोता है / क्षमा शोभती उस भुजंग को जिसके पास गरल है /उसका क्या जो दंतहीन विषरहित विनीत सरल है।"[32]

बालकृष्ण शर्मा 'नवीन' को छायावाद के समानांतर बहने वाली उस काव्यधारा का प्रतिनिधि कवि माना जाता है, जिसमें वीरता, प्रेम व श्रृंगार के अतिरिक्त राष्ट्रीयता व मानवीयता के स्वर प्रवाहित हैं । उनकी कथनी व करनी में शायद ही कोई भेद रहा हो । साहित्य और समाज की सेवा उन्होंने एक ही समान की। देश सेवा उनकी प्रथम प्राथमिकता रही । वे युवकों से भी यही अपेक्षा रखते थे:
"है बलिवेदी सखे प्रज्ज्वलित माँग रही ईंधन क्षण-क्षण, / आओ युवक लगा दो तो तुम अपने यौवन का ईंधन ।/ भस्मसात हो जाने दो ये प्रबल उमंगें जीवन की / अरे सुलगने दो बलिवेदी चढ़ने दो बलि यौवन की ।"[33]

उनकी लोकप्रिय कविता 'कवि कुछ ऐसी तान सुनाओ' आज भी उनकी पहचान है :

"कवि, कुछ ऐसी तान सुनाओ, जिससे उथल-पुथल मच जाए, / एक हिलोर इधर से आए, एक हिलोर उधर से आए, / प्राणों के लाले पड़ जाएँ, त्राहि-त्राहि रव नभ में छाए, / नाश और सत्यानाशों का- / धुँआधार जग में छा जाए, बरसे आग, जलद जल जाएँ भस्मसात भूधर हो जाएँ / पाप-पुण्य सदसद भावों की, धूल उड़ उठे दायें-बायें, / नभ का वक्षस्थल फट जाए- तारे टूक-टूक हो जाएँ / कवि कुछ ऐसी तान सुनाओ, जिससे उथल-पुथल मच जाए ।"[34]
वे मजदूरों, किसानों का भी आह्वान करते हैं-
"उठो, उठो ओ नंगों भूखों, ओ मजदूर किसान उठो। / आज मुक्ति के अरमानों ने मिलकर यों ललकारा है / लो अब सोने वालों जागो, गूँज रहा नक्कारा है ।"[35]

नवीन जी को लेकर दिनकर जी का यह मंतव्य उचित जान पड़ता है : *"जब उस नर शार्दूल के बोलने की बारी आती, तो बादलों में दरारें पड़ जातीं, छतें चरमराने लगतीं और सत्य का प्रकाश खुल कर अपने स्वाभाविक रूप में सामने आ जाता।"*[36]

छायावाद के अवसान के साथ एक नया समीकरण देश के सामने उभर कर आया, लोगों में नैराश्य की भावना की जगह अब इस विश्वास ने घर कर लिया था कि देर-सबेर हम स्वतंत्र होंगे। स्वतन्त्रता संग्राम अब जन संग्राम की शक्ल इख्तियार कर चुका था। समाज का हर तबका इस समर में अपनी भागीदारी चाहता था। किसान मजदूर में एकता आयी, मध्यवर्ग भी साथ हो लिया।

"छायावाद के उत्तरकाल में राष्ट्रीय भावनाओं से ओतप्रोत कविताएँ लिखने की प्रेरणा लेकर जो कवि सामने आए उनमें माखनलाल चतुर्वेदी, बालकृष्ण शर्मा 'नवीन', रामधारी सिंह 'दिनकर', सुभद्राकुमारी चौहान, सोहन लाल द्विवेदी आदि प्रमुख थे। उन्होंने ऐसी कविताएँ लिखीं जिनमें क्रांतिकारी और जिनमें समाजवादी विचारों के प्रभाव भी थे। पन्त और निराला की कविताओं में भी परिवर्तन के संकेत मिलने लगे। पन्त अब 'युगांत', 'युगवाणी' और 'ग्राम्या' के माध्यम से साम्यवादी प्रभाव में एक नए तरह का समाज बनाने का स्वप्न व्यक्त कर रहे थे। हालांकि उनकी कविताओं में सामान्य जन के प्रति सहानुभूति बौद्धिक ही अधिक थी, लेकिन उस समय इसका भी महत्त्व था। बच्चन, भगवती चरण वर्मा, दिनकर आदि की कविताओं में छायावाद की आध्यात्मिकता और रहस्यात्मकता की बजाए लौकिक जीवन के प्रति गहरा लगाव व्यक्त हो रहा था। 'इस पार प्रिये मधु है, तुम हो, उस पर जाने क्या होगा?' यह भाव इस दौर की कविता में जीवन के प्रति गहरे विश्वास को व्यक्त कर रहा था। कविता में लौकिकता की यह अभिव्यक्ति धर्मनिरपेक्ष और लोकतान्त्रिक समाज बनाने के प्रयत्न का ही हिस्सा थी और इसी कारण यह प्रगतिशील सोच का ही विस्तार था।"[37] प्रगतिवादी कविता में व्यक्त राष्ट्रीय चेतना छायावादी युग की राष्ट्रीय चेतना से कई मायनों में अलग थी। क्रांतिकारी धार के अलावा सामाजिक मुक्ति भी इस चेतना का एक हिस्सा बन गई। देश की आज़ादी के अलावा प्रगतिवादी कविगण भविष्य को बेहतर साँचा देने की भी बात करते थे। ज़ाहिर है प्रगतिवादी कवियों का राष्ट्र को लेकर जो विज़न था वह एक कदम आगे था। पराधीन से स्वाधीन होना ही केवल उनका अंतिम लक्ष्य नहीं था। वहीं मार्क्सवाद का प्रभाव भी देखते बनता था। पूँजी आधारित सामाजिक संरचना से

प्रगतिवादी कवि वाकीफ थे । हक़ के लिए हिंसा-अहिंसा के भेद का लोप हो गया था।

इस युग के जिन कवियों में राष्ट्रीय चेतना के चिह्न प्राप्त होते हैं, वे हैं, रामविलास शर्मा, केदार नाथ अग्रवाल, नागार्जुन, त्रिलोचन, शिवमंगल सिंह 'सुमन' आदि ।

रामविलास शर्मा, दिनकर की तरह द्वंद्व के कवि हैं । किन्तु यह द्वंद्व विशुद्ध रूप से मार्क्सवादी विचारधारा से जुड़ा हुआ है । दिनकर के यहाँ यह द्वंद्व विज्ञान और दर्शन, आधुनिकता और परम्परा का रहा है । परम्परा के मूलभूत विकासमान गुणों को संजोने का ध्येय दिनकर का रहा है, वहीं रामविलास शर्मा जी के यहाँ यह परम्परा के नकारात्मक पक्षों को पूर्ण रूप से ध्वस्त करने का रहा है ।

नई पीढ़ी से वे आह्वान करते हैं :

"रात में मुरझा गए सब फूल पाती / अब नहीं गाता यहाँ कोई प्रभाती- / उड़ गए इस कुञ्ज के पक्षी बेचारे, / छटपटा कर रह गए कुछ बे सहारे / अब यही आशा, नए तिनके संजोकर घर बनाओ। / संसार के समस्त सोते हुए देशों की जनता जाग रही है अतः / इस सुनहरे भोर में तुम सो न जाओ / सब सजग हैं विश्व के पक्षी, तुम्हीं तब सो न जाओ।"[38]

बातर्ज़ कवि गिरिधर की कुंडलियों से प्रेरणा ले रामविलास जी 'साईं या संसार में मतलब का व्यवहार' कविता में व्यंग्य का सहारा ले अपनी व्यथा उजागर करते हैं :

"साईं या संसार में, मतलब का व्यवहार / मतलब से सर पदमपत कांग्रेस के यारा। / कांग्रेस के यार प्रेम से डिनर खिलावें। / कान पास मुँह ले भेद की बात सुनावे। कह अगिया बैताल यार मतलब के तेन, करें चोरबाजारी फिर भी बने गोसाईं॥ / देखो इस संसार में, बिड़ला का व्यवहार, देशभक्ति के नाम पर कपड़े का व्यापारा / खुले आम

कपड़े पर दूने दाम छपावें / कह अगिया बैताल आज सबका यह लेखा, कर बेगरजी प्रीटी यार हम बिड़ला देखा।।"[39]

रामविलास जी के बाद केदार जी ऐसे कवि हैं जिन्होंने प्रेम और क्रांति दोनों को अपनी गीतात्मक कविताओं में प्रचुर स्थान दिया है। उनकी चेतना सामाजिक अन्याय से मुखालिफत और श्रम के सौन्दर्य से नाभिनालबद्ध है। वे अपने युग के सजग प्रहरी हैं। अपना युग-सत्य लिखना वे परम कर्तव्य मानते हैं। वे इसे बगैर हिचक स्वीकार करते हैं। केदार जी राष्ट्रवादी चेतना उनकी जनवादिता में निहित है। 'युग की गंगा' काव्य-संग्रह में 'नींद के बादल' कविता के माध्यम से बीते हुए युग को कुछ इस तरह स्वीकारते हैं -

"नींद के बादल / रात के जादू के बाद / दिन के लाल सवेरे के साथ ही / ओझल हो जाते हैं।"[40]

और अपने युग से उनकी आशाएं बंधी हुई हैं :

"युग की गंगा / पाषाणों पर दोड़ेगी ही / लम्बी, ऊंची / सब प्राचीन डुबायेगी ही/ नयी बस्तियाँ /शान्ति निकेतन / नव संसार बसायेगी ही"[41]

सन् 1946 ई. में लिखी उनकी निम्न कविता शीर्ष पर बैठे अति महत्वाकांक्षी लोगों की पोल खोल देती है:

"लंदन गये_लौट आये। / बोलौ! अजादी लाये? / नकली मिली या कि असली मिली है? / कितनी दलाली में कितनी मिली है? / आधी तिहाई की पूरी मिली है?/ कच्ची कली है कि फूली-खिली है? / कैसे खड़े शरमाये? / बोलौ! अजादी लाये?"[42]

नागार्जुन जी की राष्ट्रीय चेतना का वास्तविक परिचय हमें उनकी आजादी के बाद की कविताओं में प्राप्त होता हैं यथा 'आओ रानी हम ढोयेंगे पालकी', 'आये दिन बहार के', 'शासन की बन्दुक', 'कर दो वमन', 'तीनों बंदर बापू के' जैसी तीक्ष्ण राजनैतिक कटाक्ष की कविताओं के आलावे बेहतर पीड़ा को 'वे मन करता है।'

और 'मन्त्र' कविता के ज़रिये प्रस्तुत करते हैं, ये दोनों कविताएँ नागार्जुन की तात्कालिक परिस्थितियों पर बेलाग टिप्पणियाँ हैं ।

"आज मैं दुश्मन हूँ तुम्हारा / पुत्र हूँ भारत माता का / और कुछ नहीं हिन्दुस्तानी हूँ महज / प्राणों से भी प्यारे हैं मुझे अपने लोग / प्राणों से भी प्यारी है मुझे अपनी भूमि।"[43]

विश्वदृष्टि रखने वाले रवीन्द्रनाथ ठाकुर जी को समर्पित उनकी कविता से उनकी चेतना का अंदाज़ा लगाया जा सकता है :

"रुन झुन रुन झुन / सुने थे तुमने / भगवती वीणापाणि शारदा के नुपुर / विश्वबांध भारतीय महाकवि ठाकुर ! / पाया था अनुपम प्रतिभा का अवदान / यहाँ से, वहाँ से, / जाने कहाँ-कहाँ से, धन्य तुम पुरुषोत्तमा।"[44]

त्रिलोचन की सहज अभिव्यक्ति मन मोहती है । वे साधारण मनुष्य की पीड़ा के नैरेटर हैं । गहन पीड़ा को वे बेहद सादगी से बताने का हुनर रखते हैं । दमनकारी व्यवस्था को वे बदलने की बात कहते हैं –

"ओ तू नियति बदलने वाला / तू स्वभाव का गढ़ने वाला / तुने जिन नयनों से देखा / उन मजदूर-किसानों का दला।। / शक्ति दिखाने आज चला है।"[45]

स्वतंत्रता पूर्व 'धरती' त्रिलोचन का प्रथम काव्य- संकलन है। इसमें शोषित जीवन और ग्राम्य जीवन के यथार्थ को चित्रित किया गया है, साथ ही शोषक वर्ग पर भी तीखा प्रहार करते वे नजर आते हैं । नामवर जी इसे त्रिलोचन की प्रतिनिधि काव्य-संग्रह के रूप में देखते थे । त्रिलोचन की चेतना जनवादी चेतना है ।

दिनकर की तरह शिवमंगल सिंह सुमन जी भी प्रखर राष्ट्रवाद के पैरोकार रहे । संभवतः उनके इसी राष्ट्र प्रेम को आदर देते हुए उन्हें कई पुरस्कारों से नवाज़ा गया । 'हिल्लोल' और 'जीवन का गान' काव्य संग्रह में हम उनके इस रूप का परिचय प्राप्त कर सकते हैं । यह दोनों काव्य-संग्रह स्वाधीन होने से पहले की रचनाएं हैं । सर्वस्व समर्पण से ही नवनिर्माण होता है । सुमन जी अपनी अनेक कविताओं में बलिदानी का आह्वान करते हैं –

"स्वतंत्रता पर बलि हो / आंसू से अपनी अंजुली भर आओ, उनको श्रद्धांजलि दो। यह निर्माणों की वेला है। / यह क्षण है आत्म निरीक्षण का / यह उत्सर्गों का मेला है।"[46]

भारतीय स्वतंत्रता संग्राम में जो वीर शहीद हुए उनको नमन करते हुए और सैनिकों के प्रति अपनी श्रद्धा व्यक्त करते हैं। साथ ही उन्हें कर्तव्य के प्रति सदैव तत्पर रहने की भी सलाह देते हैं :

"कुछ मस्तक कम पड़ते होंगे / जब महाकाल की माला में / माँ माँग रही होगी आहुति / जब स्वतंत्रता की ज्वाल में / पल भर भी पड़ असमंजस में / पथ भूल न जाना पथिक कहीं।"[47]

क्रांतिकारिता के सुमन जी पक्षधर हैं। वे चरमपंथी विचारधारा से प्रभावित थे। वे इन्कलाब में अपनी आस्था व्यक्त करते हैं :

"जल-थल-अम्बर में फैल रहा / यह कैसा हाहाकार प्रबल? किसका विनाश करने निकला / यह इंकलाब का दावानल?"[48]

उक्त कवियों के अलावा राष्ट्रीय चेतना के स्वर हम रांगेय राघव, शमशेर बहादुर सिंह, भारत भूषण अग्रवाल आदि की कविताओं में भी देख पाते हैं।

निचोड़ के रूप में हम कह सकते हैं कि स्वतंत्रता पूर्व हिन्दी कविता में राष्ट्रीय चेतना की सुदीर्घ परम्परा रही है। युगानुरूप इस चेतना का संशोधन हुआ। पृभूमि में सामाजिक-राजनितिक-आर्थिक-साँस्कृतिक और वैश्विक स्थितियां इस संशोधन का कारण बनीं। भारतेन्दु युग में जहाँ यह चेतना मूलतः स्वतंत्रता और सामजिक कुरीतियों तक महदूद रहीं, वहीं द्विवेदी युग में यह प्रखर रूप से प्रकृति और हमारी राष्ट्रीय-साँस्कृतिक धरोहरों का सहारा लेकर आगे बढ़ी। इस युग ने कई ऐसे कवियों को प्रेरणा दी जिन्होंने राष्ट्र-सेवा को अपना कवि-धर्म माना और भिन्न युगों की बहुल प्रवृत्ति की सीमाओं को लाँघते हुए कभी अपनी निष्ठा में कमी न होने दी। छायावाद में राष्ट्रीय चेतना ने वैयक्तिक स्वातंत्र्य के माध्यम से राष्ट्र स्वातंत्र्य को पाने का मार्ग अपनाया। प्रगतिवाद में यह चेतना, राष्ट्रीय से अंतर्राष्ट्रीय स्वरों को भी स्वयं

में समाहित करने लगी । प्रगतिवादी राष्ट्रीय चेतना, व्यापक अर्थों में मानव संघर्ष की चेतना रही । मार्क्सवादी विचारधारा इसकी ताक़त रही तो इसकी कमजोरी का भी कारण बनी । कुल मिलाकर स्वतंत्रता पूर्व कविताओं में राष्ट्रवादी चेतना कुछ एक जगहों में उग्र होने के बावजूद राजनीतिक हथियार के रूप कभी इस्तेमाल नहीं की गई । संभवतः तब तक हम इस स्थिति में थे भी नहीं ।

<h2 align="center">संदर्भ ग्रंथ</h2>

1. आज के आईने में राष्ट्रवाद, रविकांत चंदन, भूमिका से.

2. हिन्दी साहित्य : उसका उद्भव और विकास, हजारी प्रसाद द्विवेदी, पृ- 477

3. भारतेन्दु युग, इग्नो सामाग्री, पृ- 33

4. भारतेन्दु समग्र, प्रबोधिनी, पृ- 211

5. भारतेन्दु ग्रंथावली,-प्रबोधिनी, पृ- 684

6. https://sol.du.ac.in/mod/book/view.php?id=2519&chapterid=162

7. https://sol.du.ac.in/mod/book/view.php?id=2519&chapterid=1862

8. https://sol.du.ac.in/mod/book/view.php?id=2519&chapterid=1862

9. https://sol.du.ac.in/mod/book/view.php?id=2519&chapterid=1862

10. श्रीधर पाठक, भारतगीत, स्मरणीय भाव, द्वि.सं. 1928, गंगा पुस्तक माला, पृ- 5

11. शंकर सर्वस्व, सं. हरिशंकर शर्मा, पृ- 6

12. पद्य प्रमोद, हरिऔध, पृ- 51

13. पारिजात, हरिऔध, पृ- 281

14. काबा और कर्बला, मैथिलीशरण गुप्त, पृ- 4

15. द्वापर, मैथिली शरण गुप्त, पृ- 35

16. भारत-भारती, मैथिलीशरण गुप्त, पृ- 191

17. https://hindi.pratilipi.com/read/आओ-हे-ऋतुराज-आओ-हे-ऋतुराज tVDo98VB8XMJ-8i211t76093450x

18. kavitakosh.org/kk/झांसी_की_रानी_/_सुभद्राकुमारी_चौहान

19. आधुनिक हिन्दी कविता की मुख्य प्रवृत्तियां, डॉ. नगेन्द्र, पृ- 9-10

20. चन्द्रगुप्त, अंक-2, जयशंकर प्रसाद ,पृ- 89

21. http://kavitakosh.org/kk/जय_जन_भारत_जन_मन_अभिमत/सुमित्रानंदन_पंत

22. https://rsaudr.org/show_artical.php?&id=97

23. जागो फिर एक बार, परिमल, निराला, पृ- 154

24. परिमल, निराला, पृ- 198

25. kavitakosh.org/kk/देशगीत_:_मस्तक_देकर_आज_खरीदेंगे_हम_ज्वाला_/ _महादेवी_वर्मा

26. https://sol.du.ac.in/mod/book/tool/print/index.php?id=1464

27. kavitakosh.org/kk/पुष्प_की_अभिलाषा_/_माखनलाल_चतुर्वेदी

28. युगचारण, माखनलाल चतुर्वेदी, भूमिका, पृ- 1

29. http://kavitakosh.org/kk/मंगल आह्वान_/_रामधारी_सिंह_"दिनकर"

30. http://kavitakosh.org/kk/मेरे_नगपति!_मेरे_विशाल!_/_रामधारसिंह"दिनकर"

31. हुँकार, दिनकर , पृ- 23

32. https://hindi.speakingtree.in/blog/क्षमा-शोभती-उस-भुजंग-को-जिसके पास-गरल-है

33. https://rsaudr.org/show_artical.php?&id=97

34. https://bharatdarshan.co.nz/magazine/literature/386/viplav-gaan- navin.html

35. http://www.deshbandhu.co.in/parishist/हिन्दी-कविता-के-राष्ट्रीय- स्वर--बालकृष्ण-शर्मा-नवीन-16205-2

36. http://www.anubhuti-hindi.org/gauravgram/bksn/index.htm

37. प्रगतिशील साहित्य, इग्नो सामाग्री, पृ- 30

38. रूप तरंग , डॉ राम विलास शर्मा, पृ- 27

39. सदियों के सोये जाग उठे, रामविलास शर्मा, पृ- 103

40. लोक दृष्टि और हिन्दी साहित्य, चन्द्रबली सिंह, पृ- 72

41. kavitakosh.org/kk/युग_की_गंगा_/_केदारनाथ_अग्रवाल

42. http://hindisamay.com/Download%20Sec/Kedarnath%20Agr wal%20 samagra /Kedarnath-Agrwal-sanchiyta-kavita.htm

43. आधुनिक कवि, सं. सुखलाल गुप्त, पृ- 170

44. नागार्जुन रचना संचयन, शेखर जोशी, पृ- 71

45. धरती, त्रिलोचन, पृ- 21

46. सुमन समग्र 01, जीवन के गान, शिवमंगल सुमन, पृ- 14

47. सुमन समग्र 01, जीवन के गान, शिवमंगल सुमन, पृ- 100
48. सुमन समग्र 01, हिल्लोल, शिवमंगल सुमन, पृ- 76

*****

आधुनिक हिन्दी कविता में राष्ट्रीय चेतना

प्रो. एम. श्यामराव

कविता का मुख्य उद्देश्य मूल्यों की स्थापना करते हुए मनुष्य की चेतना का परिष्कार एवं विकास करना तथा उसके उत्थान में सहयोग देना है । आधुनिक हिन्दी कविता पर विचार-विमर्श करने से एक बात स्पष्ट रूप से हमारे सामने उभर कर आती है कि वह विविध वादों से गुजरते हुए भी हमारी राष्ट्रीय चेतना के निर्माण में अपनी महत्त्वपूर्ण भूमिका निभाती रही है । छायावाद और उत्तर-छायावाद के कवियों की कविताओं ने आग और अंगार की ज्वालाओं को प्रज्ज्वलित करने का काम अपनी कविताओं के द्वारा किया है । राष्ट्रीय चेतना की प्रज्ज्वलनशील शक्ति ने देश की आर्थिक, सामाजिक और राष्ट्रीय स्तर की राजनीतिक विडम्बनाओं को पूरी ईमानदारी के साथ बेनकाब करके रख दिया है । व्यंग्य और विद्रूप की तीखी और धारदार व्यंजनाओं ने युग-परिवेश को समझने-समझाने में विशेष भूमिका निभाया है।

आधुनिक हिन्दी कविता की राष्ट्रीय चेतना की पकड़ की दृष्टि में हिन्दी के अधिकतर कवि किसी न किसी मोड़ पर जुझारू संघर्ष के लिए कटिबद्ध दिखाई देते हैं । स्वार्थ, शोषण, असमानता और परस्पर विद्वेष की भयंकर आंधियों के बीच आधुनिक हिन्दी कविता की राष्ट्रीय चेतना प्रखर से प्रखरतम बनती चली गई है। जिसका ज्वलंत प्रमाण हमें छायावाद और छायावादोत्तर कवियों की कविताओं में मिलता है ।

छायावाद के चार आधार स्तंभों में जयशंकर प्रसाद का अत्यंत महत्त्वपूर्ण स्थान है । प्रसाद का संपूर्ण साहित्य हमें राष्ट्रीय चेतना से जुड़ी अनेक प्रकार की अभिव्यक्तियों का साक्षात्कार करा देता है । अनेक प्रकार से अन्तर्विरोधों के बावजूद भी प्रसाद की राष्ट्रीय चेतना का स्वरूप कहीं-कहीं संकुचित है तो कहीं उसका स्वरूप बहुत प्रशस्त भी है । राष्ट्रीय नवजागरण के अपने अन्तर्विरोध जिस प्रकार राष्ट्रीय मुक्ति आन्दोलन में प्रतिबिम्बित हुए और इन अंतर्विरोधों का प्रतिबिम्ब जिस प्रकार उस समय की रचनाओं में उभर कर सामने आया, प्रसाद का साहित्य भी उससे अछूता नहीं रहा । अपने प्रखर रूपों में प्रसार की राष्ट्रीय चेतना राष्ट्र की सीमाओं का अतिक्रमण करते हुए विश्व मैत्री और विश्वबंधुत्त्व से अपने आपको जोड़ती है । राष्ट्र की अपनी परिधि में भी राष्ट्र के दुःख-दर्दों और हर्ष-उल्लास से अपने को एकीकृत करती हुई राष्ट्र की शक्ति और ऊर्जा का एवं राष्ट्रीय संस्कृति के प्रगतिशील पहलुओं का परिचय देती है ।

प्रसाद का कवित्व भारत की राष्ट्रीय तथा जातीय अस्मिता को उभारकर 'अरुण यह मधुमय देश हमारा' का उद्बोदन देते हुए देशवासियों के मन में अपने राष्ट्रीय-गौरव तथा जातीय उत्थान का भाव भर देता है । शंभुनाथ के अनुसार "प्रसाद का पूरा साहित्यिक जीवन छायावाद में बीता। छायावाद जितना सामंती व्यवस्था से विद्रोह है उतना ही हर किस्म के साम्राज्यवाद से भी । यह एक विश्वचेतना आन्दोलन है जो नवजागरण की कोख से जन्मा था । प्रसाद इस आन्दोलन से बने एक महान स्वप्न-द्रष्टा थे।"[1]

शंभुनाथ का यह कथन बिल्कुल सही है, क्योंकि नवजागरण काल की मानसिकता को भारतेन्दु हरिश्चन्द्र ने अपनी रचनाओं में बड़े प्रभावशाली ढंग से अभिव्यक्त किया है । प्रसाद की रचनाओं में भी भारतीय अस्मिता की पहचान को हम देख सकते हैं ।

छायावाद की प्रमुख रचनाओं में 'कामायनी', एक मिथकीय रचना होते हुए भी, की अपनी एक अलग पहचान है । जिस समय 'कामायनी' की रचना की गई थी, वह समय भारत के लिए पराधीनता का समय था । ब्रिटिश हुकूमत ने अपने स्वार्थ के लिए हर प्रकार के उचित-अनुचित हथकंडों को अपनाया था । ब्रिटिश हुकूमत के अत्याचारों से असहाय जनता उनके नृशंस अत्याचारों को मौन रूप से सहन कर रही थी। लेकिन उनके भीतर कहीं-न-कहीं आक्रोश की ज्वाला भड़क रही

थी। शासक और शासित की यह समस्या कवि जयशंकर प्रसाद अपनी आँखों से देख रहे थे । 'कामायनी' में चित्रित मनु की निरंकुशता, शोषण तथा आबाध अधिकार लिप्सा अंग्रेजों के शासन से किसी तरह भी भिन्न नहीं है । मनु के विचारों में तत्कालीन शासक वर्गों की मानसिकता स्पष्ट झलकती है –

प्रलय के बाद मनु अपने को देवों में सम्मिलित नहीं करता मनुष्यों में सम्मिलित करता है । श्रद्धा भी उसे देव नहीं समझती, उसे मनुष्य रूप में ही देखती है। इसलिए वह 'विजयिनी मानवता हो जाये' की घोषणा करती है । क्योंकि देवता लोग अर्थात् सामन्ती शासक वर्ग केवल विलासिता में ही डूबा हुआ था । अंग्रेजों के आक्रमण के समय भारतीय सामन्ती-वर्ग की यही दशा थी। विलास-वासना के मद में देवतागण डूबे हुए थे, किंतु दूसरी ओर उन्हीं के चरणों से धरती प्रतिदिन आक्रान्त होती रहती थी । इसलिए देव सभ्यता के विनाश की अवश्यम्भविता भी मनु के मन में रही । मनु का कहना है कि –

यहाँ इन पंक्तियों में सामन्ती वर्ग का चित्र है जो अंग्रेजों के देशव्यापी आक्रमणों के बावजूद अपनी विलास-निद्रा में सोया हुआ था । यहाँ प्रकृति और प्रलय ब्रिटिश साम्राज्यवाद (British imperialism) की तनाशाही (dictatorship) का प्रतीक है । यहाँ प्रकृति इसलिए कहा गया है क्योंकि प्रकृति के कोप पर, भूकंपों पर, जल-प्रलय पर अभी तक भारत में किसी का वश नहीं रहा, उसी प्रकार ब्रिटिश साम्राज्यवाद पर भी किसी का वश नहीं चला था । यह बात 'कामायनी' के निम्नलिखित पंक्तियों से स्पष्ट हो जाती है-

फिर मनु का कहना है कि –

"सिर नीचा कर किसकी सत्ता सब करते स्वीकार यहाँ

सदा मौन हो प्रवचन करते जिसका, वह अस्तित्त्व कहाँ"

'कामायनी' की मूल समस्या है तत्कालीन साम्राज्यवाद की, शासक वर्ग की, मनु उसी शासक वर्ग का प्रजापति है । साम्राज्यवादी शासकवर्ग का अहंकार कितना विराट है, कृद्ध जनता राज द्वार पर मनु से कहती है कि-

"और इड़ा पर यहां क्या अत्याचार किया है?

इसीलिए तू हम सबके बल यहां जिया है?"

कहने का तात्पर्य यह है कि एक वर्ग मेहनत करता है और दूसरा वर्ग उसकी मेहनत का उपभोग करता है । मनु उत्तर देता है –

"तो फिर मैं हूँ आज अकेला भीषण रण में

प्रकृति और उसके पुतलों को दला भीषण में ।"

अर्थात् जनता की चेतना एक उठती हुई शक्ति है । इसीलिए –

"रक्तोन्माद मनु का न हाथ भी रुकता था

प्रजा पक्ष का भी न किन्तु साहस झुकता था"

मनु का यह आक्रामक अहंवादी रूप विशेष महत्त्वपूर्ण है क्योंकि वह साम्राज्यवादी शासक वर्ग का प्रतिनिधित्व करता है । मुक्तिबोध के शब्दों में – "मनु अपने को उस किसान वर्ग के साथ जोड़ता (identify) नहीं, वरन् शासक वर्ग में सम्मिलित करता है । अतएव वह उस वर्ग के ध्वंस पर दुखकातर है । यह तत्त्व समाजशास्त्रीय दृष्टि से अत्यन्त महत्त्वपूर्ण है ।"[2] 'कामायनी' का महत्त्व इसलिए भी है उसमें साम्राज्यवाद (imperialism) के ऐतिहासिक विकास की छाया मनु के चरित्र के द्वारा निर्विवाद रूप से चलती रही है । प्रसाद जी साम्राज्यवादी ताकतों से

भली-भांति परिचित थे । इसलिए मनु के चरित्र के माध्यम से उसकी विस्फोटक समस्याओं को 'कामयनी' में बड़े सूक्ष्म ढंग से प्रस्तुत करते हैं।

"भारतीय संस्कृति की चिंतन के प्रसंग में प्रसाद के मानस का पोषण अधिकतर पुनर्जागरण की चेतना के आधार पर हुआ । इहलोक का माहात्म्य, जीवन प्रियता की भावना इच्छा और कामना का सत्कार और कर्म का महत्त्व जैसे प्रसाद की चिन्तन-प्रक्रिया को गतिशील करनेवाले तत्त्व मध्यकालीन भारतीय जीवन-दृष्टि के विरोधी हैं, तथा काफी हद तक 19वीं शती के पुनर्जागरण से उत्प्रेरित है । कामायनी के एक आरंभिक सर्ग श्रद्धा में ही उपर्युक्त तत्त्वों के आधार पर कवि ने जैसे अपनी रचना दृष्टि की प्रस्तावना रखी है ।"[3]

प्रसाद अपने समकालीन रचनाकारों की तरह वे भी देश की विषमता, पराधीनता और निराशा को अपनी रचनाओं में चुनौती दी थी । युग बदल रहा था, बदलते हुए युग के गर्भ में पल रहे संकट को उन्होंने पहचान लिया । ब्रिटिश साम्राज्यवाद की फासिस्ट सत्ता एक न एक दिन पराजय का शिकार होगी । इसकी भनक कवि जयशंकर प्रसाद को थी । इसलिए मनु के द्वारा इड़ा से कहलवाते हैं कि—

"मैं शासक, मैं चिर स्वतंत्र
तुम पर भी हो मेरा अधिकार
असीम सफल हो जीवन मेरा
तुम्हें तृप्तिकर सुख के साधन सकल बताया
मैंने ही श्रम भाग किया, फिर वर्ग बनाया।"

प्रसाद जी की कविताओं में भारतीय मुक्ति आन्दोलन और राष्ट्रीय चेतना के स्वर प्रखर रूप में मिलते हैं । जिस समय प्रसाद लिख रहे थे उस समय के अनेक अन्तर्द्वन्द्व, आकांक्षाओं और निराशाओं को अपनी कविताओं में बड़ी ईमानदारी के साथ व्यक्त किया है । क्योंकि कोई भी महान रचनाकार (humble writer) अपने समय को नजरअंदाज (bypass) नहीं करता बल्कि जिस समय में वह रचनारत है उस समय के परिवेश को, जनता की कष्ट-कथाओं को अपनी रचना के माध्यम से अभिव्यक्त करने का भरसक प्रयास करता है । जयशंकर प्रसाद भी 'कामायनी' में मनु के मिथकीय चरित्र के माध्यम से तत्कालीन सामंतवाद और ब्रिटिश साम्राज्यवाद

के चरित्र को प्रस्तुत करते हैं । वस्तुतः "छायावादी कवि की समस्त चेतना और कलात्मक उपलब्धि की बुनियाद में उसकी वह दुहरी चेतना रही है । एक ओर मनुष्य के निजत्व की चिन्ता और मानव-मात्र की चैतन्य शक्तिमत्ता की खोज और उसका विकास तो दूसरी ओर भारत की पददलित जनता और उसकी दुर्दशा के प्रति एक निश्चल और निर्मम आक्रोश ।"[4] यह निश्चल और निर्मम जनता का आक्रोश 'कामायनी' में तब दिखाई देता है जब मनु सारस्वत प्रदेश में इड़ा का बलात्कार करने का प्रयत्न करता है । तब सारी जनता इकट्ठा होकर मनु को पीटती है, मनु घायल हो जाता है । 'कामायनी' में मनु का घायल होना एक तरह से सत्ता के अहंकार का टूटना है, वह सत्ता चाहे पुरुष सत्ता हो या राज सत्ता । यहाँ सत्ता का टूटना एक प्रकार से जनता में एक नयी चेतना का संकेत है । हम देखते हैं कि प्रसाद की रचनाओं में राष्ट्रीय चेतना और विश्वमानवतावाद का सह-अस्तित्त्व है । वस्तुतः 'कामायनी' में ब्रिटिश साम्राज्यवाद (British Imperialism) की संकीर्णताओं का विरोध है ।

हिन्दी साहित्य में विशेष रूप से छायावादी कवियों में निराला एक ऐसे विरले कवि हैं जिनके साहित्य की प्रत्येक पंक्ति, प्रत्येक शब्द किसी महान उद्देश्य को ध्यान में रखकर लिखा गया है । निराला के लिए साहित्य केवल मनोरंजन का साधन मात्र नहीं है । साहित्य उनके लिए धर्म और राजनीतिक सिद्धान्तों के प्रोपेगैण्डा (propaganda) का माध्यम भी नहीं है । स्वयं निराला का कहना था कि – "अगर मैं परिस्थितियों से समझौता कर लेता हूँ तो मेरा साहित्य मर जायेगा, अगर नहीं करता तो मैं समाप्त हो जाऊँगा ।" निराला ने बूंद-बूंद कर अपने को मिटा दिया लेकिन साहित्य को मरने नहीं दिया । निराला का तन-मन और धन, अगर उनके पास धन के नाम पर कुछ था तो वह भी भारतीय जन-जन के उत्थान के लिए समर्पित कर दिया है । निराला ने अपने संपूर्ण काव्य में भारत की त्रस्त जनता, जर्जरित कृषक-वर्ग और उपेक्षित मानवता की अन्तर्वेदना को सजीव स्वर प्रदान किया है । निराला के साहित्य के भीतर ही नहीं उनके व्यवहार क्षेत्र में भी राष्ट्रीय चेतना की झलक मिलती है । निराला की राष्ट्रीय चेतना वर्ग, जाति तथा अन्य प्रकार के भेदों से ऊपर है । उनकी कविताएँ उनकी सच्ची मानवीय दृष्टि की सशक्त और सफल अभिव्यक्ति है । उन्होंने जो कुछ देखा और भोगा, वही सब पूरी ईमानदारी के साथ अपनी कविताओं के माध्यम से अभिव्यक्त किया है ।

निराला की कविताओं में अभिव्यक्त राष्ट्रीय चेतना द्विवेदी युगीन राष्ट्रीय चेतना की सीमाओं का अतिक्रमण करती है। निराला की राष्ट्रीय चेतना किसी जाति, समाज, धर्म के कटघरे में सीमित होकर व्यक्त नहीं होती बल्कि राष्ट्रीय चेतना को वे मानवता के व्यापक धरातल पर लाकर खड़ा करते हैं।

निराला की कविताओं में भारतीय अस्मिता की पहचान बड़े गौरवपूर्ण ढंग से की गई है 'जागो फिर एक बार-2' शीर्षक कविता में वे लिखते हैं कि "पशु नहीं, वीर तुम / समर शूर, क्रूर नहीं/ काल-चक्र में हो दबे आज तुम राजकुँवर! समर-सरताज!/... मुक्त हो सदा ही तुम/बाधा-विहीन-बन्ध छन्द ज्यों/ डूबे आनन्द में सच्चिदानन्द रूप महामंत्र ऋषियों का/ अणुओं-परमाणुओं में फूंका हुआ।"
"तुम हो महान्, तुम सदा हो महान्/ है नश्वर यह दीन भाव,/ कायरता, कामपरता / ब्रह्म हो तुम / पद-रज-भर भी है नहीं / पूरा यह विश्व-भार-"

ऐसी अनेक कविताएं निराला की राष्ट्रीय चेतना से ओत-प्रोत है। निराला की ये कविताएँ छायावाद के रचनात्मक अभिप्रायों के साथ-साथ देश और समाज के तत्कालीन राष्ट्रीय चेतना से घनिष्ठ रूप में जुड़ी हुई है। 'बादलराग' से सम्बन्धित अपनी कविताओं में निराला ने मनुष्य की मुक्तिकामी चेतना को अभिव्यक्त किया है। मनुष्य की मुक्ति उनके लिए सर्वोपरि है और उस मुक्ति के संकल्प के लिए वे जीवन भर अपने से, अपने आस-पास के समाज से संघर्ष करते रहे हैं। निराला ने एक स्तर पर छायावाद का अतिक्रमण किया है तो दूसरे स्तर पर वे नवजागरण से आगे राष्ट्रीय आन्दोलन की चेतना से भी रू-ब-रू होते हैं। निराला की एक और प्रसिद्ध कविता है – 'वर दे वीणा वादिनी वरदे'। इस कविता में वीणा वादिनी सरस्वती से अपने देशवासियों के लिए ज्ञान की ज्योति के अतिरिक्त और कुछ नहीं मांगते हैं क्योंकि उस ज्ञान की ज्योति से ही मनुष्य को मुक्ति मिलती है। निराला गुलामी की जंजीरों में जकड़े हुए भारतवासियों की मुक्ति के आकांक्षी है। हर प्रकार की गुलामी से मुक्त होकर स्वतंत्र आकाश में परिन्दों की तरह विचरण करने के आकांक्षी हैं, कवि -

"काट अंध-उर के बंधन-स्तर / बहा जननि, ज्योतिर्मय निर्झर

कलुष-भेद-तम हर प्रकाश भर / जगमग जग वर दे।"

नव गीत, नव लय, ताल-छन्द नव / नवल कंठ, नव जलद-मन्द्ररव /

नव नभ के नव विहग-वृन्द को / नव पर, नव स्वर दे।"

'राम की शक्ति पूजा' निराला की एक महत्त्वपूर्ण कविता है । इस कविता में एक मिथक को नया अर्थ देकर आधुनिक संदर्भ में व्याख्यायित करने का रचनात्मक उपक्रम सफल रहा है । इस कविता में एक ओर निराला का जीवन है जो कठिन परिस्थितियों में उलझा हुआ है तो दूसरी ओर एक पराधीन राष्ट्र आततायी ब्रिटिश साम्राज्यवाद से लड़ता-जूझता, पाशवी शक्ति के बल पर अपने पर शासन करने वाली उस सत्ता के खिलाफ शक्तिवान बनकर उसे पराजित करने के लिए कठिन साधना करते हुए दिखाई देता है। तीसरी ओर यह कविता राम की भी है जो सीता की मुक्ति के लिए, अर्थात् नारी की मुक्ति के लिए, शक्ति को अपने पक्ष में करने के लिए उसकी कठोर आराधना करते हैं । यहाँ एक मुख्य बात हमें विशेष रूप से ध्यान देना चाहिए। प्रसाद की 'कामायनी' (1936), निराला की 'राम की शक्ति पूजा' (1936) तथा प्रेमचन्द का 'गोदान' (1936) में लिखा गया है । ये तीनों रचनाएँ, दो छायावाद के महान कवियों की 'कामायनी' और 'राम की शक्ति पूजा' पद्यात्मक रचनाएँ हैं, तो तीसरी रचना 'गोदान' उसी समय के उपन्यास सम्राट के नाम से प्रसिद्ध प्रेमचन्द की गद्यात्मक रचना आधुनिक काल की रचनाएँ है। 'कामायनी' और 'राम की शक्ति पूजा' का कथानक (पुराण-कथा, प्रतीकात्मक) मिथकीय कथा होते हुए भी आधुनिक संवेदना के अनेक शेड्स (shades) प्रतीकात्मक रूप से प्रस्तुत करती हैं । वहीं प्रेमचन्द का महाकाव्यात्मक उपन्यास 'गोदान' भी तत्कालीन गुलाम भारत की सामाजिक, आर्थिक, धार्मिक, राजनीतिक परिस्थितियों को बड़े शिद्दत के साथ हमारे सामने प्रस्तुत करने में सक्षम है। 'राम की शक्ति पूजा' की मौलिकता उसके कथन में नहीं है बल्कि उस कथानक से जो निराला ने एक सर्जक के रूप में सृजित किया है, उसमें हैं। इस दृष्टि से 'राम की शक्ति पूजा' में शक्ति संधान की रचनात्मक व्याख्या है और इसका मूल उद्देश्य परामर्श में है। जब राम रावण के साथ युद्ध करते हुए थक कर पराजय की मनःस्थिति में डूब गये हैं । राम की इस तनाव की स्थिति में जाम्बवान परामर्श देता है कि आप विचलित न हों । आप भी यह शक्ति धारण करें । शक्ति की मौलिक कल्पना और पूजन करें । रावण अशुद्ध होकर भी यदि तुम्हें त्रस्त कर सकता है तो तुम भी शक्ति की सहायता से रावण को अवश्य ही ध्वस्त कर सकते हो । इसलिए 'शक्ति की करो मौलिक कल्पना'। अर्थात् शक्ति का संधान मौलिक रूप में ही संभव है, अनुकरणात्मक रूप में नहीं । छायावाद की दूसरी महत्त्वपूर्ण रचना प्रसाद की 'कामायनी' है। 'कामायनी' के मनु की स्थिति भी कहीं-न-कहीं 'राम की

शक्ति पूजा' के राम की हताशा, निराश मनःस्थिति जैसी ही है । प्रसाद और निराला ये दोनों रचनाकार राष्ट्रीय पराधीनता को करीब से देख रहे थे । वे रचनाकार कहीं-न-कहीं अपने भीतर एक हताश, निराश मनःस्थिति को लेकर चल रहे थे । यही हताश और निराश मनःस्थिति 'कामायनी' के मनु और 'राम की शक्ति पूजा' के राम की उक्तियों में बार-बार देखने को मिलती है। 'कामायनी' के श्रद्धा सर्ग में मनु का कहना है कि –

"किंतु जीवन कितना निरुपाय

लिया है देख नहीं संदेह

निराशा है जिसका परिणाम

सफलता का वह कल्पित गेह।"

इसी प्रकार 'राम की शक्ति पूजा' में राम कहते हैं – "बोले रघु मणि मित्रवर, विजय होगी न समर" ऐसी स्थिति में समाधान भी एक जैसा ही होगा । 'कामायनी' की श्रद्धा मनु को समझाती है कि – "शक्तिशाली हो, विजयी बनो ।" राम की शक्ति पूजा का जाम्बवान राम से कहता है कि "शक्ति की करो मौलिक कल्पना"। यहाँ जरा 'गोदान' की धनिया का कथन भी हम देख सकते हैं जो वह होरी को बार-बार सेठ साहूकारों के पास जाकर उनकी चापलूसी करता है तो धनिया कहती है कि – "तुम दूसरों के द्वार पर क्यों जाते हो, जब तक हमारे हाथ-पैर नहीं चलेंगे, तब तक हमें रोटी तो नहीं मिलेगी ।" यहाँ और एक चरित्र का जिक्र करना आवश्यक समझते हैं, वह चरित्र है निराला के 'तुलसीदास' की रत्नावली का । निराला रत्नावली के माध्यम से उस स्त्री के चरित्र का प्रतीकात्मक रूप प्रस्तुत करते हैं जो सामाजिक विवेक से सम्पन्न है । वह पुरुष की अनुगामिनी है, किन्तु भटकाव के क्षणों में उसे राह भी दिखाती है । वह भोगेच्छा के विरोध में खड़ी होती है और विलासोन्मुख समाज को धिक्कारने का साहस भी रखती है । समकालीन उपभोक्ता संस्कृति के विरुद्ध वह एक प्रति-संस्कृति (counter culture) निर्मित करती है । यदि हम रत्नावली के चरित्र को समकालीन स्त्री की छवि से मिलाकर देखें तो यह बात स्पष्ट हो जाती है कि रत्नावली न तो चार दीवारों के भीतर कैद महिला है, न ही पूंजीवादी बाजार के विज्ञापनों और माध्यमों में अपने देह के प्रदर्शन से स्वतंत्रता की झूठी प्रतिष्ठा करने वाली आधुनिका । वह आने वाले भविष्य की स्त्री है, जो स्त्री की एक नयी

सामाजिक भूमिका का संकेत देती है। वस्तुतः वे तीनों रचनाकार प्रसाद, निराला एवं प्रेमचन्द कहीं-न-कहीं 'स्वदेशी आन्दोलन' से प्रभावित थे। उनके भीतर जो राष्ट्रीय चेतना थी, वह उनकी रचनाओं में बड़े शिद्दत के साथ अभिव्यक्त होती है। एक और बात इन तीनों रचनाकारों में समान रूप से दिखाई देती है, वह है हाशिये के समाज को जागृत करना, उनमें चेतना के संस्कार जगाना। 'कामायनी' में श्रद्धा के द्वारा परामर्श देना, श्रद्धा वहाँ एक स्त्री हैं, 'शक्ति-पूजा' में जाम्बवान के द्वारा राम को परामर्श देना, यहाँ जाम्बवान निम्नवर्ग से हैं। फिर 'गोदान' में धनिया के द्वारा परामर्श दिलाना, फिर निराला के 'तुलसीदास' की रत्नावली का चरित्र। इन सारे विषयों पर चिंतन, मनन करने से एक बात स्पष्ट हो जाती है कि राष्ट्रीय आन्दोलन के दौरान वे रचनाकार हाशिए के समाज के भीतर भी चेतना का संचार कर रहे थे। या हम ऐसा भी कह सकते हैं कि वे रचनाकार उन लोगों को मुख्यधारा में लाने का प्रयास कर रहे थे जो लोग समाज के हाशिए पर अपना जीवन यापन कर रहे थे, चाहे वह स्त्री हो या दलित। 'राम की शक्ति पूजा' की विस्तृत व्याख्या करते हुए नंद किशोर नवल जी एक जगह लिखते हैं कि – "राम का संशय भी प्राचीन होते हुए नवीन है। कविता के केन्द्र में सीता के प्रति राम का प्रेम और उनकी मुक्ति का होना भी कविता के संदर्भ में प्रासंगिक बन कर ही आधुनिक जनतांत्रिक चेतना को प्रतिच्छवित करता है।"[5] इस कथन से और भी स्पष्ट हो जाता है कि निराला 'राम की शक्ति पूजा' के द्वारा तत्कालीन जनता में किस प्रकार राष्ट्रीय चेतना का भाव जागृत कर रहे थे। क्योंकि राष्ट्रीय चेतना के संदर्भ में 'राम की शक्ति पूजा' के रावण को साम्राज्यवाद का प्रतीक माना जा सकता है और उसके विरोध में राम का संघर्ष भारतीय जन का मुक्ति संघर्ष था। यहाँ हमें नंदकिशोर नवल का कथन सार्थक लगता है, नवल जी 'राम की शक्ति पूजा' की व्याख्या करते हुए एक जगह लिखते हैं कि – "आँख निकाल कर चढ़ाने के लिए राम के उद्यत होने वाला दृश्य निराला की संकल्प-शक्ति के साथ मध्यवर्गीय युवा मानसिकता की दृढ़ उत्सर्ग भावना का भी मूर्तिकरण है। मध्यमवर्गीय मानसिकता एक बदनाम चीज हो गई है, लेकिन जनतांत्रिक चेतना से लैस होकर आजादी की लड़ाई के दौरान समाज और देश की बलि वेदी पर जिन युवकों ने अपने को न्योछावर कर दिया, वे मध्यमवर्ग से नहीं तो किस वर्ग से आए थे ? यह दुहराने की आवश्यकता नहीं होनी चाहिए कि यह सब कुछ भी 'शक्ति-पूजा' के पौराणिक वातावरण के बिलकुल मेल में है और ऊपर से आरोपित नहीं है।"[6]

निराला मुक्ति संघर्ष में शक्ति संतुलन की विडंबना का भी चित्रण करते हुए लिखते हैं कि अन्याय जिधर है उधर शक्ति है। इसलिए हताश, निराश राम को परामर्श देते हुए जाम्बवान कहता है कि "शक्ति की करो मौलिक कल्पना" यहाँ ये परामर्श निराला लक्ष्मण से भी दिलवा सकते थे, लेकिन निराला ने ऐसा नहीं किया। ऐसा नहीं किया तो, क्यों ऐसा नहीं किया निराला ने, यह सोचने की बात है। नंद किशोर नवल जी 'राम की शक्ति पूजा' की व्यख्या करते हुए जाम्बवान को उतना महत्त्वपूर्ण स्थान नहीं देते, उसे एक कमजोर पात्र के रूप में ही देखते हैं। लेकिन निराला की दृष्टि से जाम्बवान एक सबल पात्र ही माना जा सकता है। 'राम की शक्ति पूजा' के माध्यम से निराला की राष्ट्र मुक्ति की चिंता स्पष्ट झलकती है। एक ओर सीता रावण के यहाँ बंदी है तो दूसरी ओर राष्ट्र अंग्रेजों की गुलामी में जकड़ा हुआ है। 'राम की शक्ति पूजा' में सीता की मुक्ति की चिंता राम के द्वारा कहीं न कहीं राष्ट्र की मुक्ति की चिन्ता भी दिखाई देती है। डॉ. शिव कुमार मिश्र के अनुसार – "यह कविता जैसा कि हम कह चुके हैं, तीन आयामों पर अपने को संचरित करती है। एक आयाम निराला के व्यक्तिगत जीवन संदर्भों का है, दूसरा युग-संदर्भों का अर्थात् एक पराधीन राष्ट्र के पराधीनता से मुक्ति के लिए छेड़े गए संग्राम का और तीसरा मिथक का, अर्थात् रावण द्वारा अपहृत सीता की मुक्ति के लिए रावण के विरुद्ध चलाए गए राम के अभियान का, और तीनों आयामों पर यह कविता अपने में संपूर्ण है, संपुजित है, संपुष्ट है।"[7] वस्तुतः 'राम की शक्ति पूजा' में राम-रावण का युद्ध मिथकीय आख्यान होने के बावजूद उसका आंतरिक पक्ष ब्रिटिश साम्राज्यवाद से भारत को स्वाधीनता दिलाना एवं सीता का उद्धार करने के लिए लड़े जा रहे राजनीतिक समर का प्रतिनिधित्त्व करता है।

राम के मिथकीय व्यक्तित्त्व की तरह ही तुलसीदास के लोकनायकत्त्व के भीतर आज के समय के सांस्कृतिक पुरुष की छवि को संघटित करने का प्रयास निराला ने किया है। 'तुलसीदास' शीर्षक कविता में आज का सांस्कृतिक संकट कहीं अधिक उत्कट और ऐतिहासिक परिप्रेक्ष्य में अधिक प्रत्यक्ष है। आज दलितों की आत्म-चेतना नए ज्ञानोदय से राष्ट्रीय क्षितिज पर आविर्भूत हो चुकी है। 'सरोजस्मृति' में निराला एक साथ धर्म तथा समाज की रूढ़ियों के खिलाफ संघर्षरत दिखाई पड़ते हैं। हारकर भी हतप्रभ और निस्तेज नहीं होते। वंश, कुल और परम्परा के नाम पर सदियों से चली आ रही रूढ़ियों की धज्जियाँ उड़ते हुए नज़र आते हैं।

'तुलसीदास' शीर्षक कविता में भी निराला सदियों से चली आ रही वर्ण-व्यवस्था की असंगतियों और अमानवीयता को कड़े शब्दों में धिक्कारते हैं। उच्च वर्णों के पैरों तले रौंदे गये दलित वर्ग के लोग कविता की समूची संवेदना में अभिव्यक्ति पाते हैं। उनके पक्ष में खड़े होकर महाप्राण निराला समाज की अनीति और अन्याय को ललकारते हुए चुनौती भरे स्वर में कहते हैं कि —

"चलते फिरते, पर निःसहाय वे दीन क्षण कंकाल काय
आशा केवल जीवनोपाय उर-उर में।
रण के अश्वों से शस्य सकल, दलमल जाते ज्यों दल के दल,
शूद्रगण, क्षुद्र जीवन, संबल पुर-पुर में।
वे शेष-श्वास, पशु, मूक भाषा, पाते प्रहार अब हताश्वास,
सोचते कभी आजन्म ग्रास द्विजगण के,
होना ही उनका धर्म परम, वे वर्णधर्म रे द्विज उत्तम,
रे चरण-चरण बस वर्णाश्रम रक्षण के ॥"

'तुलसीदास' कविता निराला की रचना क्षमता का शिखर है क्योंकि वह तुलसीदास के जीवन के साथ निराला के जीवन-संघर्ष का कामचलाऊ मेल भर नहीं है। कहने का अर्थ यह है कि वह यांत्रिक-विधि का सेल्फ-प्रोजेक्शन (self-projection) मात्र नहीं है। रमेशचन्द्र शाह के अनुसार "तुलसीदास के रचना-विधा में एक वृत्त की सी संपूर्णता है। वह भी एक नहीं अनेक समकेन्द्रित वृत्तों की। व्यक्तिगत जीवन में देश-काल का जीवित संदर्भ गुंथा हुआ है। और यह देश काल भी एक व्यापकतर देश काल में एक समूची संस्कृति के इतिहास में संदर्भित हो गया है।"[8] नवजागरण के संवाहकों में जिस अज्ञान, जड़ता, अंध-आस्थाओं और अंध-विश्वासों पर जो प्रहार किया है निराला ने उन्हें देखा और अपनी चेतना में संचित किया था। अज्ञान और जड़ता से मुक्ति के बिना भारत और भारतवासियों की मुक्ति संभव नहीं है। इस सत्य को निराला ने अपनी अंतरात्मा के स्तर पर पहचाना। अपनी अनेक कविताओं में उन्होंने बार-बार अज्ञान-जन्य रूढ़ियों, विश्वासों और जड़ आस्थाओं पर कठोर प्रहार किए हैं, और ज्ञान तथा विवेकपुष्ट जीवन-विश्वास पाने की लालसा व्यक्त की है। अपने समय के समाज को अज्ञान और अंध आस्थाओं से

मुक्त करने के लिए ही तुलसीदास निराला के आराध्य बनते हैं। तुलसीदास का यही रूप निराला को सबसे अधिक प्रिय भी है। इसलिए वे अज्ञान के अंधाकार को निर्मूल करने के लिए सत्य के मिहिर-द्वार तक पहुँचने का संकल्प करते हैं –

यह तुलसीदास का ही नहीं, राष्ट्रीय चेतना की विवेकधर्मिता से आलोकित उस मानवीयता से पुष्ट निराला का स्वर भी है। यह निराला का अपना पर्यावेक्षण है जो इस विचार को आजीवन अर्जित करता रहा है कि ज्ञान के प्रकाश के बिना अज्ञान के अंधकार को मिटाया नहीं जा सकता है। निराला ने सोते भारतीयों के लिए जागरण का गीत लिखा था। ब्रिटिश साम्राज्यवाद की गुलामी से मुक्त होने के लिए भारतवासियों के मन में देश प्रेम, देश भक्ति की भावना जागृत करने हेतु निराला ने एक ओर – "शेरों की मांद में / आया है आज स्यार/ जागो फिर एक बार" जैसी उद्बोदनात्मक पंक्तियाँ लिखी हैं तो दूसरी ओर अंग्रेजों की चाटुकारिता से मुक्त होने का आह्वान भी देते हैं –

   स्वाधीनता आन्दोलन और हिन्दी कविता

इस उद्बोधन के पीछे का मूल उद्देश्य "पूरा देश अंग्रेजों की हुकूमत से छुटकारा पाने के लिए संघर्षरत था। जनता में प्रतिष्ठाकामी ऐसे जमींदारों का चरित्र दुहरा होता था। एक ओर तोये छल-प्रपंच हीन स्वतंत्रता की बलिवेदी पर मर मिटनेवाले स्वतंत्रता सेनानियों की यदा-कदा सहायता करते थे, तो दूसरी ओर अंग्रेजी शासकों के यहाँ स्वतंत्रता सेनानियों की योजनाओं की खबरें भी पहुँचाया करते थे। जमींदारों के इस दुहरे चरित्र पर भी निराला ने व्यंग्य किया है।"[9] इस कथन से यह बात स्पष्ट जाहिर होती है कि निराला के भीतर राष्ट्र के प्रति राष्ट्र की जनता के प्रति किस हद तक प्रेम था। वे राष्ट्र को ब्रिटिश साम्राज्यवाद की गुलामी से मुक्त देखना चाहते थे। इसलिए उनकी अनेक कविताओं में हमें सोते हुए भारतीयों के मन में चेतना जागृत करने स्वर सुनाई देते हैं। आलोचकों ने निराला के काव्य को लेकर, उनके जीवन को लेकर अलग-अलग प्रकार से व्याख्यायित करने का प्रयास किया है। लेकिन व्याख्यायित करने से ज्यादा निराला को समझने की जरूरत है। बाबा नागार्जुन ने ठीक कहा है कि – "वस्तुतः रवीन्द्र को भी समझा नहीं जा रहा है, पूजा उनकी अवश्य हो रही है। शासक भी रवीन्द्र की जयजयकार कर रहे हैं और जनता भी जय-जयकार कर रही है। रवीन्द्र के नाम पर मेला लग रहा है। हमारे निराला के लिए भी कल परसों यही कुछ होगा, उतना न सही, कुछ तो जरूर होगा। कीर्तन होगा, चर्चा होगी, हवन होगा, आरती होगी, परंतु उन्हें समझने की कोशिश नहीं की जाएगी।"[10] सबसे महत्त्वपूर्ण बात है निराला को समझने की।

आधुनिक हिन्दी कविता में रामधारी सिंह 'दिनकर' का एक विशेष स्थान है। दिनकर की कविता एक प्रकार से सतत् जागरण की कविता है । वह अपको सुप्तावस्था में नहीं ले जाती बल्कि आपको सचेत करती है । दिनकर की कविता में राष्ट्रीय चेतना के साथ-साथ विप्लव, क्रान्ति, विद्रोह और प्रतिशोध की भावना निरन्तर विद्यमान है । राष्ट्रीय-प्रेम और वीरोचित भावनाओं की अभिव्यक्ति उनकी कविता को हमेशा गतिशील बनाए रखती है । उनकी कविता में आवेग और धुंधली राष्ट्रीय चेतना की झलक कहीं भी नहीं दिखाई देती । दिनकर की तेजस्विता और ओजस्विता से भरी वाणी में उनकी राष्ट्रीय चेतना के स्वर प्रखर रूप से सुनाई देते हैं । कवि गुलामी की जंजीरों में जकड़ी हुई अपनी मातृभूमि को बन्धन मुक्त करना चहता है । वह गुलामी के कलंक को मिटाना चाहता है। इसलिए कवि अपने देश की सोयी हुई युवा पीढ़ी को जगाने के लिए वीणा छोड़कर क्रान्ति का हुँकार भरना चाहता है-

"फेंकता हूँ लो तोड़ मरोड़ अरे निष्ठुर बीन के तार
उठा चाँदी का उज्ज्वल शंख फूंकता हूँ भैरव-हुँकार।"

दिनकर की कविताओं की राष्ट्रीय चेतना सामाजिक आन्दोलनों से उत्पन्न होती है । 'लाल तारा', 'लाल भवानी' जैसी कविताओं में उनकी राष्ट्रीय चेतना को हम देख सकते हैं । दिनकर जी के अनुसार राष्ट्रीय होने का मतलब केवल देश भक्त होना नहीं था, जनतांत्रिक होना भी था, ब्रिटिश साम्राज्यवाद से मुक्त होने के लिए भारत आतुर था। लेकिन इस आतुर भारत का यथार्थ कुछ और ही था –

"स्वानों को मिलते दूध-वस्त्र भूखे बालक अकुलाते हैं
माँ की हड्डी से चिपक ठिठुर जाड़ों की रात बिताते हैं
युवती की लज्जावसन बेच जब ब्याज चुकाए जाते हैं
मालिक तब तेल फुलेलों पर पानी-सा द्रव्य बहाते हैं।"

यहाँ दिनकर की दृष्टि समाज में व्याप्त अनाचार, स्वार्थपरता और देश की जनता के प्रति पशुओं से भी निम्न प्रकार का व्यवहार देखकर उसके मूल कारणों की छानबीन करते हुए दिखाई देती हैं । कवि यहाँ सभी प्रकार के शोषण, अत्याचार, विषमता और धर्मान्धता का विरोध करते हुए दिखाई देता है । दिनकर की कविता में एक ओर ब्रिटश साम्राज्यवाद (British Imperialism) के अमानवीय अत्याचार

एवं सामंती शोषण के प्रति विद्रोह व्यक्त होता है तो दूसरी ओर अतीत के गौरव गान, परतंत्रता के कष्ट एवं दुःखों का चित्रण पारदर्शिता के साथ हुआ है। दिनकर का कहना है कि- "जहाँ तक दासता, साम्राज्यवाद, शोषण और विषमता के विरोध का प्रश्न है, मैंने खुलकर इसके विरोध में भाग लिया है और मैं उन सभी लोगों का प्रशंसक हूं, जो दासता, विषमता, साम्राज्यवाद और सामाजिक न्याय के बारे में लिखते हैं, और अपने को प्रगतिवादी कहते हैं।"[11] दिनकर का अधिकतर साहित्य, राष्ट्रीय चेतना का संवाहक है। दिनकर का कवि मूल रूप से प्रेम, राष्ट्रीय चेतना और क्रान्ति का कुशल गायक है। क्योंकि "दिनकर ने आजादी को सिर्फ अंग्रेजों की विदाई के रूप में नहीं देखा था, बल्कि एक ऐसे स्वाधीन देश की कल्पना की थी, जहाँ कोई किसी के पसीने पर अपना महल न बनाए। वे अपने समय में पद दलित काल-सर्पों की फुफकार देख रहे थे। जिसका अर्थ था दुनिया के नीरों और जारों को खत्म होना है। उनकी कविता में बंदूक नहीं है, तलवार है, और यह कुछ ज्यादा ही उछलती है। उसमें रोष है, उत्तेजना है।"[12]

शंभुनाथ का यह कथन दिनकर के संदर्भ में बिलकुल सटीक ठहता है। आधुनिक हिन्दी काव्य में दिनकर की कविता दीन, दुःखी और समाज के पिछड़े वर्ग के प्रति सहानुभूति और संवेदना की पक्षधर है। दिनकर की कविताओं में श्रमिक एवं शोषित वर्ग के दयनीय जीवन का मार्मिक चित्रण किया गया है। दिनकर की कविताओं की लोकप्रियता का भी यही कारण है कि उनमें राष्ट्रीय चेतना का स्वर प्रखर रूप में ध्वनित हुआ है। अपने सारे आत्म सम्मान तथा देश भक्ति की भावना के साथ उनकी कविताओं में राष्ट्रीय चेतना मुखरित होती है। दिनकर हमारी विरासत इसलिए भी हैं क्योंकि उनमें राष्ट्रीय चेतना तथा मुक्ति आन्दोलन की उज्ज्वल प्रेरणाएँ अंतर्निहित हैं।

"स्पष्ट है कि मुक्तिबोध के लिए रचनाओं में सिर्फ परिवेशबद्ध प्रतिक्रिया होना ही काफी नहीं है, अपितु यह आवश्यक है कि उसके पास मानव भविष्य को लेकर कोई व्यापक विज़न हो। यह स्वीकार करने में कोई हिचक नहीं होनी चाहिए कि छायावाद के बाद इस तरह की विश्व दृष्टि का प्रायः अभाव रहा है। मुक्तिबोध के बाद का इतिहास भी इस तरह का अभाव ही दर्शाता है।"[13]

यह सच है कि छायावाद एक विशाल फलक लेकर आधुनिक युग की साहित्यिक रचनाशीलता की ज़मीन पर अवतरित हुआ है। कविता के क्षेत्र में

रीतिकालीन प्रतिमानों के विरोध में छायावाद के कवि रचनाशील थे । रीतिकालीन प्रचलित परंपरा से हटकर विश्व-मानवतावाद की स्थापना का उद्देश्य लेकर छायावादी कवि अपनी कविताओं में भिन्न प्रकार के भावों की अभिव्यक्ति, नये उपमान, नए बिम्बों के माध्यम से कर रहे थे । छायावादी युग के बाद नई कविता के कवियों में मुक्तिबोध एक ऐसे कवि हैं जो अपनी कविताओं में विश्वमानवता की चिंता के साथ-साथ राष्ट्रीय चेतना को भी बड़े प्रखर रूप में व्यक्त करते हैं । अपनी मातृभूमि और अपने देशवासियों के प्रति गहरा प्रेम, श्रद्धा, अटूट विश्वास और आस्था का भाव-बोध मुक्तिबोध के काव्य को राष्ट्रीय चेतना की व्यापक गति के साथ जोड़ देता है । कवि का दृढ़ विश्वास है कि उसकी शिराओं में भारतीय जनता का लहू बह रहा है, जिनसे उनके भीतर बैठे देशभक्त को हमेशा एक स्फूर्ति, प्रेरणा, अभय एवं धैर्य का संभल मिलता रहता है । मुक्तिबोध का कवि एक सच्चे राष्ट्र भक्त के रूप में अपने देशवासियों की आशाओं, आकांक्षाओं और सफलताओं, असफलताओं पर अपने आपको समर्पित कर देता है । वह राष्ट्रीयता के रंग में रंगे हर किसी के चरण पर नतमस्तक हो जाता है –

"जिन लोगों ने/ अपने अन्तर में घिरे हुए/ गहरी ममता के अगरन-धूम के बादल-सी/
मुझे अथाह मस्ती प्रदान की"

***

जिनके स्वभाव के गंगाजल ने / युगों-युगों को तारा है
जिनके कारण यह हिन्दुस्तान हमारा है,
कल्याण कथाओं में घुलकर
जिन लाखों हाथों-पैरों ने यह दुनिया /पार लगायी है
जिनके कि पूत-पावन चरणों में-/हुलसे मन
से किये निछावर जा सकते सौ-सौ जीवन
उन जन-जन का दुर्दान्त रुधिर / मेरे भीतर ।

***

उनकी हिम्मत उनका धीरज / उनकी ताकत /पायी मैंने अपने भीतर
अतः/ मंडराता है मेरा जी चारों ओर सदा / उनके ही तो ।"
(जब प्रश्न चिह्न बौखला उठे)

वस्तुतः मुक्तिबोध की काव्य चेतना भारतीय-मानस की सक्षम अभिव्यक्ति है । उनके भीतर राष्ट्रीय काव्य-चेतना का एक कुशल शिल्पकार और भारत भूमि के श्रद्धावान एवं आस्थाशील-विनम्र देश भक्त सजग रूप से निवास करता है । उनकी काव्य-चेतना का हर रेशा-रेशा भारतीय जन-जीवन से ओत-प्रोत है । लेकिन हिन्दी के आलोचकों ने मुक्तिबोध को मार्क्सवादी कटघरे में खड़ा करके उनकी राष्ट्रीय चेतना को नजर अंदाज कर दिया है । हमें यह देखना चाहिए कि कवि ने भारतीय जन-जीवन को अपनी कविता में किस रूप में व्यक्त किया है, वह दृष्टि चाहे मार्क्सवादी हो या गांधीवादी । दृष्टि संकुचित नहीं बल्कि महान होनी चाहिए । मुक्तिबोध ने बदलते मानव-मूल्यों के प्रति गहरी ईमानदारी दिखाई है । शोषित जन-जीवन, शोषित नारी, शोषित गरीब-पीड़ित वर्ग आदि के संदर्भ में जहाँ कवि की संवेदना मुखर हुई है वहाँ उसने परम्परा की अंध भक्ति को भी फटकारा है । दुःख, निराशा और कुंठा से त्रस्त भारतीय परिवेश मुक्तिबोध को अन्दर से विचलित कर देता है । समसामयिक समस्याओं के संदर्भ में भी मुक्तिबोध की कवि-चेतना सजग और सतर्क है। व्यंग्य और विद्रूप मुतिबोध की कविता को राष्ट्रीय चेतना की दृष्टि से सजग कर देती है । कवि अभाव और विवशता के द्वारा राष्ट्रीय चेतना को नया परिवेश-विस्तार देता है । पराधीनता और स्वतंत्रता जिन दीन-हीनों के लिए समान है, ऐसे दबे, कुचले जनता का दुःख और शोषण मुक्तिबोध की कविता का मूल स्वर है —

"भीमाकार पुलों के बहुत नीचे भयभीत/ मनुष्य बस्ती के बियाबान तटों पर/ बहते हुए पथरीले नालों की धारा में / धराशायी चाँदनी के होंठ काले पड़ गये/ हरिजन गलियों में / लटकी है पेड़ पर / कुहासे के भूतों की साँवली चुनरी/ चुनरी में अटकी है कंजी आँख गंजे सिर/ टेढ़े मुँह-चाँद की ।" (चाँद का मुंह टेढ़ा है)

मुक्तिबोध को आडम्बर और कृत्रिमता से सख़्त नफ़रत है । उसे बुर्जुआ संस्कृति के प्रति भी आक्रोश है, क्योंकि कवि की धारणा है कि राष्ट्रीय प्रगति का चक्का इसी प्रवृत्ति के रूढ़िवादियों ने जाम करके रखा है—

"छोड़ो हाय, केवल घृणा और दुर्गंध / तेली रेशमी वह शब्द-संस्कृति अंध /

देती क्रोध मुझको, खूब जलता क्रोध/ तेरे रक्त में भी सत्य का अवरोध /

तेरे रक्त से भी घृणा आती तीव्र / तुझको देख मितली उमड़ आती शीघ्र

तेरे हास में भी रोग-कृमि है उग्र / तेरा नाश तुझ पर क्रुद्ध, तुझ पर व्यग्र "

(पूंजीवादी समाज के प्रति)

मुक्तिबोध का कवि शोषक के प्रति अपना आक्रोश व्यक्त करते हुए आगे कहता है कि –

"मेरी ज्वाल, जन की ज्वाल होकर एक / अपनी उष्णता से धोचले अविवेक

तू है मरण, तू है रिक्त, तू है व्यर्थ / तेरा ध्वंस केवल एक तेरा अर्थ।"

(पूंजीवादी समाज के प्रति)

गुलामी के जंजीरों में जकड़े भारत को ब्रिटिश साम्राज्यवाद की पराधीनता से मुक्त करने के लिए जिस युवा पीढ़ी ने अपने सीनों पर जिन लाठी-गोलियों को झेला था, उन्हीं लाठी-गोलियों की भयंकर बरसात का डरावना स्वरूप आज स्वाधीन भारत के जन-मन को अपनी आवाज उठाने पर अनेक प्रतिबंध लगाकर उन्हें रोक रहा है। यह आज की कटु सच्चाई ही नहीं बल्कि एक विडम्बना भी है। अपने वैभव से चकाचौंध ये विशाल आंखें जिन्दगी के अभाव, घुटन और टूटन को हेय दृष्टि से देख रही है। इन सारी परिस्थितियों का चित्रण मुक्तिबोध के 'चाँद का मुंह टेढ़ा है' शीर्षक काव्य संग्रह की अधिकांश कविताओं में मिलता है। ये कविताएँ कवि की युगधर्मी चेतना को प्रस्तुत करती हैं। मुक्तिबोध की काव्य चेतना की प्रेरक शक्ति विपुलता है। वह यथार्थ के चित्रण से राष्ट्रीय कर्तव्य के प्रति आम आदमी का ध्यान आकृष्ट करने की अदम्य शक्ति क्षमता लिए हुए हैं। डॉ. संपत ठाकुर के अनुसार – "मुक्तिबोध के चिंतन की सबसे प्रथम और सबसे बड़ी उपलब्धि यह है कि मार्क्सवाद को मूलाधार बनाकर एक सिद्धान्त से प्रतिबद्ध होकर भी, उसकी स्वतंत्र हस्ती कायम रही है। राजनीतिक क्रांति, वर्ग-संघर्ष आदि के हिमायती होकर भी, अपने चिंतन को उन्होंने मात्र राजनीतिक सिद्धान्तवादी व्याख्या नहीं बनने दिया है। बल्कि अनेक स्थानों पर कवि ने सर्वथा मौलिक और स्वतंत्र स्थापनाएँ प्रस्तुत की है। राजनीति को वे अपने काव्य त्रिभुज की एक भुजा अवश्य मानते हैं, पर आधार के रूप में उन्हें सामाजिक चेतना (सोशल कांशसनेस) ही स्वीकृत है।"[14] वस्तुतः मुक्तिबोध की कवि-प्रतिभा का वास्तविक मूल्यांकन विविध दृष्टियों से होना चाहिए। परिस्थितियों एवं परिवेश के कृत्रिम दबाव के कारण भले ही मुक्तिबोध को

स्वाधीनता आन्दोलन और हिन्दी कविता

मार्क्सवादी घोषित कर दिया गया है, लेकिन मूलतः वे सच्चे देश भक्त और राष्ट्रीय चेतना के समर्थ संवाहक कवि ही रहे हैं। वस्तुतः मुक्तिबोध विशुद्ध रूप से राष्ट्रीय चेतना से ओत-प्रोत कवि हैं। रोहिणी कुमार चौबे के अनुसार "आज जिसे प्रतिष्ठित होना समझा जाता है, उस ओर उनकी गति नहीं थी, वैसी प्रतिष्ठा प्राप्त करने को वह अवसरवाद मानते थे और उसे नफरत की निगाह से देखते थे।"[15] रोहिणी कुमार के इस कथन से स्पष्ट जाहिर होता है कि मुक्तिबोध के भीतर जो उनका स्वाभिमान था, कहीं-न-कहीं वह उनकी राष्ट्रीय चेतना का ही प्रतिफलन है। डॉ. जगदीश कुमार ने अपने – 'परम अभिव्यक्ति की प्रामाणिक खोज' शीर्षक लेख में मुक्तिबोध की कविता 'अंधेरे में' के संदर्भ में राष्ट्रीय चेतना की छान-बीन करके उसके स्वरूप को प्रस्तुत किया है। उनका स्पष्ट कहना है कि – "गाँधी का चित्रण इस कविता में जितने सम्मान के साथ कवि ने किया है, उतना किसी अन्य कविता में नहीं। लगता है कि अपने कृतित्त्व के अन्तिम चरण में पहुँचकर मुक्तिबोध का प्रगतिवादी आदेश गंभीरतर हो गया है और वे अपनी राष्ट्रीय परंपराओं और प्रेरणाओं का शोध सहानुभूति से करने लगे हैं।"[16]

यहाँ हम देखते हैं कि डॉ. जगदीश कुमार की गंभीर शोधपरक दृष्टि ने मुक्तिबोध के काव्य चिंतन में व्यक्त राष्ट्रीय पक्ष का स्वरूप उद्घाटित किया है। युग-परिवर्तन और युवा पीढ़ी के व्यक्तित्त्वांतरण की प्रखर आकांक्षा मुक्तिबोध की काव्य चेतना में सर्वत्र व्याप्त है। अगर हम निष्पक्ष और तटस्थ भाव से मुक्तिबोध की कविता 'अंधेरे में' की समीक्षा करेंगे तो हम उसमें पूर्ण रूपेण भारत की राष्ट्रीयता का संघर्षशील जीवन-दर्शन पाएंगे जिसमें आडम्बरों, अभावों और शोषणों की आँधी में भी कवि आम आदमी की मुक्ति का स्वप्न देखता है। मुक्तिबोध के काव्य-संसार से गुजरते हुए हम स्पष्ट रूप से कह सकते हैं कि उनकी कविता का अन्तर्राष्ट्रीय चेतना की ऊर्जा से भरा हुआ है। अभाव, पीड़ा और घुटन के समस्त अस्तित्त्व को राख बना देने की उत्तेजना मुक्तिबोध की कविता में है। शोषण के ताजमहल को धराशायी बना डालने की आतुरता है।

मुक्तिबोध अपनी कविताओं में मिथकीय प्रयोगों के द्वारा भी साँस्कृतिक अनुराग का भावबोध प्रतिबिम्बित करते हैं। 'मनु के पुत्र' के उपयुक्त प्रयोग ने कवि की साँस्कृतिक चेतना को ही आलोकित किया है जो एक प्रकार से साँस्कृतिक राष्ट्रवाद का अभिन्न अंग है। 'खोल आँखें' शीर्षक कविता की रचना-प्रक्रिया से

कवि के जागरुक स्वरूप का परिचय मिल जाता है, जहाँ कवि का विकासोन्मुख भारत के बढ़ते कदमों के प्रति अटूट अनुराग का भाव व्यक्त होता है ।

"जो नयी चिनगारियाँ / नव स्वप्न का आलोक ले / उत्पन्न होती जा रही है/

उन सबलतम तीव्र कोमल देश की / चिनगारियों में,/

जो खिले हैं स्वप्न रक्तिम / देख ले जीभर उन्हें तू ।"

परंपरागत एवं रूढ़िगत जड़ मान्यताओं और नश्वर परम्पराओं को जड़ों से उखाड़ फेंकने के लिए युवाओं को क्रांति और विद्रोह करते हुए मुक्तिबोध ने देखा है। व्यवस्था के घिनौने स्वरूप पर कड़ा प्रहार करने की प्रबल शक्ति मुक्तिबोध के कवि की मूल प्रवृत्ति रही है । 'अशक्त' शीर्षक कविता का मूल स्वर यही रहा है -

"अर्थ खोजी प्राण ये उद्दाम है,

अर्थ क्या ? यह प्रश्न जीवन का अमर

X   X   X

क्या तृषा मेरी बुझेगी इस तरह !

अर्थ क्या ? ललकार मेरी है प्रखर! "

X   X   X

क्यों न विद्रोही बने ये प्राण जो

सतत अन्वेषी सदा प्रद्योत है ।"

मनुष्य के आत्मविश्वास और उसकी संवेदनशीलता पर मुक्तिबोध के कवि को गर्व है । राष्ट्र निर्माण के मार्ग में आड़े आनेवाले अंध विश्वासों का दमन कवि को प्रिय है । कवि का संकल्प है कि राष्ट्र के स्वाभिमान की रक्षा में सतत सहायक रहे—

"उसने ईश्वर संहार किया पर निज-ईश्वर पर स्नेह किया ।

स्फुरण के लिए स्वयं को ही, नव स्फूर्ति-स्रोत का ध्येय किया ।

वह आज पुनः ज्योतिष्करण हित / घन पर अविरत करती प्रहार

उठते स्फुलिंग / गिरते स्फुलिंग / उन ज्योति-क्षणों में देख लिया /

करता वहा सत्य महदाकारा

सन्नद्ध हुआ वह ज्वाल-विद्ध करने को सारा तम-प्रसार

वह जन है जिसके उच्च भाल पर
विश्व भार औ' अन्तर में / निस्सीम प्यार ।"
(चाँद का मुँह टेढ़ा है)

'नूतन अहं' शीर्षक कविता में वर्तमान युग के समाज की संकीर्ण, स्वार्थी और दंभी मनःस्थिति को लक्ष्य करते हुए मुक्तिबोध ने व्यंग्य के स्वर में कहा कि –

"किन्तु आज लघु स्वार्थों में घुल, क्रन्दन-विह्वल,
अन्तर्मन यह टार रोड के अन्दर नीचे बहने वाली गटरों से भी
है स्वच्छ अधिक / यह तेरी लघु विजय और लघु हार ।
तेरी इस दयनीय दशा का लघुतामय संसार
अहंभाव उत्तुंग हुआ है तेरे मन में / जैसे घूरे पर उटा है /
धृष्ट कुकुरमुत्ता उन्मत्त ।"

वस्तुतः मुक्तिबोध ने अपने युग के समाज का सजीव चित्रण अपनी कविताओं में बड़े ही मार्मिक ढंग से प्रस्तुत किया है । आज हम देखते हैं कि प्रत्येक व्यक्ति अपने आपको श्रेष्ठ और दूसरे को निष्ठुर दिखाना चाहता है । वर्तमान समय में अपनी श्रेष्ठता सिद्ध करने के लिए ऐसे लोग येन-केन प्रकारेण दूसरे का अहित करने में कोई कसर नहीं छोड़ते हैं । महान राष्ट्रों की होड़ के पीछे भी यह विचार-प्रक्रिया सक्रिय भूमिका निभाते हुए दिखाई देती है । 'विहार' शीर्षक कविता के माध्यम से मुक्तिबोध समाज में व्याप्त वासना और कामुकता के घृणित चेहरे को बेनकाब कर देते हैं । वासना के शिकार और कामुकता के नशे में चूर नरपिशाच समाज और राष्ट्र दोनों के लिए कलंक है । मुक्तिबोध के कवि का दृढ़ निश्चय है कि पौरुषहीन नपुंसक पीढ़ी के हाथो में राष्ट्र सुरक्षित नहीं है । 'पुंसत्वहीन नर का विलास' कवि को चारों ओर दिखा देता है –
"रवि का प्रकाश/शशि का विकास/पुंसत्वहीन नर का विलास, / ये सूर्य-चन्द्र/नभ-
वक्ष लुब्ध/ वे अमित वासना के शिकार / वे गगनदीन/ वे रसिक रुग्ण / पुंसत्वहीन
वेश्या-विहार ।"

वर्तमान समाज में आर्थिक और सामाजिक विषमता की खाई दिनोंदिन बहुत गहरी होती जा रही है। पूंजीवादी समाज का अन्धाधुन्ध शोषण अपने आर्थिक और व्यावसायिक लाभ के कारण राष्ट्र की गरिमा को भी आर्थिक लाभ-लोभ के परिप्रेक्ष्य में ही परिभाषित करता है। कवि मुक्तिबोध हृदयहीन शोषण के शिकार शोषित वर्ग के प्रति एक ओर सहानुभूति दिखाते हैं तो दूसरी ओर पूंजीवादी व्यवस्था के प्रति कवि के मन में तीव्र आक्रोश और क्रांति की ज्वाला सुलग उठती है। 'हे महान' शीर्षक कविता में मुक्तिबोध ने अव्यक्त और असीम सत्ता से राष्ट्र की जनता की पीड़ा को महसूस करते हुए अपनी प्रखर अभिव्यक्ति दी है। भारतीय जीवन-दर्शन में ईश्वर की सत्ता को असीम मानकर उसे वन्दनीय माना गया है। कवि मुक्तिबोध ने 'हे महान' शीर्षक कविता के माध्यम से असीम सत्ता की वन्दना करते हुए अपनी आध्यात्मिक, साँस्कृतिक चेतना को अभिव्यक्त किया है। साथ ही भारत माता के स्नेह वात्सल्य-भाव को भी महसूस करते हुए लिखते हैं कि-

"हे महान! तव विस्तृत उर से / दृढ़ परिरम्भण की क्षमता दो, /
तव स्नेहोष्ण हृदय का स्पन्दन / सुन पाने की आकुलता दो।"

मुक्तिबोध की राष्ट्रीय चेतना से सम्बन्धित कविताओं का विवेचन-विश्लेषण और चिन्तन-मनन के बाद यह बात स्पष्ट रूप से उभर कर आती है कि उनकी अनेक कविताओं में राष्ट्रीय चेतना के स्वर प्रखर रूप से विद्यमान है। मुक्तिबोध की कविताओं का पुनर्मूल्यांकन करने पर उनकी राष्ट्रीय चेतना का पक्ष निखर कर सामने आ जाता है।

हिन्दी के अनेक आलोचकों ने मुक्तिबोध की काव्यात्मक देन को चाहे जिस ढंग से विश्लेषित एवं व्याख्यायित करने का प्रयास किया है, चाहे वह ढंग मार्क्सवादी कटघरे में रखकर करने का हो या उनकी रचना-प्रक्रिया को फंतासी शिल्प के भीतर रखकर समझाने की कोशिश हो। लेकिन इस बात को नजरअंदाज नहीं किया जा सकता है कि मुक्तिबोध का काव्य भारतीय जन-जन का काव्य है, उसमें विवशता और शोषण से मुक्ति की व्यापक छटपटाहट विद्यमान है। जिस काव्य में सामाजिकता की, जन-कल्याण भावना की विपुल अनुगूंज है, उस काव्य को हम

अराष्ट्रीय किसी भी स्थिति में नहीं कह सकते हैं । अतः यह तथ्य पूर्ण रूप से उजागर हो जाता है कि मुक्तिबोध की कविता राष्ट्रीय चेतना से ओतप्रोत है । कवि के स्वर का हर तेवर राष्ट्रीय चेतना से सम्पृक्त है, उसका हर मुहावरा भारतीयता की मिट्टी से उत्पन्न है । यही कारण है कि मुक्तिबोध के काव्य में अनेक स्थलों पर राष्ट्रीय चेतना की लहर उपस्थित है । वस्तुतः मुक्तिबोध का कवित्व राष्ट्रीय चेतना की दृष्टि से उदासीन नहीं है बल्कि उसकी रग-रग में राष्ट्र प्रेम की भावना संचरित है ।

*****

संदर्भ ग्रन्थ

1. वागर्थ, नवम्बर, 2013, पृ- 69

2. शेष अशेष, मुक्तिबोध, पृ-110

3. कामायनी का पुनर्मूल्यांकन, रामस्वरूप चतुर्वेदी, कल्पना, 206, अप्रैल, 1969, पृ- 43

4. तारापथ की भूमिका, पृ- 13

5. निराला और मुक्तिबोध : चार लंबी कविताएँ, नंद किशोर नवल, पृ-101

6. निराला और मुक्तिबोध : चार लंबी कविताएँ, नंद किशोर नवल, पृ-102

7. आधुनिक कविता और युग-संदर्भ, शिव कुमार मिश्र, पृ- 98

8. विकल्प, 1975, सं. शैलेश मटियानी, पृ- 227

9. निराला रचनावली-2, सं. नंद किशोर नवल, पृ- 205

10. नागार्जुन रचनावली-6, सं. शोभाकान्त, पृ- 25

11. प्रगतिशील वसुधा-77, पृ- 72 पर उद्धृत

12. वही

13. पूर्वग्रह, अंक-63-64, पृ- 167

14. मुक्तिबोध : पुनर्मूल्यांकन, डॉ. संपत ठाकुर, पृ- 166

15. लक्षित मुक्तिबोध, सं. मोतिराम वर्मा, पृ- 143

16. आधुनिक साहित्य : विविध परिदृश्य, सं. सुन्दरलाल बशूरिया, पृ- 62

स्वाधीनता आंदोलन और हिन्दी कविता

प्रो. एम. आंजनेयुलु

"हम जगे लगाने विश्व को, देश में फिर फैला आलोक।
व्योम तम पुंज तब हुआ नष्ट, अखिल संस्कृति हो उठी अशोक ॥"

जब अन्याय और अत्याचार की पराकाष्ठा बढ़ जाती है तब परिवर्तन के लिए क्रांति जन्म लेती है और उसी क्रांति के परिणामस्वरूप बदलाव आता है। भारतीय स्वतन्त्रता आंदोलन इसीकी परिणति है। गुलामी की दासता से मुक्ति की आस ने आंदोलन को जन्म दिया। देश में व्याप्त इस उथल-पुथल से अनेक कवियों का जन्म हुआ जिन्होंने देशवासियों की स्थिति और देश के लिए अपनी लेखनी चलायी। वे देशप्रेम की भावना से ओत-प्रोत तो थे ही साथ ही उन्होंने चेताने का कार्य भी किया।

पंद्रहवीं-सोलहवीं सदी से भारत में यूरोपीय कंपनियाँ व्यापार के लिए आने लगी थीं जिनमें पुर्तगाली, डच, फ्रांसीसी और ब्रिटिश कंपनियाँ शामिल थीं। इन सभी कंपनियों को उनके देशों की सरकारों का समर्थन हासिल था। इन देशों की सरकारों ने उन्हें सेना रखने और शासन चलाने तक का अधिकार दे रखा था। भारत

में ईस्ट इंडिया कंपनी, जो एक ब्रिटिश कंपनी थी, का आगमन सत्रहवीं सदी में हो गया था । व्यापार के साथ-साथ ईस्ट इंडिया कंपनी ने अपना राजनीतिक प्रभुत्व स्थापित करने की कोशिश भी की । इसके लिए उन्होंने कूटनीति और युद्धों का सहारा लिया । जैसा कि पहले कहा जा चुका है कि अंग्रेजों के साम्राज्य की शुरूआत सन् 1757 ई. के प्लासी के युद्ध में नवाब सिराजुद्दौला की हार के साथ हुई। इसके लगभग सौ साल बाद तक विभिन्न रियासतों के शासकों की आपसी लड़ाई का लाभ उठाकर उन्होंने धीरे-धीरे हिंदुस्तान के अधिकांश हिस्से पर कब्जा कर लिया। सन् 1857 ई. तक लगभग पूरे हिंदुस्तान पर अंग्रेजों का प्रत्यक्ष या अप्रत्यक्ष अधिकार हो गया था ।

सन् 1885 ई. में कांग्रेस की स्थापना होने के साथ ही भारतीय स्वाधीनता संग्राम में एक नया मोड़ आया । एक अंग्रेज आई.सी.एस.अधिकारी 'मिस्टर ए.ओ. ह्यूम ने इसकी स्थापना की और प्रथम अध्यक्ष - व्योमेश चंद्र बनर्जी को बनाया गया। इस प्रकार कांग्रेस भारतीयों का पहला ऐसा संगठन था जिसने हिंसा का सहारा लेने के बजाए लोकतांत्रिक तरीके से अपनी माँगों के लिए आंदोलन करने का रास्ता अपनाया । आरंभ में कांग्रेस के नेताओं ने प्रार्थना के जरिए ही अपनी माँगें अंग्रेजी सरकार के सामने रखीं । यह सिलसिला लगभग तीन दशकों तक चला । लेकिन जब उसका कोई खास नतीजा नहीं निकला और भारतीयों की स्वतंत्रता की आकांक्षा को अंग्रेज लगातार कुचलते रहे तो कांग्रेस में ही नेताओं की एक नई पीढ़ी सामने आई जिन्होंने चिट्ठी-पत्री लिखने की बजाए जनता को एकजुट कर अंग्रेजों के विरुद्ध संघर्ष करने का निश्चय किया । अब तक कांग्रेस का सम्बन्ध मध्यवर्ग से ही था । लेकिन अब कांग्रेस ने किसान और मजदूर जनता को भी अपने आंदोलन में शामिल करने का फैसला किया ।

सन् 1908 ई. में पहली बार अपनी माँगों के लिए मज़दूरों ने हड़ताल का सहारा लिया । कांग्रेस के वे नेता जो चिट्ठी-पत्री द्वारा अपनी माँगें माने जाने की आशा कर रहे थे जिनमें दादा भाई नौरोजी, सुरेन्द्र नाथ बनर्जी, गोपालकृष्ण गोखले जैसे नेता थे और वे नरमदल के नेता माने जाते थे, उनकी जगह पर बालगंगाधर तिलक, लाला लाजपतराय, विपिनचंद्र पाल, अरविंद आदि नेताओं की एक नयी पीढ़ी सामने आई जिन्हें गरम दल के रूप में जाना जाता था । सन् 1905 ई. में बंगाल विभाजन के साथ स्वतन्त्रता आंदोलन में एक नया मोड़ आया और भारतीय नेताओं

          स्वाधीनता आन्दोलन और हिन्दी कविता

का ध्रुवीकरण हो गया। सन् 1907 ई. के सूरत अधिवेशन में गरम और नरम दल का विभाजन हो गया और इस विभाजन का आरोप नेता एक-दूसरे पर लगाने लगे। आजादी की लड़ाई में शामिल नई पीढ़ी यह तो समझ रही थी कि व्यापक जन आंदोलन के बिना आजादी का सपना पूरा नहीं हो सकता। लेकिन इसके साथ ही उनमें यह भावना भी प्रबल होती जा रही थी कि केवल अहिंसक रास्तों से ही अंग्रेजों को सत्ता से नहीं हटाया जा सकता। महर्षि अरविंद भारतीय राजनीति यानी भारतीय स्वाधीनता आंदोलन में सन् 1905 से 1910 ई. तक केवल पाँच वर्ष सक्रिय रहे और इतनी अल्पावधि में देश के जनमानस को इतना समर्थ बना दिया कि वह अपनी वास्तविक हस्ती को पहचान सके और अपने अतीत की खोई गरिमा और महिमा को पुनः अर्जित कर सके। जब वह इंग्लैंड में 14 वर्षों तक अध्ययन करने तथा आई सी एस की परीक्षा में उत्तीर्ण की, किंतु घुड़सवारी में जानबूझकर विफल रह जाने के बाद भारत लौटे और बड़ौदा राज्य की सेवा का दायित्व संभाला, तब उन्हें यह देखकर आश्चर्य हुआ कि तत्कालीन कांग्रेस नेता अंग्रेजों से याचक की तरह आजादी की मांग कर रहे थे। उन्होंने कांग्रेस की स्वाधीनता संग्राम की नीति की कड़ी आलोचना करते हुए मुंबई से प्रकाशित 'इंदु' प्रकाश में लिखा, " मैं कांग्रेस के बारे में कहता हूं कि इसके उद्देश्य भ्रांतिपूर्ण हैं, कि इसकी उपलब्धि के पीछे की भावना में सच्चाई और एकनिष्ठता का अभाव है। और इसके तरीके सही नहीं हैं तथा जिन नेताओं में इसे विश्वास है, वे नेतृत्व के योग्य सही व्यक्ति नहीं हैं।"

दिसम्बर 1915 ई. के वार्षिक अधिवेशन में श्रीमती ऐनी बेसेंट ने तिलक सहित अन्य गरमदल के नेताओं को कांग्रेस में सम्मिलित कराने में सफलता प्राप्त कर ली। इसी समय उन्होंने होमरूल आन्दोलन का प्रस्ताव भी कांग्रेस से पास करवाना चाहा, परन्तु उसे कांग्रेस व मुस्लिम लीग की स्वीकृति नहीं मिली। जैसाकि पीछे वर्णन किया जा चुका है ऐनी बेसेन्ट ने अपने प्रस्ताव के साथ यह शर्त रखी कि सितम्बर 1916 ई. तक यदि कांग्रेस ने उनके कार्यक्रमों पर अपनी स्वीकृति नहीं प्रदान करेगी, तो वे स्वयं अपना संगठन गठित कर लेंगी। और यही से होमरूल की शुरूआत मानी जाती है।

सन् 1919 ई. में बैसाखी के दिन रोलेट एक्ट के विरोध में सभा आयोजित की जा रही थी इस कारण जनरल डायर ने अमृतसर के जलियाँवाला बाग में निहत्थे भारतीयों पर चारों ओर से गोलीबारी की इससे हिंसा और तीव्र हो गई। इस

गोलीबारी में सरकारी आँकड़ों के अनुसार भी पाँच सौ से अधिक लोग मारे गए, इन मरने वालों में बूढ़े, औरतें और बच्चे भी शामिल थे। रविंद्रनाथ टेगौर ने अपनी नाइट हुड की उपाधि भी त्याग दी। 1920-30 के दशकों में भारत में अंग्रेजी हिंसा का प्रतिरोध करने के लिए कई क्रांतिकारी संगठन अस्तित्व में आए और उन्होंने अंग्रेजी दमन का मुकाबला किया। इन क्रांतिकारियों में ही रामप्रसाद बिस्मिल, असफाकउल्लाह, चंद्रशेखर आजाद, भगतसिंह, राजगुरु, सुखदेव आदि भी थे। धीरे-धीरे आंदोलन एक नवीन मोड़ पर आ गया और गांधीजी ने इसकी बागडोर अपने हाथ में ली। अब यह सम्पूर्ण जनता का आंदोलन हो गया।

भारतीय स्वतंत्रता संग्राम में गांधी जी का आगमन देशभर में असहयोग आंदोलन के साथ शुरू हुआ। इस आंदोलन का नेतृत्व महात्मा गांधी और भारतीय राष्ट्रीय कांग्रेस ने किया था। यह अहिंसात्मक प्रतिरोध के देशव्यापी आंदोलन की पहली श्रृंखला थी। आंदोलन सितंबर 1920 ई. से फरवरी 1922 ई. तक चला। अन्याय के खिलाफ लड़ाई में, गांधी के हथियार असहयोग और शांतिपूर्ण प्रतिरोध थे। लेकिन नरसंहार और संबंधित हिंसा के बाद, गांधी ने अपना ध्यान पूर्ण स्व-शासन प्राप्त करने पर केंद्रित किया। यह जल्द ही स्वराज या पूर्ण राजनीतिक स्वतंत्रता में बदल गया। इस प्रकार, महात्मा गांधी के नेतृत्व में, कांग्रेस पार्टी को नए संविधान के साथ स्वराज के उद्देश्य से फिर से संगठित किया गया। महात्मा गांधी ने स्वदेशी नीति को शामिल करने के लिए अपनी अहिंसा नीति को आगे बढ़ाया, जिसका अर्थ था विदेशी निर्मित वस्तुओं की अस्वीकृति।

12 मार्च 1930 ई. को गांधीजी ने नमक पर कर के खिलाफ एक नया सत्याग्रह शुरू किया। अहमदाबाद से दांडी तक पैदल चलकर, अपने नमक बनाने के अधिकार से गरीबों को वंचित करने वाले कानून को तोड़ने के लिए, उन्होंने ऐतिहासिक दांडी मार्च की शुरुआत की। गांधी ने दांडी में समुद्र तट पर नमक कानून तोड़ा। सन् 1942 ई. को गांधी ने भारत छोड़ो आंदोलन का आह्वान किया। गांधी की गिरफ्तारी के तुरंत बाद, देश के बाहर अव्यवस्था फैल गई और कई हिंसक प्रदर्शन हुए। स्वतंत्रता संग्राम में भारत छोड़ो आंदोलन सबसे शक्तिशाली आंदोलन बन गया।

आचार्य रामचन्द्र शुक्ल ने कहा है कि प्रत्येक देश का साहित्य वहाँ की जनता की चित्तवृत्तियों का संचित प्रतिबिंब होता है। वह जनता के सम्मुख

समसामयिक समाज का आईना रखता है । इस कारण इन राष्ट्रवादी कवियों ने तत्कालीन समय में देश को जिस जोश और चेतना कि आवश्यकता थी वह लाने का कार्य किया। इस चेतना की शुरुआत भारतेन्दु युग से ही हो जाती है । भारतेन्दुयुगीन कविता में राष्ट्रवाद का आह्वाहन था । इसका स्वर राष्ट्रीयता से युक्त था। जिसने द्विवेदी युग और राष्ट्रीय साँस्कृतिक काव्यधारा तक आते-आते व्यापक स्वरूप धारण किया। भारतेन्दु हरिश्चंद्र, प्रेमघन, प्रतापनारायण मिश्र, अंबिकादत्त व्यास आदि कवियों ने राष्ट्रव्यापी चेतना का स्वर प्रबल किया और ब्रिटिश सरकारी की जन-विरोधी नीतियों के खिलाफ आवाज़ उठायी, हालांकि यह आवाज़ इतनी तीव्र नहीं थी किन्तु द्विवेदी काल तक आते-आते हुए यह खुलकर सामने आने लगी। भारतेन्दु की 'भारत दुर्दशा', प्रेमघन की 'आनंद अरुणोदय', 'देशदशा' राधाकृष्ण दास की 'भारत बारहमासा', द्विवेदी युग में कविवर शंकर ने शंकर सरोज, शंकर सर्वस्व, गर्भरंडारहस्य । मैथिलीशरण गुप्त ने 'भारत-भारती' के माध्यम से देश की सोयी हुई जनता को जगाने का प्रयास किया।

राष्ट्रीय चेतना को लेकर चले कवियों में प्रमुख रूप से भारतेन्दु हरिश्चंद्र, बदरीनारायण प्रेमघन, राधाचरण गोस्वामी, राधाकृष्ण दास, मैथिलीशरण गुप्त, रामनरेश त्रिपाठी, गया प्रसाद शुक्ल सनेही, माखनलाल चतुर्वेदी, बालकृष्ण शर्मा 'नवीन', रामधारी सिंह दिनकर, सुभद्रा कुमारी चौहान, माखनलाल चतुर्वेदी, सियाराम शरण गुप्त, सोहनलाल द्विवेदी आदि ने अपने ओजपूर्ण स्वरों में राष्ट्रीयता की भावना प्रसारित की ।

देश में हो रही उथल-पुथल को कवियों ने अपनी कविताओं में स्थान दिया। स्वतन्त्रता आंदोलन से लेकर स्वतन्त्रता प्राप्ति तक कवियों ने स्थान-स्थान पर जनता में चेतना प्रसारित करने का प्रयास किया ।

भारतेन्दु जी ने पहले ही भारत–दुर्दशा का चित्रण इस प्रकार किया है:-

"अंग्रेज़ राज सुख साज सजे सब भारी।

पै धन विदेश चली जात है इहै अति खवारी ॥"

(भारत दुर्दशा)

वही राष्ट्रकवि मैथिलीशरण गुप्त अपनी राष्ट्रीय रचनाओं के कारण प्रसिद्ध रहे । । अपनी कविता 'भारत-भारती' में देशवासियों को राष्ट्र के प्रति आह्वान किया:-

"जिसको न निज गौरव-गान है तथा निज देश का अभिमान है।
वह नर नहीं नर निरा है पशु मृतक समान है।।

उन्होंने स्वतन्त्रता सैनानियों से प्रेरणा ली। अपनी ओजस्वी कृतियों के कारण उन्हें कई बार जेल भी जाना पड़ा। | इसी प्रकार माखनलाल चतुर्वेदी ने अपनी कविता 'पुष्प की अभिलाषा' में रोमानी प्रेम को स्वीकार नहीं किया है बल्कि मातृभूमि के चरणों में चढ़ जाना मंजूर किया यथा:-

चाह नहीं मैं सुरबाला के
गहनों में गूँथा जाऊँ,
चाह नहीं, प्रेमी-माला में
बिंध प्यारी को ललचाऊँ,
चाह नहीं, सम्राटों के शव
पर हे हरि, डाला जाऊँ,

***

" क्या ? देख न सकती जंजीरों का गहना,
हथकड़ियाँ क्यों ? यह ब्रिटिश राज का गहना"

('कैदी और कोकिला')

'नवीन' ने अपनी कविता 'विप्लव गान' में क्रांति की भावना को इस प्रकार प्रकट किया है:-

"कवि कुछ ऐसी तान सुनाओ, जिससे उथल-पुथल मच जाये
एक हिलोर इधर से आए, एक हिलोर उधर को जाये।
नाश, नाश, हाँ महानाश की
प्रलयंकारी आँख खुल जाये। "

हिन्दी की राष्ट्रीय काव्यधारा ने राष्ट्र-भक्ति को अपने चरम पर पहुंचा दिया। | और जनमानस के मध्य ऐसी भावना भरने का कार्य किया जो उनके हृदय के भीतर एक चिंगारी उत्पन्न कर सके।

स्वाधीनता आन्दोलन और हिन्दी कविता

        श्यामनारायण पाण्डेय ने अपनी कविता 'हल्दीघाटी' में प्रताप की वीरता इस प्रकार दिखाई है:-

"रणबीच चौकड़ी भर-भरकर,
चेतक बन गया निराला था ।
राणा प्रताप के घोड़े से,
पड़ गया हवा का पाला था ।
गिरता न कभी चेतक तन-पर,
राणा प्रताप का कोड़ा था ।
वह दौड़ रहा अरि- मस्तक पर,
या आसमान का घोड़ा था ।"

        इस प्रकार इस कविता के माध्यम से श्याम नारायण पाण्डेय ने विपरीत परिस्थिति में यौद्धा और उसके घोड़े की कर्तव्यनिष्ठा को स्वाधीनता के लिए तत्पर दिखाया है ।

        जयशंकर प्रसाद ने अपने नाटक 'चन्द्रगुप्त' के माध्यम से अपने देश के प्रति गौरव गान किया है और देश वासियों को बताया की भारत-भूमि कैसी है:- कार्नेलिया कहती है कि-

"अरुण यह मधुमय देश हमारा, जहाँ पहुँच अनजान क्षितिज को मिलता एक सहारा ।।"

इसी प्रकार अल्का राष्ट्र-गायन करती है:-

हिमाद्रि तुंग-शृंग से प्रबुद्ध शुद्ध भारती, स्वयंप्रभा, समुज्ज्वला, स्वतंत्रता पुकारती।।

इसमें उन्होंने हिमालय की ओर इशारा करते हुए स्वतन्त्रता की मांग रखी है । | इसी प्रकार रामधारी सिंह दिनकर कहाँ पीछे रहने वाले थे, उन्होंने देश में व्याप्त अन्याय और अत्याचार का खुलकर विरोध किया ।और देश के लिए अपने प्राणों की बाजी लगाने वाले रणबांकुरों का गौरवगान किया ।

"जला अस्थियाँ बारी-बारी,
चिटकाई जिसने चिंगारी,
जो चढ़ गए पुण्यवेदी पर,
लिए बिना गर्दन का मोल,
कलम आज उनकी जय बोल।।"

कविवर श्यामलाल गुप्त 'पार्षद' का झंडा गीत स्वतंत्रता सेनानियों के लिए शस्त्र ही बन गया था- 'विजयी विश्व तिरंगा प्यारा / झंडा ऊँचा रहे हमारा।' इस प्रकार हिन्दी कविता में कवियों का स्वर कहीं अधिक तो कहीं कम रूप में दिखाई पड़ा लेकिन दिखा ज़रूर। इस चेतना की शुरुआत भारतेन्दु युग से शुरू हुई और द्विवेदी और राष्ट्रीय साँस्कृतिक काव्यधारा तक आते-आते इसने अपना विस्तृत रूप धारण कर लिया। नवीन, माखनलाल चतुर्वेदी, मैथिलीशरण गुप्त, दिनकर आदि राष्ट्रीयता के पुजारी थे। एक ओर स्वतन्त्रता के वीर योद्धा मातृभूमि को गुलामी की जंजीरों से बाहर निकालने का प्रयास कर रहे थे तो दूसरी ओर हमारे कवि अपनी लेखनी से जनता को जागृत कर रहे थे। इस तरह से स्वाधीनता संग्राम में हिन्दी कविता का भी महत्त्वपूर्ण योगदान था जिसने जनमानस के हृदय में एक आज़ादी के सपने को साथ लेकर चलने की प्रेरणा दी।

*****

आधुनिक हिन्दी काव्य में स्वाधीनता आन्दोलन एवं राष्ट्रीय-साँस्कृतिक जागरण

प्रो. एस.पद्मप्रिया

राष्ट्रीयता की आधुनिक अवधारणा एक परिकल्पित निर्मिति है । भारतीय राष्ट्र के उद्भव एवं विकास के साथ ही राष्ट्रीय जागरण की प्रक्रिया भी सक्रिय हुई थी । आधुनिक विश्व राष्ट्रों में विभाजित है और आधुनिक भारत भी एक विशाल राष्ट्र के रूप में स्थापित एवं परिणत हुआ । आधुनिकता के भीतर से उत्पन्न राष्ट्र की परिकल्पना एक बहुआयामी व्याख्या की मांग करती है । एली कैडोरी नामक ब्रिटिश विद्धान एवं पत्रकार के अनुसार राष्ट्रीयता के सिद्धांत की भावना 19वीं शताब्दी के प्रारंभ में यूरोप में हुई । इस सिद्धांत के अनुसार मानवता स्वाभाविक रूप से राष्ट्रों में विभाजित है जो कुछ विशिष्ट लक्षणों से अनुप्राणित हैं और जिन्हें निश्चित किया जा सकता है और मात्र स्वशासन ही विधि सम्मत शासन है । दो विश्वयुद्ध और उपनिवेशों की होड़ के बीच आधुनिक राष्ट्र की संकल्पना का जन्म हुआ । 19वीं शताब्दी में राष्ट्रीयता के जिस स्वरूप ने आकार ग्रहण करना आरंभ किया उसके संस्थापक रूसो हैं । जर्मनी को उदाहरण स्वरूप लेते हुए के. आर. मिनोग ने इसे प्राचीन प्रचलित कथा के साथ जोड़ा । एक राजकुमारी उस समय तक निद्रा अवस्था में रहने के लिए अभिशप्त है जब तक कोई राजकुमार उसे जगा ना दे । राजकुमारी को

जागृत करना कोई आसान काम नहीं है। वह अनेक वर्षों से सो रही है और उसका महल बीहड़ जंगलों से घिर चुका है। जंगलों में से मार्ग बनाकर उस राजकुमारी की निद्रा आखिरकार राजकुमार तोड़ ही देता है और उसके राज्य की खोई भव्यता को भी स्थापित कर देता है इस प्रकार राजकुमारी अथवा सोती सुंदरी के जागरण की कथा का सुखांत होता है। राष्ट्र रूपी सोती सुंदरी को एक नहीं अनेक महान लोग जगाने का प्रयास करते हैं। कवि, दार्शनिक, वैचारिक राजनीतिज्ञ, इतिहासकार आदि सभी इस पर विचार करते हैं आखिर सुंदरी सो क्यों रही है? राष्ट्र के प्रति जब चेतना जागृत होती है तो वह अनेक दिशाओं से प्रहार करती है। पराधीन देश में राष्ट्रीयता प्रयत्नपूर्वक जगाई जाती है। केवल राजनीति ही हमेशा इस समस्या का समाधान नहीं दे सकती। भारत में जागरण की प्रक्रिया एक नहीं अनेक क्षेत्रों से उभरी है। राजा राममोहनराय, अरविन्द, विवेकानंद, गाँधी से लेकर साहित्यकार तथा फिल्मों ने भारतीय राष्ट्र की चेतना को जागृत किया। भारत का स्वाधीनता आंदोलन और राष्ट्र निर्माण की प्रक्रिया एक-दूसरे से अभिन्न रूप से जुड़ी हुई है। भारत में औपनिवेशिक तत्त्वों के विरोध के साथ ही स्वतंत्रता आंदोलन का आरंभ हो जाता है।

साहित्य इन समस्त प्रक्रियाओं से अछूता नहीं रहा। भाषा ने भी महत्त्वपूर्ण भूमिका निभाई। ब्रजभाषा जैसे भक्ति और श्रृंगार के साथ एकाकार हुई थी वैसे ही खड़ीबोली देशप्रेम और देशभक्ति के साथ जुड़ गई। प्रतापनारायण मिश्र द्वारा 'ब्राह्मण पत्र' में प्रकाशित 'हिन्दू, हिन्दी ,हिन्दुस्तान' लेख हिन्दी-उर्दू भाषा को धर्माधारित समुदाय की पहचान के साथ जोड़ने के सायास प्रयत्न को पुष्ट करता है। आज भी यह स्थिति कायम है और उर्दू मुस्लिम अस्मिता का अंग बन गया है। साँस्कृतिक हिन्दी का सार्वजनिक स्पेस बनाया गया जिससे ब्रज, अवधी, मैथिली, उर्दू जैसी भाषाओं की बहुआयामी भिन्नता पर हिन्दी के एक आयामी रूप को निर्मित किया गया। आधुनिक राष्ट्र बनने में भारत को अनेक टेढ़े प्रश्नों से जूझना पड़ा और जटिल संघर्ष का सामना करना पड़ा।

स्वाधीनता आंदोलन और राष्ट्र उत्थान के संदर्भ में चार शब्द महत्त्वपूर्ण रूप से उभर कर आते हैं -पहला देश प्रेम, दूसरा देश भक्ति, तीसरा देशवत्सलता और चौथा राष्ट्रीयता। उपरोक्त में पहले तीन सहज मानवीय वृत्ति हैं तो चौथा उत्तेजित मन:स्थिति है। आधुनिक हिन्दी साहित्य के आरंभ में देशप्रेम, देशभक्ति

और देशवत्सलता या देशानुराग की प्रमुखता रही जिसके ऐतिहासिक कारण रहे हैं। भारतेन्दु ने नाटक रचना का उद्देश्य ही देशवत्सलता माना है । भारतेन्दु युग में परिस्थितियों के कारण अँग्रेजों के प्रति राजभक्ति के समानांतर देशभक्ति भी सशक्त रही। इस काल के साहित्य में सन् 1857 ई. के संग्राम का उल्लेख मात्र राजद्रोही दंगे, सेना का बिगडना और मूर्खता, बलवा या उत्पात के रूप में हुआ-

"सन् सत्तावन मां गलब भए सब हिन्दू हाल बेहाल"

(प्रतापनारायण मिश्र)

"देसी मूढ़ सिपाह कछुक लैं कुटिल प्रजा संग
कियो अमित उत्पात रच्यो निज नासन को ढँग ।"

(बदरीनारायण चौधरी 'प्रेमघन')

प्रतापनारायण मिश्र ने ईस्ट इंडिया कम्पनी की चाटुकारिता करते हुए अपने निबन्ध "हम राजभक्त हैं" में लिखा है कि -
"यदि मान भी लें कि वह अपराध हिन्दुस्तानियों का ही था तो भी इसका उत्तर है कि उस समय में हमारी सरकार को सचमुच सहायता किसने दी थी? हमीं ने!!!क्योंकि हम राजभक्त हैं। राजभक्ति हमारा सनातन धर्म है।"

"हार्दिक हर्षादिश" में प्रेमघन इँगलैंड की रानी की स्तुति में कहते हैं -
"लै राज कंपनी के कर सों निज हाथन ।
किय सनाथ भोली भारत की प्रजा अनाथन ।।"

मात्र राधाचरण गोस्वामी सन् सत्तावन के संग्राम को "राजविप्लव" कहते हैं। साहित्य में संग्राम को लेकर चुप्पी का कारण बालकृष्ण भट्ट के शब्दों में स्पष्ट हो जाएगा-

"स्वच्छंदकारी हैवान पशु-पक्षी तक जब उनकी (अँग्रेज़) आज्ञा के डोर से बँधे हुए हैं तब हम सबों को क्या जो इन्सान कहलाते हैं और हिन्दुस्तान ऐसे पराधीन देश में इसीलिए पैदा किए गए हैं कि मन, वचन, कर्म से राजभक्ति में न चूँके । सर्वस्व समर्पण कर राजस्व के मुकाबले अपना कोई हक रखना महापाप समझे ।"

उस काल में पतनशील सामंती राज का अंत तथा इंगलैंड की रानी द्वारा सुराज की आकांक्षा ही प्रबल थी । स्वराज की चेतना ने 19वीं सदी के उत्तरार्ध में

ही बल पकड़ा । देशप्रेम, देशानुराग, देशवत्सलता, देशभक्ति भारतेन्दु युगीन साहित्य में अन्य प्रकार से प्रकट होती है । अतीत गौरवगान, देश की दु:स्थिति पर दुःख, शिक्षा, स्त्री की स्थिति आदि साहित्य में प्रमुख स्थान ग्रहण करता है ।

सामंतवादी सभ्यता

सामंतवादी सभ्यताओं और संस्कृतियों के सम्मुख दो महत्त्वपूर्ण समस्याएं थीं: पहला पतन शील सामंतवाद और दूसरा औपनिवेशिक शिकंजा । इन दोनों से मुक्ति पाने का रास्ता बेहद कठोर और लंबा था । हिन्दी कविता में इन दोनों संघर्षों की पीड़ा और मुक्ति की आकांक्षा अभिव्यक्त हुई है । अनेक रूपों में स्वाधीनता की चेतना अनेक विधाओं में प्रकट होती है और कलम के सिपाहियों का योगदान स्वतंत्रता सेनानी के मुक्ति आंदोलन को सशक्त करता है । भारतीय राष्ट्र-निर्माण के तत्त्वों को कुबेरनाथ राय जी ने तीन रूपों में प्रस्तुत किया है। उन्होंने भारत को तीन धरातलों पर वर्गीकृत किया मृणमय स्वरूप, चिन्मय स्वरूप और शाश्वत स्वरूप।

देश प्रेम मृणमय स्वरूप से होता है । देशानुराग और देशवत्सलता चिन्मय स्वरूप के साथ होता है । राष्ट्रीय भाव में अनुप्राणित चेतना संस्कृति और सभ्यता के भीतर शाश्वत रूप में निरंतर निहित रहती है । उपरोक्त तीनों का अभिन्न सम्बन्ध आधुनिक परिकल्पित राष्ट्र की संकल्पना को पोषित करने वाले अंश है । आधुनिक राष्ट्र एक कल्पित निर्मिति है इसलिए राष्ट्र की कोई दो परिभाषाएं एक जैसी नहीं हैं और किसी एक परिभाषा में आबद्ध नहीं हो सकतीं । राष्ट्र के कुछ एक समान घटकों के बावजूद हर राष्ट्र की अपनी विशिष्ट पहचान है । भारतीय राष्ट्र की भी अपनी विशेषता है । इन्हीं विशेषताओं को हिन्दी कविता में देखा जा सकता है जो भारतीय स्वतंत्रता आंदोलन और स्वातंत्र्योत्तर राष्ट्र निर्माण की राष्ट्रीय साँस्कृतिक जागरण का प्रामाणिक दस्तावेज बनकर प्रकट होती है ।

द्विवेदी युग तथा राष्ट्रीय साँस्कृतिक काव्यधारा में इतिवृत्तात्मकता और स्थूलता प्रधान रही है । देश की भौगोलिकता के अंतर्गत पर्वत, अरण्य, नदी-नद, सागर, वानस्पतिक प्रकृति व सुषमा-शोभा, ऋतुओं आदि का समावेश हो जाता है। संस्कृति, परंपरा, समान ऐतिहासिक अनुभव एवं उत्थान-पतन के प्रति अनुराग आत्मीयता, श्रद्धा, आदि का भावावेग मनुष्य के हृदय में स्थायी भाव के रूप में विद्यमान रहते हैं । इसी भाव को मृणमयता कहा गया है । रामचंद्र शुक्ल जी के

अनुसार यदि किसी को अपने देश से प्रेम है तो उसे अपने देश के मनुष्य, पशु, लता, गुल्म, पेड़, पत्ते, वनपर्वत, नदी-निर्झर, सबसे प्रेम होगा, सबको यह चाह भरी दृष्टि से देखेगा, सबकी सुध करके वह विदेश में आँसू बहायेगा।" यह भाव जयशंकर प्रसाद की 'भारत' कविता की निम्न पंक्तियों में परिलक्षित होता है-

"हिमगिरि का उत्तुंग श्रृंग है सामने
खड़ा बताता है भारत के गर्व को।"

(जयशंक प्रसाद)

***

"भारति, जय, विजयकरे !
कनक-शस्य-कमलधरे !

लंका पदतल शतदल
गर्जितोर्मि सागर-जल,
धोता-शुचि चरण युगल
स्तव कर बहु-अर्थ-भरे।

तरु-तृण-वन-लता वसन,
अंचल में खचित सुमन,
गंगा ज्योतिर्जल-कण
धवल धार हार गले।

मुकुट शुभ्र हिम-तुषार
प्राण प्रणव ओंकार,
ध्वनित दिशाएँ उदार,
शतमुख-शतरव-मुखरे !"

(सूर्यकांत त्रिपाठी 'निराला')

***

जय जन भारत जन मन अभिमत

जन गण तंत्र विधाता

जन गण तंत्र विधाता

गौरव भाल हिमालय उज्ज्वल

हृदय हार गंगा जल,

कटि विंध्याचल, सिन्धु चरण तल

महिमा शाश्वत गाता !

हरे खेत, लहरे नद निर्झर,

जीवन शोभा उर्वर,

विश्व कर्म रत कोटि बाहु कर

अगणित पद ध्रुव पथ पर !

प्रथम सभ्यता ज्ञाता, साम ध्वनित गुण गाथा,

जय नव मानवता निर्माता,

सत्य अहिंसा दाता!

जय हे, जय हे, जय हे,

शांति अधिष्ठाता !"

(सुमित्रानंदन पंत)

महादेवी वर्मा के गीत में भी देशानुराग और देशवत्सलता स्पष्ट होती है-

"अनुरागमयी वरदानमयी

भारत जननी भारत माता!

मस्तक पर शोभित शतदल सा

यह हिमगिरि है, शोभा पाता,

नीलम-मोती की माला सा

गंगा-यमुना जल लहराता,

वात्सल्यमयी तू स्नेहमयी

भारत जननी भारत माता ।

धानी दुकूल यह फूलों की-

बूटी से सज्जित फहराता,

पोंछने स्वेद की बूँदें ही
यह मलय पवन फिर-फिर आता।
सौंदर्यमयी श्रृंगारमयी
भारत जननी भारत माता।
सूरज की झारी औ किरणों
की गूँथी लेकर मालायें,
तेरे पग पूजन को आतीं
सागर लहरों की बालाएँ
तू तपोमयी तू सिद्धमयी
भारत जननी भारत माता!"

भारतीय चेतना में प्रकृति का विशेष स्थान है। उसकी साँस्कृतिक आत्मा में भी नदी, पर्वत, पठार, जंगलों आदि में भी अभिव्यक्त एवं स्पंदित होती रही है।

युद्ध काल के प्रयाण गीतों में देश की भौगोलिकता के प्रति देशप्रेम का भाव प्रमुख रहता है। उदाहरण के लिए प्रसिद्ध साहित्यकार जयशंकर प्रसाद के नाटक चंद्रगुप्त के छठे दृश्य में यह वीर रस का प्रेरणादायक गीत है।
"हिमाद्रि तुंग शृंग से प्रबुद्ध शुद्ध भारती
स्वयं प्रभा समुज्ज्वला स्वतंत्रता पुकारती
'अमर्त्य वीर पुत्र हो, दृढ़-प्रतिज्ञ सोच लो,
प्रशस्त पुण्य पंथ है, बढ़े चलो, बढ़े चलो!'

असंख्य कीर्ति-रश्मियाँ विकीर्ण दिव्य दाह-सी
सपूत मातृभूमि के- रुको न शूर साहसी!
अराति सैन्य सिंधु में, सुवाडवाग्नि से जलो,
प्रवीर हो जयी बनो - बढ़े चलो, बढ़े चलो!"

मैथिलीशरणगुप्त, माखनलाल चतुर्वेदी, सोहनलाल द्विवेदी, सुभद्राकुमारी चौहान, दिनकर, बालकृष्ण शर्मा 'नवीन', रामकुमार वर्मा, निराला, प्रसाद, पंत

आदि ने भौगोलिक,आर्थिक, जैविक तत्त्वों को महत्त्व देकर राष्ट्र मानस में नयी स्फूर्ति और प्रेरणा संचारित करने वाले ओजस्वी, उद्बोधनपरक स्वरों को पुष्ट किया है।

छायावाद भारतीय राष्ट्रीयता के चरम दौर में उपजी थी जब राजनीति सांस्कृतिक शक्ति में और संस्कृति राजनैतिक शक्ति में परिवर्तित हो रही थी तब छायावादी कवि मौलिक सांस्कृतिक दृष्टि को विस्तार दे रहा था । कवि कल्पनाशील अवश्य था पर उसकी इतिहास दृष्टि प्रखर थी और समग्र विश्वदृष्टि को लेकर अवतरित हुआ था इसलिए उसकी स्वाधीनता दृष्टि भी व्यापक थी-

स्वाधीन-

स्वाधीन है यह विश्व

अथवा है पराधीन?

आज तक कितने ही गूढ़ मस्तिष्कों में

आया है प्रश्न,

पर उत्तर अज्ञात-

अज्ञात ही बना रहा।

छायावाद की सांस्कृतिक चेतना चिन्मय राष्ट्र भाव से अभिभूत है और मृण्मय स्वरूप में निहित चिन्मयता को अभिव्यक्त करता है-

"भारत ही जीवन-धन

ज्योतिर्मय परम-रमण

सर-सरिता वन-उपवन।

तप: पुंज गिरि-कंदर

निर्झर के स्वर-पुष्कर

दिक्-प्रांतर मर्म-मुखर

मानव माव-जीवन।

धौत-धवल ऋतु के पल

संचारण चरण-चपल

कारण-वारण वल्कल-

धारण, सुकृतोच्चारण।

नहीं कहीं जड़-जघन्य

स्वाधीनता आन्दोलन और हिन्दी कविता

नहीं कहीं अहम्मन्य
नहीं कहीं स्तन्य-वन्य
चिन्मय केवल चिन्तन।"

कवि का राष्ट्रप्रेम मृण्मय भारत का अतिक्रमण कर चिन्मय जगत में प्रवेश करता है। देश का भौतिक जीवन जब नष्ट हो रहा होता है और भविष्य अंधकारमय लगता है तब राष्ट्र का चिन्मय और शाश्वत स्वरूप ही राष्ट्रीय-साँस्कृतिक विश्वदृष्टि की बुनियाद से शक्ति प्राप्त करता है।

बाह्यतः राष्ट्र की राजनीतिक मुक्ति के लिए विदेशी साम्राज्यवादी शक्ति से उसका संघर्ष चल रहा था पर उसके संघर्ष का एक आंतरिक आयाम भी था जिसका सम्बन्ध एक नवीन साँस्कृतिक दृष्टि के विकास से था। इस मोर्चें पर एक ओर अपनी साँस्कृतिक विश्व दृष्टि की भीतरी रुग्णता से लड़ना पड़ रहा था और दूसरी ओर पश्चिम की जड़ भौतिकतावादी विश्वदृष्टि से, जिससे कि भारतवर्ष का मेधावी एवं सामान्य जन दोनों ही धीरे-धीरे आक्रांत होते जा रहे थे। उस युग की राष्ट्रीय साँस्कृतिक दृष्टि की बुनियादी कमजोरी यह थी कि उसमें आलोचनात्मक दृष्टि का लगभग एकांत अभाव था। पी सी जोशी ने ठीक ही लिखा है- 'इसमें कोई संदेह नहीं कि भारत में राष्ट्रवाद के साँस्कृतिक परिवेश की अपनी कमजोरी थी। जहां तक राष्ट्रीय चेतना में उसके योग का प्रश्न है, साँस्कृतिक मंच से भारत के पुरातन समाज और संस्कृति के प्रति आत्मालोचना की भावना जगाने की प्रवृत्ति कमजोर रही। पुराने समाज और संस्कृति को गौरवपूर्ण और आदर्शीकृत रूप में प्रस्तुत करने की प्रवृत्ति बलवती रही। इस रूढ़िवादी प्रवृत्ति के हानिकारक परिणाम हम आज अपने राष्ट्र जीवन में पाते हैं। उस युग के साहित्य में समाज के प्रति आलोचनात्मक रुख का अभाव स्पष्ट प्रकट होता है। यह बात राष्ट्रीय चेतना का रूप देने वाली महान कृतियों में साफ दीखती है। बंकिम के 'आनंदमठ', मैथिलीशरण गुप्त के 'भारत-भारती' और हाली के 'मुसद्दस' में जो राष्ट्रीयता आकार पाती है, वह साम्राज्यी हस्तक्षेप की आलोचना से कतराती है, बल्कि उनके यानी पुरातन भारतीय समाज और संस्कृति की आलोचनात्मक आदर्शीकरण को प्राथमिकता देती है। साँस्कृतिक पुनरुत्थान के इन रूपों ने राष्ट्रीय चेतना को तीव्र तो

किया, पर साथ ही आलोचनात्मक सामाजिक चेतना को कुण्ठित किया।"

निराला की कविता 'खंडहर' में अतीत गौरवगान उपरोक्त कथन को पुष्ट करता है-

"आर्त भारत! जनक हूँ मैं
जैमिनि-पतंजलि-व्यास ऋषियों का;
मेरी ही गोद पर शैशव-विनोद कर
तेरा है बढ़ाया मान
राम-कृष्ण-भीमार्जुन-भीष्म-नरदेवों ने।"
सोहनलाल द्विवेदी लिखते हैं-
"सुना रहा हूँ तुम्हें भैरवी
जागो मेरे सोने वाले!
.....
भूल गए वृन्दावन मथुरा
भूल गए क्या दिल्ली झाँसी
भूल गए उज्जैन अवन्ती
भूले सभी अयोध्या काशी।"

प्रसाद की 'पेशोला की प्रतिध्वनि', शेरशाह का शस्त्र समर्पण', महाराणा का महत्त्व, प्रलय की छाया सोहनलाल द्विवेदी की 'राणा प्रताप के प्रति', निराला की 'खंडहर के प्रति' आदि कविताएँ साम्राजी हस्तक्षेप से कतराती हुई अतीत का आदर्श चित्र प्रस्तुत करती हैं।

उन्नीसवीं सदी के उत्तरार्द्ध में हिन्दी साहित्य की विविध विधाओं एवं विचारों का जन्म हो रहा था। साथ ही हिन्दू और मुस्लिम धर्मों के भद्रवर्ग धार्मिक प्रतीकों को गठित कर रहे थे। इन सबका निर्माण राष्ट्र की अवधारणा को विकसित करने के लिए हो रहा था। हिन्दी नवजागरण काल में ऐतिहासिक मिथकीय चरित्रों से लेकर भाषा, धर्म, गाय, स्त्री, भारत माता, परिवार आदि को राष्ट्र के प्रतीकों के रूप में ढाला गया। यह राष्ट्र धर्म निरपेक्ष नहीं था बल्कि हिन्दी साहित्य में राष्ट्र का

स्वाधीनता आन्दोलन और हिन्दी कविता

स्वरूप मध्यकाल के समकक्ष हिन्दू आत्मबोध के निर्माण की प्रक्रिया थी । यूरोप की भौतिक श्रेष्ठता के समनुकूल पूर्व की आध्यात्मिक श्रेष्ठता का महिमामंडन होने लगा । पार्थ चैटर्जी ने 'नेशन एंड इट्स फ्रेगमेंट्स' में धर्म और भाषा को राष्ट्र निर्माण की प्रक्रिया में अनुकूलित होने की विधि पर विस्तार से चर्चा की है । सन् 1997 ई. में प्रकाशित वसुधा डालमिया की पुस्तक 'द नेशनलाईज़ेशन ऑफ हिन्दू ट्रेडिशन: भारतेन्दु हरिश्चंद्र एंड नाईनटीन्थ सेंचुरी बनारस' और सुधीर चंद्रा की 'द आप्रेसिव प्रेसेंट' में हिन्दी साहित्य के वर्ण एवं वर्ग चरित्र पर लिखा है । फ्रांचेस्का ओरेसिनी ने 'जुरगन हाईबरमास' की 'पब्लिक स्फीयर' की संकल्पना का उपयोग करते हुए -' दि हिन्दी पब्लिक स्फीयर'1920-1940-लैंग्वेज एंड लिटरेचर इन द एज ऑफ नेशनलिज्म' में अपने अध्ययन द्वारा यह दर्शाया है कि किस प्रकार लोकप्रिय साहित्य को दरकिनार करके साहित्यिक पत्रिकाओं ने 'एलिटिस्ट' या 'भद्र' हिन्दी लोक का निर्माण किया । बेनिडिक्ट एंडर्सन ने 'इमैजिन्ड कम्यूनिटीस: रिफ्लेक्शन्स ऑन दि ओरिजिन एंड स्प्रेड ऑफ़ नेशनलिज्म' दर्शाया कि आधुनिक राष्ट्र एक परिकल्पित समुदाय है ।

गाँधी के बाद इस विकासशील राष्ट्र में भारतीय अस्मिता एवं सांस्कृतिक मुक्ति की वह धारा गतिरुद्ध हो गयी जो राजनीतिक स्वतंत्रता के संघर्ष के दौर में समानांतर चल रही थी । राजनीतिक मुक्ति सत्ता का हस्तांतरण मात्र सिद्ध हुई और असफलता का वह बोध काव्य में निषेध की मुद्रा का रूप धारण करता है । यहीं से कवि महसूस करता है कि राष्ट्रीय जीवन-प्रणाली से संस्कारों के वे बंधन छूटते जा रहे हैं जो न तो जीवन के व्यापक नियम से प्राणवान हैं और न अपने देशगत संस्कार से संभूत । उसके सामने यह प्रश्न महत्त्वपूर्ण हो उठा कि राजनैतिक रूप से स्वतंत्र होते हुए भी पश्चिम की नकल के रूप में भारत क्या अपनी सांस्कृतिक अस्मिता और सृजनात्मकता खो बैठेगा? क्या यह राष्ट्र यूरोप के इतिहास में ही विकास के आदर्श को ढूँढेगा ? व्यक्तिवाद, स्वार्थपरता, प्रतिस्पर्द्धा और धनलिप्सा की उन्हीं प्रवृत्तियों को ही उभारेगा जो औद्योगीकरण की प्रेरक शक्तियाँ थीं ? क्या प्रगति यूरोप का पर्याय बन जाएगी? यह चेतना, यह पीड़ा ही स्वतंत्र राष्ट्र में जागरण का आयाम था । निषेध की मुद्रा परिवर्तन की कामना का द्योतक है । कवि ने पहचाना कि राष्ट्रीय जागरण का अभियान अधूरा रह गया । यहीं से स्वातंत्र्योत्तर कवि की मोहभंग की काव्ययात्रा आरंभ होती है और मुक्तिबोध, धूमिल, नागार्जुन, केदारनाथ जैसे कवियों

से लेकर आज तक के कवियों जैसे बदरीनारायण, राजेश जोशी, कात्यायनी, भगवत रावत, निर्मला पुतुल, अरुण कमल, विजेंद्र, ज्ञानेंद्रपति, वीरेन डंगवाल, अष्टभुजा शुक्ल, अनामिका आदि में मुखर होती है । स्वतंत्र भारत में महानगरीय मध्यवर्गीयों, उच्चवर्णीय मोहभंग व्यवस्था विरोध करता है । फ्रांचेस्का ओरसिनी ने इसी पृष्ठभूमि पर अपने विशद अध्ययन द्वारा दर्शाया कि पाठशालाओं से लेकर विश्वविद्यालयों तक के पाठ्यक्रमों में उच्च वर्ग एवं वर्ण के लेखन का वर्चस्व रहा । मन्मथनाथ गुप्त के 'क्रांतिकारी आंदोलन का वैचारिक इतिहास' जैसी कृतियाँ सामने नहीं आतीं । 'कविता के नए प्रतिमान' में आचार्य नामवर सिंह ने 'अनुभूति की प्रामाणिकता' पर विशेष बल दिया था परंतु आज भी स्त्री, दलित, आदिवासी आदि लेखन को हाशिए पर ही है । इनकी अनुभूति की प्रामाणिकता अभी भी संघर्षरत है । किसी समय आचार्य हजारीप्रसाद द्विवेदी को बनारस हिन्दू विश्वविद्यालय के हिन्दी पाठ्यक्रम में कबीर को शामिल करने में जो प्रतिरोध सहना पड़ा वैसा ही आधिपत्य, मुख्यधारा की केंद्रीयता तथा श्रेष्ठता का दंभ तथाकथित हाशिए के लेखन को सहना पड़ रहा है । स्वतंत्रता आंदोलन अंग्रेज़ों के सभ्यता विषयक दर्प और दमन तथा उपनिवेशवादी वृत्ति से मुक्ति का आंदोलन था तो स्वातंत्र्योत्तर काल में आज़ादी के सही अर्थ को खोजता हुआ तीव्र तेवर । राष्ट्रीय जागरण की चेतना निरंतर बेहतर दुनिया चाहती है –

जिस दुनिया में लिखी जाएँगी
बेहतर कविताएँ
वही होगी बेहतर दुनिया
शब्द और अर्थ नहीं है कविता
सबसे सुंदर कविता है
सबसे अच्छे आदमी का।।

*यह आलेख मेरी निम्न तीन पुस्तकों पर आधारित संक्षिप्त प्रस्तुतिकरण है।

                                   स्वाधीनता आन्दोलन और हिन्दी कविता

संदर्भ ग्रंथ

1. 1857 का स्वाधीनता संग्राम-भारतेन्दु युग के साहित्य पर प्रभाव, डॉ एस पद्मप्रिया, सं 2008, आईएसबीएन-81-86907-04-1

2. आधुनिक हिन्दी कविता-राष्ट्रीय साँस्कृतिक जागरण के संदर्भ में, डॉ एस पद्मप्रिया, मिलिन्द प्रकाशन, हैदराबाद, सं. 2010, आईएसबीएन: 81-86907-44-0

3. आधुनिक कविता का व्हलतानशाउँड, पद्मप्रिया श्रीरामकवचम,मिलिन्द प्रकाशन, हैदराबाद सं. 2019, ISBN:978-81-7276-178-3

4. http://kavitakosh.org

*****

स्वाधीनता आन्दोलन और हिन्दी फिल्मी गीत

डॉ. सी. कामेश्वरी एवं श्रीमती पदमा भार्गव

सारांश :

सोने की चिड़िया कहलाने वाला हमारा देश भारत, हिन्द या हिन्दुस्तान, मानव सभ्यता की शुरुआत से ही अपने अनोखेपन के कारण विश्व में एक विशिष्ट स्थान रखता है। अंग्रेज़ हमारी समृद्धि को देख सकपका गए और अपना कुतंत्र चलाने में सफल रहे। भारत को उपनिवेश बनाकर अपनी वस्तुएँ बेचने के लिए वे भारत आए और यहाँ के लोगों, उनकी दयनीय स्थिति, आर्थिक विपन्नता को देखा, मानसिक तौर पर उन्हें कमज़ोर कर उनको अपने वश में करने के अनेक प्रयास किए और हरेक प्रयास में सफल हुए। समाज का परिचय जब सिनेमा से हुआ तो मानो जैसे उनको एक नयी राह मिल गई और उस समय के निर्माता, निर्देशकों, गीतकार और संगीतकारों ने ऐसे-ऐसे फिल्मी गीत बनाए, जिन्हें देखकर, सुनकर, नौजवान उत्साह से पूर्ण हो जाते थे और स्वाधीनता आन्दोलन में पूर्ण सहयोग दे पाते थे, जिसके परिणामस्वरूप भारत, इतिहास के पन्नों में स्वतंत्र देश के रूप में उभर कर आया।

मुख्य शब्द : फिल्म, स्वाधीनता आन्दोलन, योगदान, सामाजिक समस्याओं का हल।

विस्तार : भारत में कुतंत्र की चाल चलने, यहाँ की संपत्ति, समृद्धि को हथियाने के उद्देश्य से भारत आए। अंग्रेज़ प्रारम्भिक दौर में, निम्न स्तर के लोगों को पैसों का लालच दिया, राजा-महाराजाओं के बीच वैर-फूट की भावना, उनकी कमियों को ढूँढने में सफल हुए। समाज में एकता को तोड़ने का काम किया जिससे ऊँच-नीच की भावना कायम होने लगी। राजनीतिक उथल-पुथल, आपसी विद्वेष के कारण देश में समन्वय की कमी होने लगी। अंग्रेज़ों ने इस जर्जर स्थिति का पूरा-पूरा लाभ उठाया और देश पर शासन करने पर उतारु हो गए। चारों ओर उनका बोल-बाला होने लगा और वे अपना धाक जमाने में कामयाब हो गए। गाँवों के लघु उद्योग धंधे नष्ट कर दिए, लोगों पर ऐसे अत्याचार किए कि वे तड़प उठते थे। निर्बल और कमज़ोर राजाओं ने हथियार डाल दिए, विपन्न लोग अंग्रेज़ों की दासता करने को बाध्य हो गए, भारतीय उनके चुंगल में फँसते चले गए और स्वतंत्र होने को छटपटाने लगे। लोगों को यह समझते देर नहीं लगी कि वे एक ऐसी दलदल में फँस गए हैं, जहाँ से निकलना सहज नहीं था। आशा की कोई किरण दिखाई नहीं दे रही थी, अनेक वर्षों की सहनशीलता, सब्र और धैर्य का फल आखिर मिल ही गया।

लेखकों, कवियों का योगदान :

सन् 1857 ई. की क्रान्ति की शुरुआत, स्वाधीनता आन्दोलन का बिगुल बजा, समाज के हरेक वर्ग के लोगों ने उसमें अपना योगदान दिया। ईस्ट इंडिया कंपनी की नीतियों के कारण देश में एक ओर लोग कर के बोझ, अकाल, महामारी से त्रस्त-ग्रस्त होकर जीवन यापन कर रहे थे, दूसरी ओर हमारे विद्वान, लेखक, कवि, लोगों के जीवन में व्याप्त दु:ख-दर्द को समझते हुए, उनकी तड़प को शब्दों में समेटने का प्रयास कर रहे थे। रवींद्र नाथ ठाकुर, रामधारी सिंह दिनकर, मैथिलीशरण गुप्त, बालकृष्ण नवीन, जैसे कवियों ने अपनी ओजमयी शैली में, जोश भरे शब्दों में, लोगों को जागृत किया।

लेकर राज कंपनी के कर सौ निज हाथन,
किय सनाथ भोली भारत की प्रजा अनाथन।।

भारतेन्दु हरिश्चंद्र ने 'निज भाषा' की आवश्यकता पर ज़ोर दिया और सोए हुए राष्ट्र को जगाया । ग्रामों की जड़ता टूटी, एक गांव से दूसरे गांव, गांव से शहरों का संपर्क हुआ और हमारी अर्थव्यवस्था राष्ट्रोन्मुख हुई । 'भारत भाग्य विधाता' कहकर ठाकुर जी ने भविष्यवाणी भी की और उसी का परिणाम हुआ कि हम आ ज़ाद और एक स्वतंत्र देश के रूप में उभर कर आ सके ।

भारतेन्दु हरिश्चंद्र के साथ-साथ प्रताप नारायण मिश्र, बदरीनारायण चौधरी 'प्रेमघन', अंबिका दास दत्त, राधाचरण गोस्वामी जैसे कवियों ने कविता की विषयवस्तु में परिवर्तन लाया । देशानुराग, राजभक्ति, देश प्रेम, सामाजिक दुर्व्यवस्था के प्रति चिंता, सामाजिक कुरीतियों का खंडन, आर्थिक अवनीति के प्रति क्षोभ प्रकट कर, बाल विवाह, रूढ़ियों का खंडन, स्त्री-शिक्षा, स्त्री स्वतंत्रता पर ज़ोर दिया । देश की दशा सुधारने के लिए प्रार्थनाएँ भी की । उन्होंने उन परिस्थितियों को प्रकाश में लाना चाहा जो हमारे देश को कमज़ोर बना रही थी, एक तरह से उसके अपकर्ष के कारणों का पता लगाना प्रारम्भ किया । भारतेन्दु जी की 'विजयिनी विजय वैजयंती, प्रेमघन की 'आनंद अरुणोदय', प्रताप नारायण मिश्र जी की 'महापर्व' और 'नया संवत' तथा राधाकृष्ण दास की 'भारत बारहमासा', देशभक्ति की भावना से ओतप्रोत कविताएँ थीं, जिसमें भारत के गौरवशाली अतीत का गान था । 'हमारो उत्तम भारत देश', राधाचरण गोस्वामी और प्रेमघन की 'धन्य भूमि भारत सब रतननि की उपजावनि', राष्ट्रीयता की भावना को प्रदर्शित करती हैं ।

अंग्रेज़ों की शोषण नीति पर व्यंग्य करते हुए –
भीतर-भीतर सब रस चूसै, हंसि-हंसि के तन मन धन मूसै ।
जाहिर बातन में अति तेज़ क्यों सखि साजन नहिं अंगरेज़ ॥

ऐसी परिस्थितियों से होते हुए उस समय के कवियों ने अपना सशक्त स्वर प्रदान कर रचनाएँ की, लोग सजग हुए, यह बात नहीं थी कि उस से पहले क्रांति नहीं हुई, आन्दोलन नहीं हुए थे, हुए थे, परन्तु सन् 1857 ई. की क्रांति कुछ अनोखी थी । हमें रजवाड़ों में तैनात विदेशियों की दखलअंदाजी झेलनी पड़ी थी, राजनीतिक, आर्थिक, सैनिक ताकत, खत्म कर दी गई थी । राजा कमज़ोर होने लगे थे, बाघों का

स्वाधीनता आन्दोलन और हिन्दी कविता

शिकार करने में स्वयं भारतीय राजाओं और सैनिकों ने उनकी सहायता की, अपने ही हाथों अपनी वन्य संपदा को खत्म होते देख वे चूं तक नहीं कर पाए। उच्च वर्ग और निम्न वर्ग के बीच का अंतर बढ़ता जा रहा था।

भारत का प्रारंभिक दौर :

भारत का दौरा करने के लिए जब मार्क ट्वैन आए, तब भारत की आबादी 20 करोड़ थी, उन्होंने 5000 वर्षों से विकसित इस इलाके को देखा, उससे प्रभावित हुए और कहा कि भारत में मानव जाति पली-बढ़ी है, यहीं इंसानी बोली का जन्म हुआ है, इसे ऐतिहासिक गाथाओं और परंपराओं की दादी और परदादी कहा जा सकता है। उस समय, देश निरंतर बदलाव कर रहा था, यह भारत अब मुगल सल्तनत द्वारा संगठित भारत नहीं था। सन् 1530 से 1707 ई. तक मुगल साम्राज्य, अफ़ग़ानिस्तान से लेकर भारत के आखिरी छोर, उपमहाद्वीप तक फैला हुआ था। अनेक इमारतों और स्मारकों के निर्माण का यही काल था, जो आज भी हमें देखने को मिलती हैं, दुनिया के अजूबों में से एक ताजमहल भी तभी बना। सन् 1862 ई. में बहादुर शाहजफर के अन्त के बाद, मुगल सल्तनत का भी अन्त हो गया। राजनैतिक अस्थिरता के दौर से चलते हुए छोटी-छोटी रियासतों, कबीलों, समुदायों का जन्म हुआ, शासन करने वाले की ताकत में ऐसा खालीपन आया कि कोई भर नहीं पाया। सन् 1903 ई. में, भारत में थॉमस आर्नाट के फिल्माये एक चित्र के आधार पर यह ज्ञात होता है कि अंग्रेज़ पहली बार सन् 1608 ई. में ईस्ट इंडिया कंपनी के दौरे में व्यापार करने के उद्देश्य से भारत आए थे। समय के साथ-साथ उनका उद्देश्य बदला, उनकी इच्छाएँ बढ़ीं, उनकी राजनीतिक आकांक्षाएँ सामने आईं। उन्हें यह अच्छी तरह पता चल गया कि भारत में संसाधनों की भरमार है, ईस्ट इंडिया कंपनी ने अपना एकाधिकार, अपना सैनिक और प्रशासन प्रभाव बढ़ा लिया और स्थानीय लोगों के विद्रोह को कुचल दिया।

सिनेमा / चलचित्र / फिल्मों का प्रभाव :

राजनीतिक उथल-पुथल, दिन-दिन हो रहे परिवर्तन को आम लोग अनुभव कर रहे थे, परन्तु उससे उबरने के लिए आवश्यक शक्ति, एकता की भावना, कायम करने के लिए लेखकों, कवियों, इतिहासकारों ने अपना योगदान दिया । अपनी ओजमयी भाषा, जोशीले शब्दों का प्रयोग करते हुए कविताएँ, भाषण, नारे लगाने लगे, नाटकों का मंचन शुरू हुआ, जिससे देश हित की बातें घर-घर पहुंची । देश को स्वतंत्र करने की आवश्यकता लोगों को महसूस होने लगी। यही वह समय था जब समाज में लोग सिनेमा से रूबरू हुए । चलचित्र के दृश्य लोगों के दिलोदिमाग को प्रभावित करने लगे । पटकथा से अधिक उसके गीतों को लोगों ने हृदयंगम करना शुरू किया । अब निर्माता-निर्देशकों ने इसे अपना कर्त्तव्य मान लिया कि उन को ऐसी फिल्में अधिक मात्रा में बनानी है । एक तरफ नाटक, दूसरी तरफ फिल्म लोगों की मन:स्थिति पर अधिकार करने में सफल हुए ।

फिल्मी गीतों का योगदान :

सन् 1943 ई. में बॉम्बे टॉकीज द्वारा निर्मित फिल्म 'किस्मत' में चित्रित गाने - *'दूर हटो ए दुनियावालो हिंदुस्तान हमारा है'*, ने धूम मचा दी । यह फिल्म द्वितीय विश्व युद्ध के दौरान रिलीज़ हुई थी, जो जर्मनों और जापानियों को केन्द्रित करके बनाई गई थी, उनको प्रेरित करने वाले ये गीत लोगों को, सैनिकों को, जोश से भर देते थे । *'शुरू हुआ है जंग तुम्हारा जाग उठो हिंदुस्तानी, तुम न किसी के आगे झुकना जर्मन हो या जापानी, आज सभी के लिए हमारा यही कौमी नारा है'*- गीत, आग में घी का काम कर गया । महात्मा गांधी का देशवासियों को 'भारत छोड़ो आंदोलन' में भाग लेने के लिए आह्वान और अनिल बिस्वास का इस गाने को संकलित करने का उद्देश्य स्पष्ट था, देश भक्ति से ओत-प्रोत यह गीत लोगों के मन को झकझोरने के लिए ही थी, यह भी स्पष्ट हो गया । जब बडे पर्दे पर 'किस्मत' चलती थी तब दर्शक उसके गाने को अनेकों बार चलाने को कहते थे । गीत के बोल लोगों को उतना ही उत्साह से भर देते थे जितना कि गीत में फिल्माए गए लोग, नेता-अभिनेता जोश से पूर्ण पर्दे में दिखाई देते हैं ।

वर्ष 1938 में महबूब खान द्वारा निर्देशित एक कॉस्ट्यूम ड्रामा 'वतन' पर्दे की शान बना, जिसमें रूसी नीतियों को चित्रित किया गया था, यह भारत पर ब्रिटिश

 स्वाधीनता आन्दोलन और हिन्दी कविता

राज्य की जंग के प्रतीकात्मक रूप में ही था । अनिल बिस्वास द्वारा रचित उसका एक गीत था *जहां तू है, वही मेरा वतन है*', इस रचना ने लोगों को बहुत प्रभावित किया।

वर्ष 1941 में, सोहराब मोदी की 'सिकंदर' पर्दे पर आई। इसका एक गीत था, 'जीते देश हमारा, भारत है संसार हमारा', हालांकि यह ग्रीक शासक अलेक्जेंडर की सेनाओं के खिलाफ जीत के लिए एक प्रार्थना थी, परन्तु इस गीत ने भारतीयों में राष्ट्रीय भावनाओं को बढ़ावा दिया।

भारत में पहली प्रतिबंधित फिल्म - *'भक्त विदुर'*, वर्ष 1921 में बनी, जब ज़माना मूक फिल्मों का था। यह फिल्म भारत में 'रौलेट एक्ट' पारित होने के तुरंत बाद आई थी। *'विदुर'* एक हिंदू पौराणिक पात्र है, जो महात्मा गांधी के व्यक्तित्व पर चित्रित था। फिल्म में कुछ दृश्य ऐसे थे जहाँ *विदुर*, गांधी टोपी और खद्दर पहने हुए गांधी की ही भांति दिखता था, इस में भारत की समकालीन राजनीतिक घटनाओं के अनेक प्रसंग दिखाए गए थे। इसका परिणाम यह हुआ कि फिल्म पर प्रतिबंध लगा दिया गया क्योंकि सेंसर का यह मानना था कि फिल्म सरकार के खिलाफ असंतुष्टि दिखाकर लोगों को असहयोग के लिए प्रेरित कर सकती है।

आज़ादी के पूर्व के दौर के गीतों और फिल्मों ने राष्ट्रवादी विचार धारा में ईंधन का काम किया, देश प्रेम, देश भक्ति की भावनाओं को उद्दीप्त करने में सफल हुए। ये गाने मशहूर तो नहीं हुए थे, फिर भी स्वाधीनता आन्दोलन में पर्याप्त योगदान देने में सफल रहे।

वर्ष 1940 में बनी फिल्म 'बंधन' का एक गीत था – '*चल चल रे नौजवान, कहना मेरा मान*', शायद कई लोग इसे जानते हैं, कवि प्रदीप इसके गीतकार थे और संगीत निर्देशक रामचन्द्र पाल थे। वर्ष 1969 में जब इस गीत का '*एक फूल दो माली*' में पैरोडी बना, तब शायद ज्यादातर लोगों ने इसे पहली बार सुना था। यह गाना काफी लोकप्रिय हुआ, इतना कि जब फिल्म दिल्ली के पर्दे पर चली तो दर्शक चाहते थे कि गीत को फिर से दिखाया जाए, तो फिल्म खत्म होने के बाद इसे फिर से खेला जाता था। यह बच्चों के लिए एक प्रेरणादायक और कदम ताल का गीत था, इस कारण इसे उस समय की स्कूल की हिन्दी पुस्तकों में शामिल किया गया था। इस गीत के अनेक संस्करण भी थे जिसमें से बाल कलाकार सुरेश का गीत सबसे

प्रसिद्ध हुआ। इस गीत का प्रभाव इतना अधिक था कि जब एस मुखर्जी, अशोक कुमार, कवि प्रदीप और अन्य ने बॉम्बे टॉकीज छोड़ कर फिल्मीस्तान स्टूडियो की स्थापना की, तब वर्ष 1944 में उनकी पहली फिल्म जो बनी, उसका नाम - *'चल चल रे नौजवान' !*, रखा गया। इस फिल्म का एक प्रेरणादायक गीत था - *'जय भारत देश, तेरी जय, भारत के नौजवानों चलो एक राह पर, ऐ हिंदू मुसलमानों चलो एक राह पर'*, जिसे गाया था अशोक कुमार ने और गुलाम हैदर ने इसे संगीत बद्ध किया था।

वर्ष 1944 में, फिल्म *'भाई'* का गीत - *'हिन्दू मुस्लिम सिख इसाई, आपस में हैं भाई-भाई'*, वर्ष 1943 में *'पूंजी'* बनी थी, जिसका गीत था - *'हे माता!, अब जाग उठे हैं हम'*, ये गीत लोगों के बहुत करीब आए जो भारत माता को आज़ाद करने के लिए पर्याप्त थे। वर्ष 1944 में बने *'पहले आप'* में नौशाद के तर्ज़ पर मोहम्मद रफी का गाया गीत, जो बहुत मशहूर हुआ था, वह है - *'हिन्दुस्तान के हम हैं, हिन्दुस्तान हमारा, हिन्दू-मुस्लिम दोनों की आँखों का तारा'*। वर्ष 1946 में, नूरजहाँ ने 'हमजोली' में एक देश भक्ति गीत गाया था - *'ये देश हमारा प्यारा, हिन्दुस्तान जहाँ से प्यारा'*, लता मंगेशकर ने 'सोना चांदी' में *'प्यारे बापू के चरणों की ले लो कसम, प्यारे-प्यारे तिरंगे की ले लो कसम'*, गाया था, देव आनन्द की पहली फिल्म 'हम एक हैं', का गाना था *'हम जाग उठे हैं सो कर'*, जिसके रचयिता थे - हंसलाल भगतराम। वर्ष 1938 में, नादिया की फिल्म 'लुटेरे ललना' का गाना था *'जुग-जुग चमके हिन्द का तारा'*, *'झण्डा ऊँचा रहे हमारा'*, जो बाद में हमारे स्वतंत्रता सेनानियों का गीत बनकर उभर आया। इसी बोल पर बने और दो गाने जो 'वीर भारत' (1934) और 'जय भारत' (1936) में थे, भी बहुत मशहूर हुए। बॉम्बे टाकीज का एक फिल्म वर्ष 1941 में बना -'अनजान', जिसका गाना था - *'खींचो कमान खींचो, ओ भारत माँ के नौजवान'*, जोशीले गानों की श्रृंखला में आते हैं।

वर्ष 1945 में, विमल रॉय द्वारा निर्देशित फिल्म बनी - 'हमराही', जिसमें रवीन्द्रनाथ ठाकुर द्वारा रचित गीत *'जन गण मन'* था, जिसमें और भी छंद सम्मिलित थे, बात में यही गीत हमारे देश का 'राष्ट्र गान' बन गया। इसी फिल्म का एक और गीत था – *'बढ़े चलो, बढ़े चलो, बढ़े चलो, जवानों'*।

वर्ष 1947 में, बनी 'एक कदम' जिसने लोगों को रोमांचित कर दिया, क्योंकि उसके पोस्टरों पर नेताजी सुभाष चन्द्र बोस का चित्र था।

इस प्रकार ऐसे कई गीत हैं जो स्वाधीनता आंदोलन के दौरान निर्मित हुए, जिन्होंने स्वाधीनता संग्राम में अपना पूरा-पूरा सहयोग दिया। ऐसे ही कुछ फिल्मों और उनके गीतों का विवरण इस प्रकार है:

क्रम संख्या	वर्ष (फिल्म निर्माण)	फिल्म का नाम	गीत के बोल
1	1936	अमर प्रेम	'हमारा प्यारा हिंदुस्तान प्यारा हिंदुस्तान'
2	1936	जय भारत	'हम वतन के वतन हमारा भारत माता जय जय जय'
3	1936	भारत की बेटी	– 'है धन्य तू भारत नारी महिमा है तेरी न्यारी'
4	1937	समाज पतन (जालिम जमाना)	'जागो जागो भारतवासी एक दिन तुम थे जगतगुरु'
5	1937	हिज हाइनेस	'भारत है सुख चैन हमारा अपना वतन है सबको प्यारा'
6	1938	तूफान एक्सप्रेस	'धरती माता बालक तेरे चरणों में शीश नवाएं'
7	1938	ब्रह्मचारी	'चलो सिपाही करो सफाई हाथ धरो झाड़ू'
8	1938	कर्मवीर (मर्द बनो	'सारे देशों से न्यारी प्यारी भारत माता हमारी'
9	1940	वसीयत	हिंद माता की हम संतान हो, नौजवानों तुम वतन की शान हो'
10	1940	आज का हिंदुस्तान	चरखा चलाओ बहनों, काटो ये कच्चे धागे'
11	1941	अमृत	'जागो जवानों, जागो जवानों, नवयुग आया रे'
12	1943	कोशिश	ए हिंद के सपूतों जागो हुआ सवेरा, हिंदू हों या मुसलमान, हम सब हैं भाई-भाई और

			हिंदुस्तान वालों, हिंदुस्तान वालों
13	1943	तकदीर	*'माता माता, मेरी माता भारत माता'*
14	1943	मुस्कुराहट	*'भारत देश हमारा, हरा भरा हरियारा'*
15	1944	चांदनी	*'वतन से चला है, वतन का सिपाही'*
16	1945	परिंदे	*'डूबते भारत को बचाओ मेरे करतार'*
17	1945	नसीब	*'हम पंछी हैं आज़ाद, हमें कोई पिंजरे में क्यों डाले'*
18	1945	गुलामी	*'ए वतन मेरे वतन, तुम पे मेरी जान निसार'*
19	1945	स्वयं से सुंदर देश हमारा (कॉल ऑफ मदरलैंड)	*'देश हमारा, देश हमारा, देश हमारा, देश हमारा, स्वर्ग से सुंदर देश हमारा'*
20	1945	पन्नाबाई	*'चल मुसाफिर, खाक वतन की लेकर, देश पराये'*
21	1946	मानसरोवर	*'जय हिंद जय हिंद, हिंद की कहानियाँ, ये हिंद की कहानियाँ*
22	1947	जंजीर	*'नाच रही थी भारत माता, आज़ादी के आंगन में'*
23	1947	अहिंसा	*'सदियों से है गुलाम, जन्मभूमि हमारी', 'आज़ाद हैं हम आज से, जेलों के ताले तोड़ दो, अंग्रेज़ों भारत छोड़ दो'*

निष्कर्ष :

सिनेमा / फिल्म / चलचित्र, सदा समाज का अभिन्न अंग रहे हैं, जो मनोरंजन के साथ-साथ प्रोत्साहन भी प्रदान करते हैं।। 'साहित्य समाज का प्रतिबम्ब होता है', उक्ति स्वत: सिद्ध है और समय-समय पर अनेक ऐसे उदाहरण हमें मिल जाएँगी जो यह सिद्ध करते हैं कि मनुष्य को प्रेरित करने वाली फिल्में अक्सर उनको उत्साह और जोश से भर देती हैं, जिससे वे दुगुनी शक्ति के साथ अपने कर्त्तव्यों की ओर उन्मुख हो जाते हैं और इनमें चित्रित गीतों ने भारतीय सामाजिक अनाचारों के

खिलाफ आवाज़ उठाने में भी भरपूर योगदान दिया, इसमें कोई अतिशयोक्ति नहीं है। ब्रिटिश पराधीनता ही नहीं, महात्मा गांधी और अन्य नेता जिन सामाजिक पक्षों के खिलाफ लड़ रहे थे, यथा - चरखा, खादी, स्वदेशी सामान को बढ़ावा, बाल विवाह, दहेज प्रथा, अनेकानेक समस्याओं के समाधान हेतु, बुराइयों के खिलाफ लड़ने का हौंसला, अनाचारों को खत्म करना आदि में सिनेमा गीत करगार सिद्ध हुए हैं ।

मनुष्य के इस अनूठे आविष्कार को हमारा सलाम।
वन्दे मातरम् । जय भारत। जय हिन्दी।

संदर्भ ग्रन्थ

1. सन् 1800-1947 रियल इंडिया – इंडिया एमर्जेंस – द राज

2. आ ज़ादी – ए ट्रिब्यूट टू इंडियास ग्रेट फ्रीडम फाइटर्स

3. मोड्रन हिस्टोरी : हिस्टोरी ऑफ इंडिया

4. हिन्दी साहित्य का इतिहास – आचार्य रामचन्द्र शुक्ल

*****

स्वाधीनता आंदोलन में हिन्दी फिल्मी गीतों की सक्रियता

प्रो. करन सिंह ऊटवाल

कला का महत्त्व खुला रहस्य हैं, कला में भी विशेषतः गीत भारत के संदर्भ में देखा जाए तो हमारी संस्कृति का एक प्रमुख अंग हैं । प्राचीन काल से ही लोकगीतों का अस्तित्व रहा है । लोकगीत हमारे प्रत्येक कार्य व्यापार से जुड़े रहे हैं। शिशु के जन्म से पूर्व ही वह गीत सुनता है । गर्भावस्था के दौरान ही शिशु के एक विशेष संस्कार के तहत सोहर गाकर सुनाया दाता है ।

भारत की संस्कृति में विभिन्न प्रकार के गीतों का उल्लेख देखा जा सकता है । उदाहरण-

1. लोकगीत: संस्कारों के गीत, ऋतुओं के गीत, श्रम गीत, व्रतों के गीत, विविध गीत आदि ।

2. शास्त्रीय संगीत पर आधारित गीत: ठुमरी, दादरा, ख्याल आदि ।

3. साहित्यिक गीत: जो अधिकतर पाठ्य होते हैं तो कहीं-कहीं साहित्य के गीतों में भी रागों के साथ उनके गायन का निर्देश दिया हुआ है। जैसे: कबीर, तुलसी तथा सूरदास के पद आदि ।

"मानवता की सभ्यता का अभिव्यक्त रूप गीत ही है। मानवता को हर गीत ने जगाया है, वह वेद में हो, क़ुरान में हो, बाइबिल में हो, गुरु ग्रंथ साहिब में हो अथवा लोकगीत हो।" (लोक साहित्य -डॉ सुरेश गौतम, पृ- 54) कहीं गीत श्रम को हल्का बनाते हैं, तो कहीं युवाओं में मस्ती भरते हैं, कहीं भजन बनकर ईश्वर से निकटता का अनुभव करवाते हैं। वर्तमान में सभी प्रकार के गीतों का समन्वय फिल्मी गीतों में देखा जा सकता है।

भारत में जैसे ही सवाक फिल्मों का दौर आया तो गीतों को अपने साथ लेकर आया। 14 मार्च, 1931 को आलम आरा फिल्म रिलीज़ हुई। इसमें 7 गीत थे। यह पहली बोलती फिल्म थी जिसका जन्म गाते हुए हुआ है। एक और रोचक तथ्य है उद्धरण के माध्यम से कहना चाहूँगा "ऐसा नहीं था कि बोलती फिल्मों से ही पहली बार गीत-संगीत का जुड़ाव फिल्मों से हुआ था। भारतीय फिल्मों में गीत संगीत का प्रभाव मूक फिल्मों के दौर से ही शुरू हो गया था। मूक फिल्मों के प्रदर्शन के समय संगीतकारों का दल अपने वाद यंत्र सहित सिनेमा हाल के स्टेज पर उपस्थित रहकर फिल्म की स्थिति व घटनाओं के अनुरूप गीत संगीत प्रस्तुत करता था। इससे दर्शकों को दृश्यों के साथ संगीत का आनंद भी मिल जाता था और फिल्म के मनोरंजन तत्त्व में वृद्धि हो जाती थी।"(हिन्दी फिल्म संगीत 75 वर्षों का सफर -अनिल भार्गव, पृ-7)

फिल्मों में गीत-संगीत का इतना महत्त्व है कि बहुत सी फिल्में केवल गीतों के बलबूते चलती थीं, जैसे: ताजमहल, पारसमणि, दोस्ती, आराधना आदि। फिल्मी गीतों के प्रभाव को देखते हुए गीतों के अभाव में फिल्म का निर्माण अपवाद ही होता है। भूत और वर्तमान की जो भी घटना हो, चलन हो, माहौल हो या भविष्य की कोई कल्पना हो सभी पर गीतों का निर्माण संभव है।

सन् 1931 ई. में जब बोलती फिल्मों का आरंभ हुआ तब देश की परिस्थिति क्या थी? इस बात से सभी परिचित हैं। उस समय देश में क्रांति की लहर चल रही थी। अधिकतर सभी वर्गों के तथा सभी आयु वर्ग के स्त्री-पुरुषों का एक ही उद्देश्य हुआ करता था कि हमें अंग्रेज़ों से देश को स्वतंत्र करना है। इसके लिए जान, माल सभी की आहुति देने के लिए सभी सन्नद्ध रहते थे। इस क्रांति की लहर में फिल्मी गीतों की अपनी कोई भूमिका न हो ऐसा संभव नहीं था। फिल्मी गीतों ने अपने सुर के साथ राष्ट्रीय चेतना को जागृत किया।

अंग्रेज़ों के ज़माने में बोलने की आज़ादी नहीं थी । देशवासी, साहित्यकार, फिल्मकार अपने जज़्बातों को अप्रत्यक्ष रूप से प्रकट करते थे । पौराणिक, ऐतिहासिक,कथानकों तथा पात्रों के द्वारा देश की आज़ादी की अभिलाषा जन-जन तक पहुँचाते, उनमें राष्ट्रीय चेतना के प्रति उत्साह संचारित करने की कोशिश करते। और इस कोशिश में भी बहुत हद तक कामयाब भी होते । ऐसे बहुत से फिल्मकार है जिन्होंने अपनी फिल्मों और फिल्मी गीतों द्वारा लोगों में देशभक्ति की भावना भरी जिनमें से कुछ हैं- भालजीपेंढारकर (वंदेमातरम आश्रम 1926 ई.), एन.आर.आचार्य (बंधन -1940,आज़ाद-1940,नया संसार-1941), होमी वाडिया, रामजी आर्य (हिंद का लाल- 1940), सोहराब मोदी (सिकंदर-1941, पृथ्वी वल्लभ-1943), देवकी कुमार बोस (अपना घर-1942), ज्ञान मुखर्जी (किस्मत-1943, चल चल रे नौजवान -1944), केदारनाथ शर्मा (भंवरा- 1943), बिमल राय (हमराही- 1945), अस्पी ईरानी (छीन ले आजादी- 1947) आदि ।

फिल्मों और फिल्मी गीतों के प्रभाव को दृष्टि में रखकर ही 5 मार्च, 1918 में अंग्रेज़ों द्वारा सिनेमैटोग्राफएक्ट लागू किया गया था । इस एक्ट के द्वारा वे यह सुनिश्चित करना चाहते थे कि कहीं फिल्मों में, उसके संवादों में व गीतों में कुछ हमारे विरोध में तो नहीं है । उन्हें जहाँ भी यह महसूस होता कि फिल्म के किसी भी पक्ष के माध्यम से स्वतंत्रता का संदेश पहुँचाया जा रहा है तो वहीं उसे वे संपादन के नाम पर फिल्म से हटा दिया करते थे । ऐसे ही **भक्त विदुर** फिल्म में विदुर के रूप को गांधी का प्रतीक मानकर उसे प्रतिबंधित कर दिया गया था ।

जब सन् 1927 ई. में **वंदेमातरम** फिल्म का निर्माण हुआ तो अंग्रेज़ों को लगा कि यह शब्द राष्ट्रीय चेतना को जागृत कर सकता है । क्योंकि वंदे मातरम गीत का अपना इतिहास है । यह सोचकर उन्होंने इस फिल्म के साथ **आश्रम** शब्द जोड़ दिया ताकि राष्ट्रीय चेतना की बात न होने का लोगों को एहसास हो । जबकि यह मूक फिल्म थी । हालांकि यह गीत फिल्म में आने से पूर्व ही क्रांतिकारियों में स्फूर्ति भरने वाला क्रांति गीत बन चुका था । इस गीत के रचयिता बंकिमचंद्र चट्टोपाध्याय हैं । सन् 1876 ई. में यह गीत रचा गया था । इसे आनंदमठ उपन्यास में सन्1882 ई. में शामिल किया गया था ।

सन् 1886 ई. में कांग्रेस अधिवेशन जो कोलकाता में हुआ था, उसमें गुरु रवींद्र नाथ टैगोर ने यह गीत देश राग तथा एक ताल में गाया था। भारत का राष्ट्रगान

  स्वाधीनता आन्दोलन और हिन्दी कविता

'जन गण मन...' गीत राष्ट्रगान बनने से पूर्व फिल्म में आ चुका था। सन् 1944 ई. में बनी बंगाली फिल्म **उदायेर पाथे** की रीमेक फिल्म **हमराही** 1945 ई. में जन गण मन...गीत रहा है। रविंद्र नाथ टैगोर द्वारा लिखित **जन गण मन...** गीत को सर्वप्रथम 27 दिसंबर 1911 ई. में कांग्रेस के अधिवेशन कोलकाता में गाया गया था। इसके संगीतकार रामचन्द्र बोरल थे।

अर्थात् फ़िल्मों का अपना अस्तित्व रहा है। पुराण, इतिहास, राष्ट्र भक्ति साहित्य को जन-जन तक पहुँचाने में फ़िल्म की अपनी पहचान रही है। प्रेमचंद भी अपने साहित्य को जन-जन तक पहुँचाने के लिए फिल्मों की ओर आए थे। वैसे तो सन् 1947 ई. से पूर्व के सैकड़ों फिल्मों में राष्ट्रीय चेतना से जुड़े गीत उपलब्ध होते हैं। लेकिन यहाँ उदाहरण के तौर पर कुछ गीतों की चर्चा की जा सकती है।

सन् 1940 ई. में **बंधन** फिल्म आई थी। इसमें कवि प्रदीप ने एक गीत लिखा था।

> *चल चल रे नौजवान*
>
> *चल चल रे नौजवान*
>
> *कहना मेरा मान 2*
>
> *चल चल रे नौजवान 2*
>
> *दूर तेरा गांव और थके तेरे पांव 2*
>
> *फिर भी तू हरदम आगे बढ़ा कदम 2*
>
> *रुकना तेरा काम नहीं, चलना तेरी शान 2*

इस गीत को संगीत दिया था सरस्वती देवी ने जो भारतीय सिनेमा की पहली महिला गीतकार हैं। इसे गाया था अशोक कुमार और लीला चिटनीस ने। इसी गीत के बोल पर सन् 1944 ई. में फिल्म का नाम **चल चल रे नौजवान** रखा था। इस गीत के गीतकार वही **कवि प्रदीप** हैं जिन्होंने आगे चलकर-

> *ए मेरे वतन के लोगों ज़रा आँख में भर लो पानी*
>
> *जो शहीद हुए हैं उनकी ज़रा याद करो कुर्बानी...*

गीत लिखा था। इस गीत को लता जी ने 26 जनवरी, 1963 ई. को दिल्ली के रामलीला मैदान में गाया था। इसे सुनकर तत्कालीन प्रधानमंत्री पंडित जवाहरलाल नेहरू की भी आँख भर आई थी। यह गीत सन् 1962 ई. में भारत चीन युद्ध के

दौरान शहीद हुए सैनिकों को श्रद्धांजलि थी।

सन् 1940 ई.में ही **आज़ाद** और **हिंद का लाल** फिल्में आई। **आज़ाद** फिल्म का गीत है-

हारिए न हिम्मत बिसारिये न राम 2

तू क्यों सोचे बंदे सबकी सोचे राम 2

हारिए न हिम्मत...

इसे गाया था रामचंद्र ने संगीतकार सरस्वती देवी तथा गीतकार जे.एस.कश्यप रहे हैं।

फिल्म: **हिंद का लाल**

डगमग डोले देश की नैया

पार लगाओ कृष्ण कन्हैया

काल तूफान ने देश को घेरा 2

छाया चारों ओर अंधेरा 2

तुम बिन कोई न और खिवय्या2

पार लगाओ...

इस गीत को गाया था मास्टर मोहम्मद ने इसके गीतकार पंडित ज्ञान चंद्र तथा इसका संगीत दिया है माधवलाल दामोदर मास्टर ने।

सन् 1941 ई. की फिल्म **नया संसार**

गायक : अरुण कुमार, कवि प्रदीप

गीतकार: कवि प्रदीप   संगीतकार: सरस्वती देवी

गीत के बोल हैं-

नया जमाना आया लोगों

नया जमाना आया। 2

आज नया संसार संग में

नई कहानी लाया

हाँ हाँ नई कहानी लाया

लो नया जमाना आया लोगों

नया जमाना आया

जग में जीवन ज्योत जगाने

आज़ादी का बिगुल बजाने

आज नया संसार नहीं धुन

नई जिंदगी लाया, हाँ हाँ नई जिंदगी लाया

लो नया जमाना आया लोगों, नया जमाना आया

इस गीत में आज़ादी का शब्द भी आया है अर्थात् वे आज़ादी पाने से अपने-आप को रोक नहीं पा रहे थे। सन् 1941 ई. में **सिकंदर** फिल्म आई। इस फिल्म में दर्शाया गया है कि सिकंदर के सैनिक विद्रोह कर देते हैं। इस दृश्य के कारण अंग्रेज़ों ने छावनियों में इस फिल्म के प्रदर्शन पर रोक लगा दी थी।

गीतकार : पं. सुदर्शन,

संगीतकार: मीर साहब, रफीकगजनवी,

गायिका: शीला

इसका गीत है-

जीते देश हमारा 2

भारत है घर बार हमारा 2

भारत के बहादुर बच्चे हैं 2

भारत है गुलज़ार हमारा

जीते देश हमारा

चरणों में सोने की लंका 2

कंठ में दरिया मोती माला

इसका रूप अनूप मनोहर 2

सर पर सुंदर ताज हिमालय

जीते देश हमारा 2

इस गीत में सिकंदर से जीते देश हमारा वाली बात है। लेकिन अप्रत्यक्ष रूप से यहाँ अंग्रेज़ों के विरुद्ध बात कही जा रही है। सन् 1942 ई. में एक फिल्म **'अपना घर'** का निर्माण हुआ

गायिका: शांता आप्टे,

गीतकार: नरोत्तम व्यास,

संगीतकार: हरिचंद बाली

इसमें एक गीत था। जिसके बोल हैं...

अपना घर 2 अपना देश है अपना घर 2

अपना घर है

देश के जितने दीनों दुखिया 2

सब ही अपनी बहन और भैया 2

उनकी सेवा प्रभु की पूजा 2

पुण्य यही बढ़कर

सबसे पुण्य यही बढ़कर

अपना देश है, अपना घर 2

घर-घर छाए रोग भगाए

लोगों को जीना सिखलाएं 2

हो जाए न्योछावर

देश पर हो जाएं न्योछावर

अपना देश है अपना घर

ऊंच-नीच के बंधन तोड़े 2

प्रभु से प्रेम का नाता जोड़े 2

मेट गुलामी ले आज़ादी 2

झंडा ऊंचा कर देश का 2

झंडा ऊंचा कर

अर्थात् जिसके पास जो हथियार थे, वे उस हथियार से लड़कर आज़ादी पाना चाहते थे। और इसी में फिल्म और फिल्मी गीत भी शामिल है।

सन् 1943 ई. में फिल्म आई थी **किस्मत**

गायिका/गायक : अमीरबाई कर्नाटकी, खान मस्ताना,

गीतकार: कवि प्रदीप

संगीतकार: अनिल कृष्ण विश्वास

गीत के बोल हैं :-

आज हिमालय की चोटी से फिर हमने ललकारा है 2

दूर हटो 3 ए दुनिया वालों हिंदुस्तान हमारा है 2

जहाँ हमारा ताजमहल है और कुतुब मीनारा है

दूर हटो 3 ए दुनिया वालों हिंदुस्तान हमारा है।

द्वितीय विश्वयुद्ध का समय सन् 1939-45 ई. के बीच रहा है। और सन् 1943 ई. में यह फिल्म आई। अंग्रेज़ों ने सोचा कि दूर हटो ए दुनिया वालों अंग्रेज़ों के पक्ष में गा रहे हैं। लेकिन गीत में अंग्रेज़ों को भी दूर हटने की बात प्रतीकात्मक रूप में है।

इसी वर्ष सन् 1943 ई. में एक फिल्म आई पृथ्वी वल्लभ

गायक: रफीकगजनवी,

गायिका: मेनका बाई,

गीतकार: पंडित सुदर्शन

संगीतकार: रफीकगजनवी

पंछी उड़ चल अपने देश 4

अपने देश की तुझको धुन है

तेरे देश में क्या-क्या गुण है

जिसकी खातिर तुझको पंछी 2

बुरा लगे परदेस 2

पंछी कैसा तेरा देश 2 पंछी

मेरे देश की अजब अदाएँ

मेरे देश की ऋतु बलाएँ

मेरा देश है स्वर्ग का टुकड़ा 2

फूले फले हमेशा 2

पंछी उड़ चल अपने देश 2 पंछी

अपने देश की संस्कृति की बात सोच कर, अपने देश अर्थात् आज़ाद देश में रहना चाहते हैं।

सन् 1944 ई. की फिल्म है: **भंवरा**

इस गीत को के. एल. सहगल ने गाया है।

गीतकार: केदार शर्मा, संगीतकार: खेमचंद प्रकाश

गीत है ...

ठुकरा रही है दुनिया हम हैं कि सो रहे है

बर्बाद हो चुके थे बर्बाद हो रहे हैं/2

सहमी हुई है देखो 2

इस बाग़ की बहारें 2

इस बाग़ की बहारें

फूलों को रौंदकर हम 2

कांटों को बो रहे हैं 2

ठुकरा रही है दुनिया ...

यह गीत का प्रतीकात्मक रूप राष्ट्रीय चेतना को झकझोर रहा है।

सन् 1947 ई. में एक फिल्म आई: **छीन ले आज़ादी**

गायक: मोहम्मदफारुकी, मोहम्मद हुसैन

संगीतकार: हंस राज बहल

गीतकार: पंडित इंदिरा

गीत के बोल हैं ...

आआआआ

आआआआआ

ओओओओओ

हम्महम्महम्महम्म

हम्महम्महम्महम्म

कमज़ोरों की लाचारों की 2

नहीं है दुनिया 2

दुनिया ताकत वालों की

दुनिया हिम्मत वालों की

कमज़ोरों की ...

फिल्म की पटकथा लेखकों, गीतकारों, निर्देशकों के मन में कहीं न कहीं यह बात होती थी कि हम चाहे पौराणिक, ऐतिहासिक, साँस्कृतिक, सामाजिक या राजनीतिक किसी विषय पर फिल्म बनाए, लेकिन प्रत्यक्ष या अप्रत्यक्ष रूप से उसमें राष्ट्रीय चेतना की बात कहेंगे । किसी न किसी प्रतीक के माध्यम से लोगों तक राष्ट्रीय चेतना जरूर पहुँचाएंगे। और इस उद्देश्य की पूर्ति में बहुत हद तक सफल भी हुए हैं । इसीलिए चाहे सैरेन्ध्री हो, सिकंदर हो, हमराही हो या किस्मत सभी फिल्मों में राष्ट्रीय चेतना का पुट देखने को मिल जाएगा । और राष्ट्रीय चेतना को प्रखर बनाने का काम राष्ट्रीय चेतना से ओत-प्रोत इन फिल्मी गीतों के गायकों द्वारा सम्पन्न होता है ।

'छीन ली आज़ादी' फिल्म आई थी जनवरी सन् 1947 ई. में और यह सुंदर संयोग भी गीत के माध्यम से पूर्णता को प्राप्त हुआ कि सचमुच भारतीयों ने अंग्रेज़ों से **'आज़ादी छीन ली'** ।

****

संदर्भ ग्रंथ

1. लोक साहित्य – सुरेश गौतम प्रथम संस्करण : 2008, प्रकाशक : संजय प्रकाशन,दिल्ली
2. हिन्दी फिल्म संगीत 75 वर्षों का सफर, अनिल भार्गव
3. स्वतंत्रता संग्राम और हिन्दी – संपादन – डॉ. (श्रीमती) मीना गौतम, प्रकाशक: राष्ट्रीय अभिलेखागार, जनपथ, नई दिल्ली 110001
4. हिन्दी साहित्य के विविध आयाम: वैश्विक परिदृश्य, संपादक – राजेश अग्रवाल व अन्य, प्रकाशक: मिलिंद प्रकाशन, हैदराबाद

Websites

   1. https:// www.cbfcmedia.gov.in
   2. https:// www.jagran.com
   3. https://hindi.webdunia.com
   4. https://bbc.com>hindiindia
   5. https://www.sirfsach.in
   6. https://cinestaan.com
   7. https://hi.m.wikipedia.org
   8. https://en.m.wikipedia.org
   9. https://m.hindigeetmala.net
   10 https://bharatdiscovery.org
   11 https://m.imdb.com
   12 https://www.filmsongs.in
   13 https://m.youtube.com
   14 https://www.jiosaavn.com>song>
   15 https://www.jiosaavn.com>lyrics>
   16 https://www.gaana.com
   17 https:/myswar.co>song
   18 https://www.indianfilmhistory.com

स्वाधीनता आन्दोलन और हिन्दी कविता

हिन्दी लोक और कविता में स्वाधीनता संग्राम

- डॉ. जनार्दन

स्वाधीनता संग्राम की उपस्थिति लोक और साहित्य दोनों में है । इसने लोक समाज और तत्सम समाज दोनों को प्रभावित किया और हुआ भी । लोक समाज की सामूहिक चेतना तत्सम समाज की मर्यादा की तुलना में अधिक स्वच्छ और बेबाक हुआ करती है । इसीलिए लोक में राष्ट्र भक्ति का रंग ज्यादा गाढ़ा और सच्चा है, जबकि साहित्य में स्वाधीनता संग्राम से संबंधित कविताएँ उतनी सच्ची और पवित्र नहीं जान पड़ती हैं, वहाँ राष्ट्र भक्ति और राज भक्ति का द्वंद्व है । वहाँ एक तरह का दो-रसापन है । इसलिए कविताओं और गीतों के लोकवृत्त और साहित्यवृत्त को जानने के लिए लोक और साहित्य दोनों से गुज़रना ज़रूरी हो जाता है ।

स्वाधीनता संग्राम का लोक और साहित्य पक्ष

भारत निर्माण में स्वाधीनता संग्राम एक प्रस्थान बिंदु की तरह है । इसने भारतीय समाज के मानस को न केवल प्रभावित किया बल्कि उसे बुना और विस्तार भी दिया । बुद्धवाद और भक्ति आंदोलन के बाद यह अपने किस्म का ऐसा अनोखा आंदोलन है, जिसकी सर्जनात्मक उपस्थिति राजनीति, समाज, साहित्य और लोक, सब में एक साथ दिखाई पड़ती है । इसीलिए स्वाधीनता संग्राम साहित्य और लोक,

दोनों में उपस्थित है । यही कारण है कि भारतेन्दु युग की कविताओं में स्वाधीनता आंदोलन का तत्सम और देशज, दोनों रूप दिखाई पड़ता है ।

लोक स्वाधीनता संग्राम के नायकों को लोकनायक बनाकर अपने लोक-आख्यानों में सहेजता है और उसे अपने मानस में स्थापित नायक से जोड़कर समूह गान के रूप में प्रस्तुत करता है । स्वाधीनता संग्राम के तमाम नायकों लोक के तर्ज पर लोक स्मृति में उकेरा गया । आल्हखंड के तर्ज पर मंगल पांडे की शहादत के समूह गीत गाए गए –

मंगल पांडे अमर सपूत के

आज अमर दास्तां सुना

बैरकपुर माँ रहिन सिपाही

बहुत रहिन बलवान सुना ।

लोक अधिक लोकतांत्रिक हुआ करता है । इसने आम और खास, दोनों तरह के नायकों को समान भाव से स्वीकारा । जिस तरह वह आम सैनिक मंगल पांडे में आल्हा के बल-विश्वास की कल्पना करता है, उसी तरह ब्रितानिया सरकार से लड़ने वाले राजाओं को भी गले से लगाता है । हम जानते हैं कि बिहार के दानापुर में बाबू कुँवर सिंह ने अपने सेनापति मैकू सिंह के साथ अंग्रेज़ी सेना का मुकाबला किया था । 27 अप्रैल 1857 ई. को दानापुर के सिपाहियों, भोजपुर के जवानों और अन्य साथियों को लेकर उन्होंने आरा नगर पर कब्जा कर लिया । यह एक अभूतपूर्व क्षणिक विजय थी, जिसे भोजपुरी लोक ने कुँवर सिंह और उनके साथियों को कंठों का हार बना लिया –

लिखि लिखी पतिया के भेजलन कुँवर सिंह

ऐ सुन अमर सिंह भाय हो राम ।

चमड़ा के तोड़ता दात से हो काटे कि

छतरी के धरम नसाय हो राम ।

लोक गीत निर्मल पानी की तरह होते हैं । उनमें कोई दुराव-छिपाव नहीं होता है । समाज के मानस को समझने में इनकी भूमिका निर्विवादित है । अब इसी लोकगीत को लिया जाए । इस गीत में उत्तर भारत के समाज में व्याप्त धर्म और जाति

का गंध मिल जाता है । दरअसल 'छतरी के धरम नसाय हो राम' में पुनरुत्थान का वह तत्त्व विद्यमान है, जो उत्तर भारत के समाज का सत्य है । धर्म से उद्वेलित होने की स्थिति उत्तर भारत में पहले से रही है । इस उद्वेलन ने एक समय में स्वाधीनता संग्राम में पुनरुत्थान के रूप में कार्य किया और आज यह उद्वेलन राजनीति को धार देने के काम आ रहा है । पुनरुत्थान का यह भाव हिन्दी कविता में भी इसी रूप में आया है । उदाहरण के रूप में इस कविता को लिया जा सकता है, जिसे देख कर लगता है, मानो पूरी की पूरी कविता लोक से उठा ली गई हो । उदाहरण के रूप में भारतेन्दु की यह कविता –

कहाँ करुणानिधि केशव सोए

जागत नेक न जदपि बहु बिधि भारतवासी रोए

इक दिन वह हो जब तुम छिन नहीं भारतहित बिसराए।

इत के पशु गज को आरत लखि आतुर प्यादे धाए।।

... प्रलयकाल सम जौन सुदरसन असुर प्रान संहारा।

ताकी धार भई अब कुंठित हमरी बेर मुराई ।।

भारतेन्दु द्वारा यह पंक्तियाँ स्वाधीनता संग्राम के सम्बन्ध में लिखी गई हैं, परंतु कविता के अंतर्वस्तु का आख्यान पौराणिक है, जो कहीं-कहीं आधुनिक भारत के संदर्भ का विरोधी जान पड़ता है । भारतेन्दु दूरदर्शी थे, किंतु उत्थान के नायक के रूप में वास्तविक नायकों (जिनकी संख्या उस समय बहुत थी) की जगह पौराणिक नायक केशव का आह्वान करते हैं । केशव के साथ-साथ असुर संहार का जिक्र भी हुआ है । इन पंक्तियों में विदेशी शत्रु की तुलना असुर से की गई है । असुर भारत में रहने वाले एक आदिम आदिवासी समुदाय है, इस धरती के साथ उसका नाता दूसरी तमाम मानव प्रजातियों से पुराना है, मगर हिंदू मिथकों में असुरों को शत्रु दिखाने की परंपरा बहुत पहले से चली आ रही है, जो आज भी कायम है । पुनरुत्थानवाद के माध्यम से स्वाधीनता के रूपक गढ़ाव की परेशानियाँ लोक और शिष्ट साहित्य, दोनों में एक-सी हैं ।

स्वाधीनता संग्राम के दौरान उत्तर भारत का लोक अंग्रेज़ों के खिलाफ हो चुका था । ग्राम स्तर पर तमाम भारतवासियों ने ब्रितानी सरकार के साथ सशस्त्र संघर्ष किया था। हमारे देश की तमाम त्रासदियों में सबसे बड़ी त्रासदी यह है कि पूरे देश का शोषक होने के बाद भी भारत की बोली-बानी में वास्तविक नायकों की जगह एक खास धर्म के पौराणिक आख्यानों में से नायक का चुनाव करके समूह गीत तैयार किए गए। स्वाधीनता संग्राम के दौरान रचे गीतों का यह संकट लोक गीतों के फॉर्मेट के कारण भी आया है । स्वाधीनता संग्राम के लोकगीत पंडवानी, आल्हा, बिरहा, पवारा, और स्वांग के फार्मेट में तैयार होने के कारण पौराणिकता के रंग में रंगे हुए हुआ करते थे। इससे एक लाभ यह अवश्य हुआ – इस तरह के गीत बहुसंख्यक समाज के लोकवृत्त का कंठाहार बनकर धरती के गीत की तरह उग गए –

जहाँ जनम लिए विधि हरि महेश अहे

अइसन ई देश अहै ना।

जहाँ जन्में कृष्ण राम

धर्म भाषा जहाँ तमाम

नित्य गुन गावत गिरजा गणेश अहै

वीर अर्जुन क तीर लक्ष्मण वाली लकीर

गीता गौतम के जहाँ उपदेश अहै

अइसन ई देश अहै ना ।

लोक में व्याप्त हिंदुपन की छाया भारतेन्दु युग की कविताई पर भी खूब पड़ी है। भारतेन्दु मंडल के तमाम रचनाकारों के यहाँ इस तरह की कविताएँ उपलब्ध हैं । हिंदू संस्कृति की ऐसी कुछ पंक्तियाँ बालमुकुंद गुप्त के यहाँ दिखाई देती हैं –

सदा रखें दृढ़ हिय माँह निज साँचा हिंदूपन।

घोर विपत हूँ परे दिगै नहि आन और मन ॥

भारतेन्दु मंडल की स्वाधीनता संग्राम से जुड़ी कविताओं में हिंदू लोक का पक्ष बहुत मजबूत है । वहाँ लोक की ही तरह प्राचीनता और आधुनिकता का समन्वय दिखाई पड़ता है। इन कवियों ने एक ओर तो हिन्दी काव्य की पुरानी परंपरा के सुंदर रूप को अपनाया, तो दूसरी ओर नई काव्य प्रवृत्तियों का अनुसंधान भी

किया । इन कवियों ने प्राचीनता को गले लगाकर उसे यथा साध्य आधुनिकता से जोड़ा । भारतेन्दु अपनी 'प्रबोधिनी' कविता में प्रभाती के रूप भारत को बचाने के लिए केशव को याद किया है–

हिन्दी प्रदेशों में गाए जाने वाले लोकगीतों और हिन्दी साहित्य की कविताओं में नायकत्व का फॉर्मेट लगभग एक सा भले है, किंतु जैसा आलेख के प्रारंभ में जाहिर किया गया कि लोकमानस राज भक्ति को उस तरह स्वीकार नहीं कर पाया था, जिस तरह उस समय की हिन्दी कविता । इसीलिए हिन्दी कविता का झुकाव शुरू-शुरू में देश भक्ति की तुलना में राज भक्ति की ओर अधिक है । धीरे-धीरे वह सांप्रदायिक होती गई । स्वाधीनता आंदोलन के गीत और कविताएँ सांप्रदायिक होने से नहीं बच पाईं । भारतेन्दु युग की कविताएं इस भावभूमि का उदाहरण हैं ।

भारतेन्दु युग की कविता में राज, राष्ट्र और समाज

सन् सत्तावन के स्वाधीनता संग्राम की घटनाएँ बहुत सर्जनात्मक हैं, जिसकी छाप समाज, इतिहास और कलाओं पर भी पड़ा । ऐसी महान घटनाओं से देश और समाज बदल जाया करते हैं । अमेरीका में सिविल वार (1861-65) के दौरान सभी के लिए एक समान नागरिक अधिकार का अविष्कार हुआ । नस्ल, मूल-पहचान, धर्म और लिंग आदि के आधार पर हो रहे अपराध और शोषण के खिलाफ व समापन के लिए नियम-कायदे बने । अमेरीका के सिविल वार ने वहाँ के समाज के साथ-साथ कला और साहित्य तक को प्रभावित किया । इस दौरान जुनियन स्कॉट की पैंटिंग में 'लड़ाकू योद्धाओं का समर्पण' और थॉमस मार्गन की पैंटिंग 'गुलामों के अहेर' पर अमेरीकी सिविल वार की स्पष्ट छाप दिखाई पड़ती है । इतना ही नहीं इस दौरान अमेरीका के गाँव और शहर के विचार के मानचित्र में जो बदलाव दर्ज हुए, वह उस समय की अमेरीकी कविता में स्थान में दर्ज हुए हैं । वॉल्ट व्हीटमैन के काव्य संकलन 'लिव्स ऑफ ग्रॉस' में उस दौर का संघर्षरत (दास, ब्लैक, वैश्या और वंचित) इंसान अभिव्यक्त हो पाया है ।

निश्चित ही इस तरह की घटनाएँ जातीय स्मृति को विकसित होने का मौका देती हैं। सन् सत्तावन का संघर्ष इसी अर्थ में जातीय स्मृति के आख्यान को विकसित किया। जातीय स्मृति को तत्कालीन मुगल बादशाह बहादुरशाह जफ़र ने 'गाजियों में बू' कहा। उन्होंने कहा है –

गाजियों में बू रहेगी, जब तलक ईमान की
तख्ते लंदन तक चलेगी तेग हिंदुस्तान की।

हम देखते हैं कि सन् सत्तावन की प्रेरणा ने तत्कालीन समाज को प्रेरित किया, जिसकी छाप उस समय के हिन्दी कवि मंडल 'भारतेन्दु युग' पर भी किसी न किसी रूप में दिखाई पड़ती है। सन् सत्तावन की प्रेरणा भारतेन्दु युग में एक तरह की असमंजस के रूप फलीभूत हुई –

क – राज भक्ति

ख- राष्ट्र भक्ति

ग – समाज सुधार

सन् सत्तावन के बाद भारत सीधे-सीधे महारानी विक्टोरिया के अधीन आ गया। भारतेन्दु एवं भारतेन्दु युग के कई कवि सन् 1857 के बाद 1858 ई. में जारी हुए घोषणापत्र से बहुत खुश हुए थे। इस घोषणा-पत्र के लागू होते ही ईस्ट इंडिया कंपनी से भारत का प्रशासनिक अधिकार छिन कर एक-एक भारत सचिव के पद का सृजन किया गया। यह सचिव ब्रिटेन की रानी का प्रतिनिधि था। अब ब्रिटिश भारत रानी के इस प्रतिनिधि के अधीन हो गया। भारत सचिव ने वायसराय के माध्यम से भारत पर शासन किया जाना सुनिश्चित किया। अधीनता के इस स्वरूप को उस समय के विद्वत समाज ने बड़े उल्लास के साथ स्वीकार किया। उसे लगने लगा यह अधीनता ने उन्हें गोरों की बराबरी पर ला दिया है। वे सोचने लगे कि हमारे अधिकार भी अब गोरों की तरह हो गए हैं। इसीलिए ड्यूक ऑफ एडिनबरा के आगमन पर भारतेन्दु बड़ी अधीरता के साथ इस अधीनता को स्वीकारते हैं –

स्वागत-स्वागत धन्य तुम भावी राजाधिराज
भई सनाथा भूमि यह परसि चरन तुम आज।

राज कुँवर आओ इते दरसाओ मुख चंद
बरसाओ हम पर सुधा बाढ़यो परम आनंद॥

घोषणा-पत्र के लागू होने और भारत में बिजली, डाक सेवा, रेल सेवा, चिकित्सा सेवा और आधुनिक किस्म के महाविद्यालयों और विश्वविद्यालयों के स्थापित होने से भारतेन्दु मंडल के कवि बड़े प्रसन्न थे। उन्हें लगने लगा कि उन्हें अंग्रेजी प्रजा की तरह ज्ञान-विज्ञान एवं आधुनिक बनाया जा रहा है। लॉर्ड रिपन पर परम प्रसन्न होकर भारतेन्दु ने 'रिपनाष्टक' तक लिख डाला। उन्होंने लिखा –

जय-जय रिपन उदार जयति भारत हितकारी
जयति सत्य-पथ-पथिक जयति जन-शोक विदारी।

भारतेन्दु को महारानी से बड़ी उम्मीद थी। वह रानी से अनुरोध करते हुए कहते हैं कि हमारी यह इच्छा है कि जहाँ तक संभव हो सके बिना किसी जाति धर्म विभेद के हमारी प्रजा नौकरी के उन उच्च पदों पर नियुक्त हो सके, जिनके पालन की योग्यता उनमें अपनी शिक्षा और ईमानदारी के कारण है। सन् 1858 से सन् 1881 ई. तक भारतेन्दु महारानी से अनुनय-विनय करते रहे। परंतु सन् 1881 ई. के बाद भारतेन्दु उपनिवेशी सुधारवाद की पोल को समझ गए। इस समझदारी से उनकी कविता का तेवर भी बदल गया। इस तेवर ने राष्ट्र भक्ति का स्वर आत्मसात कर लिया। अब वे गोरी सरकार के खिलाफ लिखने लगे। कुछ पंक्तियाँ प्रस्तुत हैं–

भीतर-भीतर सब रस चूसै।
हँसि-हँसि के तन मन धन मूसै।
जाहिर बातन में अति तेज
क्यों सखि सज्जन नहीं अंगरेज ॥

अब उनकी दृष्टि आलोचकीय हो चुकी थी। उन्होंने सन् सत्तावन पर भी विचार करते हुए लिखा–

कठिन सिपाही द्रोह अनल जा जल-बल नासी।

'जिन भय' शब्द-द्वय उपनिवेशी आतंक का रूपक है, जिसे कॉर्ल मार्क्स भारत का राष्ट्रीय आंदोलन कहा । भारतेन्दु का यह परिवर्तन भारतेन्दु मंडल के तमाम में भी दिखाई पड़ा । अब उस मंडल के तमाम कवि राज्य भक्ति से उठकर राष्ट्र भक्ति की कविता लिखने लगे । भारतेन्दु अंग्रेज़ और अंग्रेज़ी दोनों को संदेह की दृष्टि से देखने लगे । अब उनका झुकाव हिन्दी भाषा संवर्धन की ओर होने लगा। इस दिशा में विचार करते हुए सन् 1973 ई. में उन्होंने घोषणा की कि हिन्दी 'नई चाल में ढली'। हालांकि नई चाल की हिन्दी सन् 1850 ई. से ही आने लगी थी, जिस पर भारतेन्दु और उनके साथी कवियों की नज़र नहीं जा पाई। विदित हो कि हिन्दी को नई चाल में ढालने में 'आर्य समाज' और 'सत्यार्थ प्रकाश' का बड़ा योगदान है । हिन्दी के नए कलेवर के लिए आर्य समाज के साथ सन् 1882 ई. में आया हंटर कमीशन का भी योगदान कम नहीं है ।

राजनीतिक घटनाएँ बड़ी तेज़ी से घट रही थीं, जिससे भारतेन्दु मंडल अछूता नहीं था । लॉर्ड रिपन ने भारत का वायसराय बनने के बाद विलियम हण्टर की अध्यक्षता में सन् 1882 ई. में भारतीय शिक्षा आयोग (हण्टर आयोग) का गठन किया। इस आयोग का कार्य शिक्षा और भाषा के सवालों को टटोलना था । इस आयोग ने दबे पाँव हिन्दी-उर्दू का सवाल मध्य वर्ग के जेहन में डाल दिया, जिससे पश्चिमोत्तर प्रांत में उभर रहे नवजागरण पर बहुत नाकारात्मक असर पड़ा । अब हिन्दी-नागरी का सम्बन्ध हिंदू जातियता और उर्दू-फारसी लिपि का सम्बन्ध मुस्लिम जातियता से जुड़ चुका था । एक तरह से आयोग नवजागरण से प्राप्त साँस्कृतिक ऊर्जा का विलोपन करके उसकी जगह सांप्रदायिकता को उभारने में सफल हो गया । लावनी और गजल लिखने वाले भारतेन्दु हिन्दी के सवाल पर एक हिन्दू की तरह विचार करते हुए लिखते हैं –

अंग्रेजी पढ़ि के जदपि सब गुन होत प्रवीन
पै निज भाषा ज्ञान बिन रहत हीन के हीन ॥

ध्यान देने की बात है कि भारतेन्दु का 'निज' निरंतर न्यून होता गया। आखिर में यही कहा जा सकता है कि पश्चिमी प्रांत की हिन्दी कविता आर्य समाज के सामाजिक आंदोलन के ढाँचे में ढलकर आर्य जाति के गौरव का आख्यान बन कर रह गई, आगे चलकर जिसका प्रतिफलन 'प्रियप्रवास' और 'साकेत' के रूप में हुआ। स्वीकार करना पड़ता है कि हिन्दी कविता लोकगीतों की लोक-परिधि तक भी नहीं पहुँच पाई।

*****

भारतीय स्वाधीनता आंदोलन और हिन्दी गीत

डॉ. मनोज कुमार मौर्य

जब हम स्वाधीनता आंदोलन की बात करते हैं तब हमारे सामने उन्नीसवीं-बीसवीं सदी में ईस्ट इण्डिया कम्पनी और ब्रिटिश शासन के विरुद्ध हुए भारतीय जनमानस के संघर्ष का चित्र अनायास उभर आता है । भारत में स्वाधीनता संग्राम का इतिहास उतना ही पुराना है जितना कि हमारी परतन्त्रता का इतिहास । यह देश एक हज़ार साल से भी अधिक समय तक गुलाम रहा, लेकिन साँस्कृतिक रूप से अपनी अखंडता को खंडित नहीं होने दिया । भारत की राष्ट्रीयता का आधार साँस्कृतिक एकता ही रही है । मोहम्मद इकबाल ने ठीक ही कहा था कि-*"कुछ बात है कि हस्ती मिटती नहीं हमारी, सदियों रहा है दुश्मन दौरे जहाँ हमारा"* ऐसा नहीं है कि यह स्वाधीनता की भावना पहली बार आयी थी । पूर्व में भी विदेशी दासता के विरुद्ध संघर्ष होते रहें हैं । यह ज़रूर है कि ब्रिटिश समय में यह संघर्ष एक नए रूप में था । क्योंकि उस समय प्रेस-प्रकाशन और यातायात के साधनों की समुचित शुरुआत हो चुकी थी । सन् 1857 ई. के विद्रोह की विफलता से सबक लेते हुए बंदूक-तलवार की जगह 'कलम' का सहारा लिया गया । लगभग सभी भारतीय भाषाओं में पत्र-पत्रिकाओं का प्रकाशन शुरू हुआ । जिसमें हिन्दू-मुस्लिम दोनों की सामान रूप से भागीदारी थी । ऐसे ही समय में हिन्दी साहित्य में भारतेन्दु और उनके मंडल के रचनाकारों का आना हिन्दी के लिए एक युगांतकारी घटना है ।

भारतेन्दु युग के कवियों ने जहाँ एक ओर भारतीय इतिहास के गौरवशाली घटनाओं का स्मरण दिलाकर देशप्रेम का एक नया स्वर दिया, वहीं दूसरी ओर अंग्रेज़ों की न्यायप्रियता, संगठन शक्ति, प्रजातंत्र में आस्था, शिक्षा आदि कार्यों की प्रशंसा भी की । लेकिन उन्होंने लगातार अंग्रेज़ों की साम्राज्यवादी नीति का विरोध किया । देश के उद्योग-धंधों की अवनति, आर्थिक शोषण, करों का निरंतर बोझ आदि मुद्दों पर उन्होंने जनता के दुःख-दर्द को अपनी कलम से स्वर दिया और क्षेत्रीयता से उठकर राष्ट्र के नवजागरण के गीत लिखे । *'हमारा उत्तम भारत देश'*- राधाचरण गोस्वामी, *'जय-जय भारत भूमि भवानी'* बदरीनारायणचौधरी *'प्रेमघन'*, *जननी हमें सीख अब दीजै'*-राधाकृष्ण दास, *'जय जयति सदा स्वाधीन हिन्द'*- श्रीधर पाठक, *'वन्दे जनहित करी मातरम् वंदे'* राय देवी प्रसाद पूर्ण आदि कवियों की पक्तियां उक्त तथ्य को रेखांकित करती हैं । भारतेन्दु मंडल के लगभग सभी कवियों ने अपने लेखन में ब्रिटिश शासन की शोषक नीतियों की भर्त्सना की है । यही उद्घोष बाद के कवियों में भी दिखाई देता है । मैथिलीशरण गुप्त ने भारतवासियों के स्वर्णिम अतीत को याद करते हुए उनके वर्तमान और भविष्य के प्रति चिंता व्यक्त करते हुए लिखा है-*"हम क्या थे, क्या हैं, और क्या होंगे अभी, आओ विचारें मिलकर ये समस्याएं सभी"* इसी तरह उन्होंने अपनी 'भारत-भारती' पुस्तक में लिखा है – *"जिसको न निज गौरव तथा निज देश का अभिमान है । वह नर नहीं, नर-पशु निरा है और मृतक सामान है ॥"*

तत्कालीन समय की मांग के अनुरूप काव्य एक ऐसा माध्यम था जिससे सामान्य जन तक अपनी बात को सरलता से पहुँचाया जा सके । उस समय के अधिकांश रचनाकारों में स्वाधीनता की भावना किसी न किसी रूप में व्यक्त हुई है। स्वाधीनता की यह भावना जनमानस के लोक गीतों में मौजूद रही । जिसकी हनक सत्ता के गलियारों में गूंजती रही । ब्रिटिश सरकार ने न जाने कितने गीतों और कविताओं को प्रतिबंधित कर दिया । लेकिन लोक में रचे-बसे जाने वालों गीतों पर ब्रिटिश सरकार अंकुश लगाने में असफल रही । 23 मार्च, 1918 ई. को 'अभ्युदय' साप्ताहिक पत्र में एक लोकगीत प्रकाशित हुआ था जिसमें सामान्य किसानों के दुःख-दर्द का चित्रण है-

"पकरि पकरि बेगार करावत पैसा-कौड़ी देहिं न एक,
छुद्र कर्मचारी ललपग्गा देहिं किसानन कष्ट अनेका।"

उक्त पंक्तियों से मालूम होता है कि उत्तर भारत में 'बेगार प्रथा' अपने चरम पर थी । मूल्य चुकाए बिना श्रम कराने की प्रथा को बेगार कहते हैं । इसमें श्रमिकों की इच्छा के बिना काम लिया जाता था । सामंती, साम्राज्यवादी और अफ़सरशाही प्रायः समाज के कमज़ोर लोगों से बेगार करवाते थे । ब्रिटिशकालीन भारत में तो यह आम बात थी । यह प्रथा अंग्रेज़ों के खिलाफ़ आम जनता के असंतोष की एक बड़ी वजह थी। किसानों के शोषण में स्थानीय जमींदारों की भूमिका प्रमुख थी, क्योंकि वही ब्रिटिश सरकार के नुमाइंदे हुआ करते थे और किसानों से मनचाहा 'कर' वसूलते थे । संवत् 1953-54 (1896-97) में पड़े अकाल पर एक आल्हा 'हिन्दी प्रदीप' में छपा था जिसका सम्पादन बालकृष्ण भट्ट कर रहे थे-

> संवत् उनइस सौ तिरपन माँ पड़ा हिन्द में महा अकाल
> घर-घर फाके होने लगे दर-दर प्रानी फिरैं बेहाल ।
> गेहूं चावल सावां मकरा सबै अन्न एक भाव बिकाय,
> बिन पैसा सब छाती पीटैं अब तो हाय रहा नहिं जाय ।
> कोई पात पेड़न के चाबै कोई माटी कोई घास चबाय,
> कोई बेटवा बिटिया बेचै अब तक भूख सही नहिं जाय।
> कोई घर-घर भीखौ माँगैं कोई लूट पाट के खाय......"[2]

यह वह समय था जब खेती के लिए आज जैसी सुविधाएँ नहीं थीं। किसान पूरी तरह से वर्षा पर निर्भर था । अन्य स्रोत में कुंए और तालाब ही थे जिससे फसल की सिंचाई होती थी । उक्त आल्हा में अकाल की विभीषका का चित्रण हुआ है । यह जरुर है कि आल्हा में अतिशयोक्तिपूर्ण वर्णन होता है लेकिन फिर भी उसमें यथार्थ तो होता ही है । 'हिन्दी प्रदीप' जैसी पत्रिका जनता के दुःख-दर्द का मुख्य स्वर थी । इसी तरह 23 मार्च, 1918 ई. के साप्ताहिक पत्र 'अभ्युदय' में एक दूसरी कविता मिलती है, जिसमें किसान संगठन का मुख्य उद्देश्य ब्रिटिश कौंसिल में जमींदार प्रतिनिधि की ही तरह पद लेना है ।

> "जमींदार प्रतिनिधि कौसिलमहं
> आवत जौन नीति-आधार
> कृषक समाजनहु के प्रतिनिधि
> उहैं भांति आवहिं सरकार ।"[3]

यह स्पष्ट कर देना जरूरी है कि किसान प्रतिनिधि मुख्य रूप से उस क्षेत्र के भू-स्वामी हुआ करते थे । ये लोग अपने स्वार्थ के लिए छोटे किसानों का उपयोग करते थे उनसे उपहार भी लेते थे । किसान सभा की बैठकों में ज्यादातर जमींदार ही भाग लेते थे और अपने हित में काम करते थे । अवध क्षेत्र में हुए किसान आंदोलन इसी सब का परिणाम था । अवध क्षेत्र में किसानों के ऊपर अंग्रेज़ परस्त तालुकेदारों का दमन जब अपने चरम पर था तब वहां के किसानों ने विद्रोह किया था जिसमें कई पुलिस वाले मारे गये थे इस विद्रोह के नायकों में सालिगराम और राम अवतार का नाम प्रमुखता से लिया जाता है । वहाँ के लोक गीतों उस विद्रोह की गूँज आज भी मौजूद है-

> *"कहत कथा सेहगों बाज़ार की, सुनो सबै चित लाई,*
> *मुखिया सरजू प्रसाद ने फिर डंका दीन बजाई ।...*
> *यह गति देखि तालुकेदार ने सभा क लीं बोलाई,*
> *फाटक पर भेजि फिरंगी, दंगा दीन कराई ।*
> *दंगा सुनि कै आई कलेक्टर छाती पीट घोराई,*
> *जै सुत हमरा दूध पियो तुम, दियौ फिरंगी गिराई ।*
> *इतना सुनि रामअवतार उठि धायो कुंदा लीन छिनाई,*
> *वही कुंदा से मारी फिरंगी, धरती दीन गिराई ।...*
> *ता पाछे कसान आ गयो, सारी जाँच कराई,*
> *सालिकराम, अवतार बँधायो, दीन्ह हथकड़ी डराई ।*
> *एक बरस तक चला मुकदमा फाँसी हुकम होई जाई,*
> *कहें दुलारे सुनौ सब भाई, अन्तिम कथा सुनाई ॥"[4]*

इस तरह के लोकगीत उस समय (असहयोग आंदोलन) अवध प्रान्त में खूब रचे गये, क्योंकि यह क्षेत्र विद्रोह का मुख्य केंद्र बना हुआ था। इसमें समाज के निम्नवर्ग के किसान थे जो जाति व्यवस्था में निचले पायदान पर आते हैं । 'चौरी चौरा का विद्रोह' भी तो मूलत: किसान विद्रोह ही था । जिसको इतिहास में उचित महत्त्व नहीं दिया गया । इस सन्दर्भ में उस समय की महत्त्वपूर्ण राजनीतिक पार्टी कांग्रेस की ढुलमुल रवैये को भी देखा जा सकता है । उस क्षेत्र में कांग्रेस परस्त

जर्मींदार विद्रोह को दबाने के लिए किस तरह से 'अमन सभाओं' का आयोजन करते थे। यह अकारण नहीं हो सकता कि कांग्रेस के किसी भी शीर्ष नेतृत्व ने किसानों के शोषण के विरुद्ध कभी भी आवाज़ नहीं उठायी। कांग्रेस के धन का मुख्य स्रोत स्थानीय जर्मींदार ही तो थे। इतिहासकार सुभाषचन्द्र कुशवाह ने ठीक लिखा है कि "यह घटना मुख्यत: तालुकेदारों के दमन के प्रतिकार में गरीब किसानों का विद्रोह था। इस विद्रोह के नायकों, सालिगराम और रामअवतार को, जिन्हें बाद में गिरफ़्तार कर लिया गया था, के पक्ष में आस-पास की जनता ने पूरा सहयोग दिया था। महिलाएँ अपने घर की छतों से ईंट-पत्थर उठा-उठाकर पुलिस पर फेंक रही थीं।"[5] ब्रिटिश सरकार इस तरह के विद्रोह को बर्बरतापूर्वक दबाने के लिए स्थानीय जर्मींदारों की मदद लेती थी। असहयोग आन्दोलन के समय अनगिनत किसान विद्रोह हुए। चौरी चौरा के विद्रोह में फांसी पाने वाले सभी विद्रोही वंचित समाज से थे। शायद इसलिए उनकी ठीक से पैरवी नहीं हुई। चौरी-चौरा के बागियों में कोमल का नाम प्रमुखता से लिया जाता है। वहां के लोकगीतों में कोमल की वीरता का उल्लेख मिलता है-

"साथी गद्दार हो गइले, गोरा दिहले रुपइया हो,
कुसम्ही जंगल में पकड़इले कोमल भइया हो।
देश में केतना गोरा अइहें, केतना कोमल झुलिहें फंसिया,
माई रहबू ना गुलाम, ना बहइबू अंसुआ॥"[6]

कहना न होगा कि आज़ादी के आन्दोलन में जनता के संघर्ष को जानबूझकर भूलने की कोशिश की जाती रही है। इन आंदोलनों को व्यक्ति केन्द्रित करके देखा गया और सारा श्रेय किसी व्यक्ति-विशेष या उसकी राजनीतिक पार्टी को जाता रहा। लेकिन इतिहास को अधिक दिनों तक दबाकर नहीं रखा जा सकता। कभी न कभी उसे बाहर आना ही होता है। भारत का स्वाधीनता आंदोलन जर्मींदारों की गद्दारी से भरा हुआ है। चौरी चौरा के विद्रोह को दबाने के लिए वहां के जर्मींदारों ने अंग्रेजों का न केवल साथ दिया बल्कि विद्रोहियों को पकड़वाया भी। सुभाषचन्द्र कुशवाहा ने ठीक लिखा है कि "अंग्रेज़ों से कहीं ज्यादा बेरहमी से पेश आने वाले हिंसक जर्मींदारों को हिंसा के विरुद्ध, अहिंसा के पुजारियों ने कभी कोई आवाज़ नहीं उठाई, उलटे उनको संरक्षण प्रदान किया। स्वयं सेवकों की भर्ती से लेकर आज़ादी की लड़ाई का नेतृत्व अपनी गिरफ्त में रखने और क्रन्तिकारी उभारों को

हाशिये पर धकलने में इन्हीं जर्मींदारों ने बढ़-चढ़ कर रुचि दिखाई थी।...चौरी चौरा के हिंसक विद्रोह को 'गुंडों का कृत्व' बताने वाले अहिंसा के पुजारी भी 1942 तक आते-आते 'करो या मरो' तक जा पहुँचते हैं तो सिर्फ इसलिए कि औपनिवेशिक सत्ता को उखाड़ने के लिए बलिदान की जरूरत थी।"[7] जनता के संघर्षों को कितना भी नज़रांदाज़ किया जाय लेकिन लोक उसे सदैव जीवित रहता है।

"गोरखपुर में सुना, चौरी चौरा ग्राम।

बिगड़ी पब्लिक एक दम, रोकि न सके लगाम। -दोहा

भड़के लोग गाँव के सारे,

दई थाने में आग लगाय।

काट गिराया थानेदार को,

गई खबर हिन्द में छाय।

अनुमान लगाया कुछ लोगों ने,

अग्नि कहीं भड़क न जय,

खबर सुनी जब गाँधी जी ने,

दहशत गई बदन में छाय।

फैली अशांति कुछ भारत में,

आंदोलन को दिया थमाय।

सोचा कुछ हो शायद उनसे,

गलती गए यहाँ पर खाय।

मौका मिली फेरी गोरों को

दीनी यहाँ फूट कराय।

भड़के लोग गाँव के सारे,

दई थाने में आग लगाय।....

खबर सुनी जब गाँधी जी ने,

दहशत गई बदन में छाय।

फैली अशांति कुछ भारत में,

आन्दोलन को दिया थमाय।"[8]

उक्त गीत का उल्लेख सुभाषचन्द्र कुशवाहा की चौरी चौरा पुस्तक में किया है। जिसमें वह बताते हैं कि यह गीत सन् 1931 ई. में बुलंदशहर के रहने वाले पी.

एस. वर्मा ने लिखा था । जो ब्रिटिश सरकार द्वारा प्रतिबंधित पुस्तक 'गाँधी की लड़ाई उर्फ़ सत्याग्रह' में संकलित है । उस समय के गीत आज भी कुछ क्षेत्रों में गाये जाते हैं । गोरखपुर जिला के डुमरी खुर्द गाँव में मुहर्रम के अवसर पर गाया जाना वाला एक गीत है-

"गाँधी बाबा आंधी उठवले, देश में मचल सोरवा

बिकरम, नज़र झंडा उठवले घूमले चहूँ ओरवा

गउंवा-गउंवा वोटियर बनवले मांगी के चुटकिया

गउंवा-गउंवा चिट्ठी भेजवले, डुमरी में सभा होई ॥"[9]

यह स्पष्ट है कि स्वाधीनता आंदोलन की लड़ाई में जनता की भागीदारी बढ़-चढ़कर थी और इन्हीं के बीच से इनके नायक पैदा हुए लेकिन उनके संघर्ष को 'गुंडों का कृत्य' कहकर नकारने की लगातार कोशिश होती रही । सुखद यह है इतिहास को इन्हीं 'गुंडों' की नई पीढ़ी दुरुस्त करने का काम कर रहे है । उस दौर की प्रतिबंधित कविताओं की एक पुस्तक 'स्वतंत्रता की लहर' जिसके संग्रहकर्ता तथा प्रकाशक ठाकुर प्रसाद बुकसेलर, मिर्जापुर सिटी का उल्लेख करना जरूरी है । जिसकी जब्त प्रतियाँ आज भी राष्ट्रीय अभिलेखागार, नई दिल्ली में मौजूद हैं । इस पुस्तक में उन काव्य गीतों को देखा जा सकता है जो जन में लोकप्रिय थे-

"भारत को गारत कर डाला इन लाल मुरेठा वालों ने ।

हम सबकी शान मिटा डाला इन लाल मुरेठा वालों ने ॥

जिस कुल में जन्म लिया इनने उन्हीं के सर डंडे मारे ।

जैचंद सरिस कुल दल डाला इन लाल मुरेठा वालों ने ॥"[10]

जनता अपने शोषण से भली-भांति परिचित थी । जो भारतीय ब्रिटिश सरकार के लिए पुलिस के रूप में कार्य कर रहे थे उनके प्रति जन में आक्रोश था और इसी आक्रोश की प्रणीति चौरी चौरा थाने को जलाने के रूप में हुई थी । ऐसा इसलिए था क्योंकि सभी भारतियों का विद्रोह केवल ब्रिटिश सरकार और उनका साथ देने वाले उन भारतीय जमींदारों से था जिन्होंने अपनी स्वार्थपरता के कारण कितने क्रांतिकारियों को पकड़वाने में जी-जान से कोशिश की थी । बंगाल से निकला 'वन्देमातरम्' गीत पूरे भारतीय जनमानस की आवाज़ बन जाता है । क्योंकि उस समय सभी अपनी स्वाधीनता के लिए लड़ रहे थे ।

"हम गरीबों के गले का हार वन्देमातरम् ।

छीन सकती है नहीं सरकार वन्देमातरम् ॥...
जालिमों का जुल्म भी काफूर सा उड़ जायेगा ।
फैसला होगा सरे दरबार वन्देमातरम् ॥"[11]

एक गीत है-"हम फरियाद हुए" जिसमें लेखक ने गोरों की उन नीतियों को रेखांकित किया जिसके कारण हम याचक की कोटि में आ गये हैं-

"भारतवासी बचाओं हम फरियाद हुए ।
मुमकिन बचाओ सभी इरसाद भी हुए ॥...
मुसलिम से कहा गाय की कुरबानी तुम करो ।
हिन्दू से कहा चुप क्यों हो जल्दी से लड़ मरो ॥
फरमाया पुलिस वालों से कि इन दोनों को धरो ।
मुद्दत से जेल खाली है इन दोनों को भरो ॥
सरकार की इन चालों से बरबाद हम हुए ।
ये सब हुए पर एक ना आज़ाद हम हुए ॥"[12]

उक्त गीत में अंग्रेज़ों की विभाजन नीति का बड़ा सटीक चित्रण हुआ है । यह नीति आज भी उसी रूप में जीवित है । आज़ादी का ताना-बाना किसी एक वर्ग, अथवा व्यक्ति विशेष से नहीं बुना गया था बल्कि उसमें उन हज़ारों-लाखों लोगों की भी कुर्बानियाँ हैं जिसको इतिहास के पन्नों में जाने-अनजाने दफ़न कर दिया गया । यह सही है कि जनमानस में गाँधी जी की छवि किसी चमत्कारी पुरुष के रूप में थी । असहयोग आंदोलन के समय गाँधी जी के आह्वान पर विदेशी वस्त्रों का बहिष्कार किया गया और खद्दर के निर्माण पर जोर दिया गया । "बचाएगा खद्दर" नाम से एक गीत है जिसमें असहयोग आंदोलन की अनगूंज मिलती है –

"वतन की गुलामी छुड़ाएगा खद्दर ।
गरीबों की इज्जत बचायेगा खद्दर ॥...
कहे गाँधी बाबा जो पहनोगे खद्दर ।
तो शीघ्र स्वराज्य दिलायेगा खद्दर ॥
ढका लंका शायर मरां मैन चेस्टर ।
विदेशी की धज्जी उड़ाएगा खद्दर ॥"[13]

यह समय स्वाधीनता आंदोलन के नायकों का था जिनको आज़ादी का प्रेरणास्रोत बनाया गया। गाँधी, सुभाषचन्द्र बोस, भगत सिंह आदि के ऊपर अनगिनत गीत रचे गये जो जनमानस में आज भी जीवित हैं। भगत सिंह पर लिखा गया एक गीत है-

"आज़ादी का दीवाना है मस्ताना भगत सिंह।
बम केश में पकड़ाना ये दीवाना भगत सिंह॥
आलम की एक सान है मस्ताना भगत सिंह।
हम बागी का अरमान है दीवाना भगत सिंह॥"[14]

ब्रिटिश सरकार ने स्वाधीनता आंदोलन को कुचलने के लिए हर तरीका अपनाया। बलिया में चार अगस्त, 1930 को जुलूस के ऊपर गोली चलाई गई थी जिसका उल्लेख एक गज़ल में मिलता है-

शहर बलिया में गोली चलाई गई।
अत्याचार की धूम मचाई गई॥
सन् तीस चार अगस्त का यह हाल सुन लीजिये।
महावीर दल जुलूस है अब इसको जाने दीजिये॥
दफ़ा एक सौ चालीस लगाई गई॥

देवेश चन्द्र ने ठीक लिखा है कि "इन गीतों की न कहीं 'खेती' की गई न कहीं 'योजनाएं' बनाई गईं। न जाने कितने भजनोपदेशक स्वतंत्रता संग्राम से आ जुड़े। प्रभात फेरियाँ निकलती जैसे-'उठो सोने वालों सबेरा हुआ है, वतन के फकीरों का फेरा हुआ है।' विवाहादि के अवसर पर गए जाने वाले गीत भी राष्ट्रीय भावना से रंग उठे। जब छोटी-छोटी सस्ती पुस्तिकाएँ छापकर इन गीतों का प्रचार होने लगा तब ब्रिटिश सरकार ने स्वतंत्रता आंदोलन को दबाने के लिए जो अनेक उपाय किए उनमें प्रमुख था इंडियन प्रेस (इमरजेंसी पावर्स) एक्ट 1931 की धारा 19 के अधीन क्रांतिकारी साहित्य के प्रकाशन और प्रचार पर प्रतिबंध। यह प्रतिबंध पहले भी था लेकिन बाद में यह कानून बना दिया गया। जो गीत-पुस्तिकाएँ आदि सरकार की नज़रों से बच न सकीं उन्हें ज़ब्त कर लिया गया।"[15]

स्वाधीनता आन्दोलन और हिन्दी कविता

कुल मिलाकर कहा जा सकता है कि स्वाधीनता आंदोलन की लहर जनमानस में उनके गीतों के माध्यम से आई । यह वह दौर था जब भारत का अधिकांश क्षेत्र शिक्षा से वंचित था । ऐसे में शीर्ष नेतृत्व के विचार गीतों के रूप में जनता तक पहुँचते थे । अपनी तमाम कोशिशों के बावजूद भी ब्रिटिश सरकार उन लोकगीतों पर अंकुश लगाने में सफल नहीं रही । लेकिन उसने उन पुस्तकों को प्रतिबंधित कर दिया जिनमें स्वाधीनता आंदोलन की अनगूंज थी । ऐसी कई पुस्तकें आज भी राष्ट्रीय अभिलेखागार, नई दिल्ली में मौजूद हैं ।

सन्दर्भ ग्रंथ

1. अवध का किसान विद्रोह, सुभाषचंद्र कुशवाहा, राजकमल प्रकाशन प्रा.लि., नई दिल्ली, सं. प्रथम 2018, पृ- 39
2. वही, पृ-46
3. वही पृ, 62
4. वही,178
5. वही, पृ,177
6. चौरी चौरा, सुभाषचन्द्र कुशवाहा,पेंगुइन बुक्स इंडिया प्रा.लि.सं. 2014, पृ,96
7. वही, पृ 289
8. वही, पृ-290-291
9. वही, पृ 298
10. प्रतिबंधित कवितायें, स्वतंत्रता की लहर, संग्रहकर्ता तथा प्रकाशक, ठाकुर प्रसाद बुकसेलर, मिर्जापुर सिटी
11. वही
12. वही
13. वही
14. वही
15. 'स्वतंत्रता आंदोलन के गीत', सम्पादक देवेश चन्द्र, नेशनल बुक ट्रस्ट, इंडिया, सं.1999, भूमिका से

स्वाधीनता आंदोलन और द्विवेदीयुगीन कविता

संजीव कुमार मिश्र

बीसवीं शताब्दी के आरंभिक दो दशकों का काल आधुनिक हिन्दी साहित्य के इतिहास में 'द्विवेदी युग' के नाम से जाना जाता है । स्पष्टतः यह नामकरण आचार्य महावीर प्रसाद द्विवेदी जी के नाम पर हुआ है । सन् 1903 ई. में वे 'सरस्वती' के संपादक हुए और सन् 1920 ई. तक वे उसका संपादन करते रहे । इन दो दशकों में उन्होंने जो कुछ किया उसी के बल पर इस काल को 'द्विवेदी युग' की संज्ञा दी गयी है । आचार्य शुक्ल ने इसे 'हिन्दी काव्य की नयी धारा' की संज्ञा दी है । हिन्दी काव्य की नयी धारा से उनका अभिप्राय रीतिकालीन श्रृंगारिक प्रवृत्तियों, रूढ़ियों तथा संस्कृत काव्यशास्त्र के अनुकरण पर रीतिबद्ध शास्त्रीय रचना को छोड़कर नयी अभिव्यक्तियों और नयी अभिव्यंजना शैलियों के ग्रहण से था । इस काल की कविता में पूर्ववर्ती रीतिकालीन कविता के तत्त्वों का प्रायः अभाव था ।

विजयेंद्र स्नातक लिखते हैं ''इस युग के प्रतिनिधि कवियों ने प्राचीनता के साथ जीवित रहने प्राचीन संस्कृति के विधायक तत्त्वों में सर्जन की क्षमता उत्पन्न करने की चेष्टा की है।''[1]

इस युग की कविता में भारतीयता एवं स्वर्णिम अतीत के प्रति मोह आरम्भ से ही बना हुआ था । सन् 1900 से 1920 ई. तक का कालखण्ड भारतीय इतिहास में अत्यंत उथल-पुथल रहा है । सन् 1857 ई. के विद्रोह के फलस्वरूप पूरे भारतीय जनमानस की मानसिकता में एक बड़ा अंतर आया था जिसकी अभिव्यक्ति

भारतेन्दुयुगीन साहित्य में खुलकर नहीं हो सकी थी । ब्रिटिश राज्य के भय से ग्रसित होकर भारतेन्दु जैसे प्रबुद्ध कवि भी अंग्रेज़ी राज के प्रति प्रत्यक्ष रूप से कुछ कहने में समर्थ नहीं थे, किन्तु भीतर ही भीतर उस युग के रचनाकारों के मन में भारतीयता के प्रति एक गौरवपूर्ण भाव उत्पन्न हो गया था ।

द्विवेदी युग में स्वाधीनता की माँग तीव्र हुई । सन् 1885 ई. में स्थापित भारतीय राष्ट्रीय कांग्रेस उन्नीसवीं शताब्दी में अंग्रेज़ों की सद्भावना और न्यायप्रियता पर विश्वास करके अपनी माँगें उनके सामने प्रार्थना के रूप में प्रस्तुत करती रही, लेकिन इन प्रार्थनाओं का कोई फल नहीं निकला । इसलिए कांग्रेस में असंतोष बढ़ने लगा जो सन् 1905 ई. में बंग-भंग के समय पूर्णतः सामने आ गया । इस बंग-भंग का सभी देशभक्त भारतीयों ने विरोध किया, लेकिन विरोधक स्वरूप को लेकर उनमें मतभेद था । फलतः कांग्रेस में उग्र और उदार दो दल बन गए । सन् 1906 ई. में कांग्रेस की सदस्यता के नियम इस प्रकार बना दिए गये जिससे उग्र दल वालों के लिए उसके दरवाजे बंद हो गए । अंग्रेज़ सरकार भी उग्रवादियों के खिलाफ थी । अतः सन् 1907 ई. में बिना मुकदमा चलाए लाला लाजपतराय को देश से निर्वासित करके माण्डले भेज दिया गया । अगले ही वर्ष केसरी के लेखों को बहाना बनाकर तिलक को छह वर्ष की कड़ी सजा देकर माण्डले भेज दिया गया । लेकिन इससे अंग्रेज़ी शासन का विरोध कम नहीं हुआ । सन् 1915 ई. में तिलक और एनी बेसेण्ट ने होमरूल आंदोलन चलाया । सन् 1919 ई. का रौलेट-एक्ट इसी दमनचक्र का अंग था और 13 अप्रैल सन् 1919 ई. को जलियाँवाला बाग का हत्याकाण्ड उस दमनचक्र की चरम परिणति थी । बुद्धिजीवियों की भूमिका का विशेष महत्त्व रहा है स्वाधीनता आंदोलन के इतिहास में । मैथिलीशरण गुप्त ने निम्न पंक्तियों में देश के उत्कर्ष को जगाया । सबको एक किया-

"हम कौन थे क्या हो गये और क्या होंगे अभी,
आओ विचारे आज मिलकर ये समस्याएँ सभी ।
सम्पूर्ण देशों से अधिक किस देश का उत्कर्ष है,
उसका कि जो ऋषिभूमि है, वह कौन, भारतवर्ष है ।"[2]

राष्ट्रीय नेताओं ने जहाँ देशवासियों को एक सूत्र में बांधा, आंदोलन के लिए उत्साहित किया, वहीं मैथिलीशरण गुप्त की इन पंक्तियों ने हृदय को स्पन्दित किया-

"है ज्ञात क्या तुमको नहीं तुमलोग तीस करोड़ हो,

यदि ऐक्य हो तो फिर तुम्हारा कौन जग में जोड़ हो,

उत्साह-जल से सींचकर हित का अखाड़ा गोड़ दो,

गर्दन अमित्र अधः पतन की ताल ठोंक मरोड़ दो ।।"[3]

द्विवेदी युगीन कविता की राष्ट्रीयता साम्राज्यवादी शोषण के हर कुचक्र का पर्दाफाश करती है इसलिए राष्ट्रीय भावना में युद्ध आक्रोश की प्रवृत्ति भी बढ़ जाती है । जयद्रथ वध में गुप्त जी लिखते हैं-

"अधिकार खोकर बैठ रहना यह महादुष्कर्म है ।

न्यायार्थ अपने बंधु को भी दंड देना धर्म है ।।"[4]

देशभक्ति की भावना और देश के गौरव की रक्षा इस राष्ट्रीयता का बृहत् भाव है उदाहरण स्वरूप गया प्रसाद शुक्ल सनेही की पंक्तियां हैं-

"जिसको न निज गौरव तथा निज देश का अभिमान है,

वह नर नहीं है पशु निरा है और मृतक समान है ।"[5]

द्विवेदी युगीन कविताओं में स्वाधीनता आंदोलन की प्रमुख गतिविधियों का चित्रण विद्रोह भावना के माध्यम से किया गया है । इस प्रवृत्ति का आरम्भ भारतेन्दु हरिश्चंद्र के 'भारत दुर्दशा' में संकेत रूप में होता है और द्विवेदी युग में आकर यह भावना विद्रोह का स्वर ग्रहण करती है । स्वाधीनता आंदोलन के दिनों में बाल गंगाधर तिलक ने 'केसरी' की सम्पादकीय टिप्पणी में विद्रोह की चेतना की मुखर अभिव्यक्ति की जिसका प्रभाव उस युग की साहित्यिक कृतियों में स्पष्ट दृष्टिगोचर होता है । डॉ. कृष्णबिहारी मिश्र लिखते हैं- "केसरी उकसाता था, 'मराठा' समझता था केवल सप्रक का भेद था ।"[6]

द्विवेदी युग में ही महात्मा गांधी द्वारा सविनय अवज्ञा आंदोलन चलाया गया था, उनके नेतृत्व में देश के ग्रामीण किसान तथा श्रमिक और विभिन्न क्षेत्रों में कार्य करने वाले कर्मचारी आने लगे थे । इसी से प्रेरित होकर 'श्री नाथूराम शर्मा शंकर' ने

स्वाधीनता आन्दोलन और हिन्दी कविता

रोग और वैद की जड़ गुलामी को मानते हुए लिखा था-

"जिसका बैरी मित्र बनेगा, उसका कर देगा संहार।

फूंक दिया कपटी कौआ ने, छलकर उल्लू का परिवार।

प्रबल शत्रु के सर्वनाश का सीखो, समझो, सहज उपाय।

यारों, आज अनहोनी आन्हा, आओ गाओ ढोल बजाये।।"[7]

इन पंक्तियों में देशभक्ति का स्वरूप राजनीति और कूटनीति से प्रेरित है, इसलिये नाथूराम शर्मा 'शंकर' ने शत्रुओं के सर्वनाश के लिए उपाय सुझाये थे अंग्रेज़ों द्वारा अपनायी गई कूटनीति चालों ने भारतवासियों को सचेत करना शुरू किया था। रायदेवी प्रसाद 'पूर्ण' ने इसे इस प्रकार व्यक्त किया है-

"ठहरो, भागो नहीं, स्वदेशी चर्चा छूकर।

करो 'पूर्ण' उद्योग बनो मत शूकर कूकर।।"[8]

स्वाधीनता संग्राम के आंदोलनों में नेतृत्व करने के कारण गांधी जी का प्रभाव पूरे द्विवेदी युग की काव्य कृतियों पर परिलक्षित है। उनके 'खिलाफत आंदोलन' का प्रभाव मैथिलीशरण गुप्त की कालजयी कृति साकेत पर परिलक्षित होता है वनगमन के समय राम के पथ में अयोध्यावासियों का लेटना राष्ट्रीय आंदोलन के प्रभाव का ही परिणाम है-

"जाओ, यदि जा सको रौंद हमको यहाँ।

यो कह पथ में लेट गये बहुजन वहाँ।

अश्व अड़े से खड़े उठाये पैर थे,

क्योंकि समझते प्रेम और वे बैर थे।"[9]

द्विवेदी युग की आंदोलनकारी गतिविधियों में जनमानस को उद्वेलित किया। भारतीय स्वतंत्रता के लिए गांधी जी के नेतृत्व में चलने वाले आंदोलन से श्रीधर पाठक भी प्रभावित थे। राष्ट्रीय चेतना का प्रभाव जन-साधारण पर होने के कारण पाठक जी ने अपनी कृतियों के माध्यम से राष्ट्रीय कविताओं को उच्च स्तर प्रदान किया। 'भारत-गीत' उनकी एक ऐसी रचना है, जिससे राष्ट्रीयता को व्यापक

आयाम मिलता है तथा स्वाधीनता प्राप्ति के लिए उत्सुक भारतवासियों का नया संबल और प्रेरणा। पाठक जी ने लिखा है कि-

"जय-जय भारत-भूमि हमारी, जय-जय रंजीनि जय अध गंजिनी।

संपति सुमति सुकृत-सुख पंजिनि, बुध-जन-हृदय-सरोवर कंजिनि।।

सकल सुकर्मन की महतारी, जय-जय भारत भूमि हमारी।"[10]

इस कविता के माध्यम से कवि ने भारतीय पुराणों में विद्यमान उस विश्वास को जागृत किया है, जिसके माध्यम से 'जननी' को 'माता' के रूप में स्थान दिया जाता है। इसी श्रद्धा और विश्वास के अंतर्गत द्विवेदी युग के अन्य कवियों ने भी 'भारत-भूमि' की वंदना संबंधी कृतियों के माध्यम से आस्था और विश्वास जागृत किया। भारत-भूमि को ''त्रिजग छवि-अभिराम सुख कुन्दरि'' आदि कहकर इस रचना में पाठक जी ने देश के अतीत का गौरवगान किया है।

भारत के अतीत की पुनः देशवासियों के सामने प्रस्तुत करना द्विवेदी युगीन कवियों का प्रमुख उद्देश्य था। इन रचनाकारों का यह मानना था कि भारतवासियों में अंग्रेज़ी संस्कृति के प्रति अनुराग, गुलामी की मानसिकता है जिसको दूर करने के लिए स्वदेश के प्रति आस्था और श्रद्धा उत्पन्न करना आवश्यक था।

अतीत के पूर्ण वैभव का चित्रण करते हुए पाठक जी अपनी कविताओं के माध्यम से वे देश का वह आदर्श रूप स्वीकार करते हैं, जिसका प्रत्येक नागरिक देश की आन-बान और शान पर मर मिटता हो-

"वंदनीय वह देश, जहाँ के देशी निज-अभिमानी हो।

बाँधवता में बंधे परस्पर, परता के अज्ञानी हों

निन्दनीय वह देश, जहाँ के देशी निज अज्ञानी हों।

सब प्रकार परतंत्र, पराई प्रभुता के अभिमानी हों।"[11]

नवजागरण के प्रेरक स्वामी दयानंद सरस्वती, रामकृष्ण परमहंस तथा अन्य महापुरूषों ने राष्ट्रभक्ति का वातावरण उत्पन्न करने के लिए सेवा-भावना, त्याग,

परोपकार आदि आदर्श गुणों पर बल दिया था । राष्ट्रभक्ति के द्वारा द्विवेदी युग के कवियों ने इन्हीं आदर्शों को अपनी रचनाओं में स्थान दिया है ।

स्वाधीनता संग्राम के दिनों में जिस प्रकार राष्ट्रभक्त नेताओं ने भारतवासियों की तंद्रा और आलस्य दूर करने की शिक्षा दी । श्रीधर पाठक भी उसी प्रकार इस प्रेरणा में अपना स्वर सम्मिलित करते हुए भारतवासियों को जगाते हैं-

"भारत, चेतहु नींद निवारो।
बीती निशा, उदित भयो दिन मनि, कबको भयो सकारो ।।"[12]

भारतीय राष्ट्रीय कांग्रेस द्वारा चलाये जा रहे स्वाधीनता आंदोलन एवं नवजागरण की भावना का रूप नारी जागरण है । अयोध्या सिंह उपाध्याय 'हरिऔध' की रचना 'प्रियप्रवास' में नारी जागरण का प्रभाव राधा के लोक सेविका रूप में दृष्टव्य है । मैथिलीशरण गुप्त की रचना साकेत की 'सीता' भी इसी प्रकार चित्रकूट की कुटिया में राजभवन की कल्पना करती हैं । राधा द्वारा ब्रजवासियों की सेवा करना तथा कृष्ण की अनुपस्थिति में यशोदा को धैर्य बंधाना इस प्रकार का नारी जागरण का आदर्श रूप है । 'हरिऔध' में यह भाव विशेष रूप से पल्लवित हुआ है उनकी काव्य प्रतिभा के अन्तर्गत लोक सेविका 'राधा' का रूप आधुनिकता से मंडित तथा नारी जागरण से परिचालित है-

"वे छाया थीं सुजन सिर की, शासिका थीं खलों की।
दीनों, हीनों की परम निधि थीं, अनाथ आश्रितों की।"[13]

इस प्रकार 'हरिऔध' भी अपने समकालीन स्वाधीनता आंदोलन से प्रभावित होकर अपनी कृतियों में आधुनिकता का अनुगमन करते हैं ।

द्विवेदी युगीन कविता तथा भारतीय राष्ट्रीय कांग्रेस की स्वाधीनता आंदोलन की गतिविधियों का साथ-साथ संचालन एक अद्भुत संयोग है । साहित्य, सामाजिक और साँस्कृतिक गतिविधियों का प्रतिबिम्ब होता है । लोकमान्य तिलक, लाला लाजपत राय, गोपाल कृष्ण गोखले तथा विपिनचन्द्र पाल, महात्मा गांधी की नीतियों का प्रभाव द्विवेदी युग की काव्य-कृतियों पर देखा जाता है ।

गांधी जी के सत्य अहिंसा और सदाचार के सिद्धांत का प्रभाव द्विवेदी युग की कविताओं पर देखा जाता है। स्वाधीनता आंदोलन में महात्मा गांधी की भूमिका की चर्चा इंग्लैण्ड, अमेरिका, फ्रांस के पत्र-पत्रिकाओं में होती रही, और हिन्दी के कवि पं. रामनरेश त्रिपाठी, मैथिलीशरण गुप्त, सुमित्रानंदन पंत, सोहनलाल द्विवेदी ने उनकी उपलब्धियों का उल्लेख अपने कृतियों में किया है। जेल यात्रा, सत्याग्रह, देश भ्रमण तथा जन-जन में स्वाधीनता की भावना जागृत करने का श्रेय 'गांधी जी' को है। मैथिलीशरण गुप्त ने 'भारत-भारती' में लिखा है-

"लो भाग्य अपना शीघ्र ही कर्तव्य के मैदान में,
हो बद्ध परिकर दो सहारा देश के उत्थान में।
डूबे न देखे नाव अपनी है पड़ी मझधार में,
होगा सहायक कर्म का पतवार ही उद्धार में।"[14]

द्विवेदी युग में स्वराज की परिकल्पना स्पष्ट आकार लेती है। राष्ट्रीय राजनीति भले ही अभी स्वायत्तशासी राज्य आदि पर विचार कर रही थी, परन्तु द्विवेदीयुगीन कवि 'दुखदायी शासन' को हटाने और अपना राज्य स्थापित करने अर्थात स्वराज्य प्राप्त करने को एक स्पष्ट लक्ष्य मान रहे हैं।

देशवासियों में व्याप्त पराजय बोध को दूर करने के लिए कवियों ने सुखमय, आत्माभिमानी विश्वगुरू, शान्तिपूजक, युद्ध विरोधी, समृद्ध कला, ज्ञान और विज्ञान वाले कल्पित भारतीय अतीत का गौरवगान किया। मैथिलीशरण गुप्त 'भारत-भारती' में लिखते हैं-

"यह पुण्य भूमि प्रसिद्ध है, इसके निवासी आर्य हैं,
विद्या कला कौशल्य सबके, जो प्रथम आचार्य हैं।
संतान उनकी आज यद्यपि, हम अधोगति में पड़े,
पर चिह्न उनकी उच्चता के आज भी कुछ हैं खड़े।।"[15]

कवियों ने गौरवशाली अतीत में पुरखों के त्याग, शौर्य और पराक्रम तथा बलिदान की गाथाएँ गाईं। इस तरह वर्तमान की दुर्दशा से बाहर जाने के लिए नवयुवकों को त्याग और बलिदान के लिए प्रेरित किया गया- 'प्राणों का बलिदान

स्वाधीनता आन्दोलन और हिन्दी कविता

देश की बेदी पर करना होगा' मैथिलीशरण गुप्त ने 'स्वदेश संगीत' और 'भारत-भारती' में ठाकुर गोपाल शरण सिंह, रामनरेश त्रिपाठी आदि कवियों ने अपने गीतों और खण्डकाव्यों के माध्यम से परतंत्रता के खिलाफ संघर्ष का बिगुल बजाने का आह्वान किया । इस युग के कवि राष्ट्रीयता, राष्ट्रीय जागरण, स्वातंत्र्य भावना, समाज-सुधार, मानवतावाद के बृहत्तर परिप्रेक्ष्य में विषयों का चुनाव कर रहे थे । श्रीधर पाठक की रचना में देशभक्ति की भावना को निजी अस्मिता से जोड़ा गया है-स्वाधीनता-प्राप्ति के लिए त्याग की भावना पर ज़ोर दिया-

"पैदा कर देश-जाति ने तुमको पाला पोसा,
किये हुए है, वह निज हित का तुमसे बड़ा भरोसा,
उससे होना उऋण प्रथम है सत्कर्तव्य तुम्हारा,
फिर दे सकते हो वसुधा को शेष स्वजीवन सारा ॥"[16]

अतः सभी दृष्टियों से आधुनिक हिन्दी कविता का द्विवेदी युग आधुनिकता, नवजागरण, राष्ट्रीयता, क्रान्ति और विद्रोह की चेतना का धारक है । इस युग के कवियों को राष्ट्रीयता का संदेश भारतवासियों तक पहुँचाया तथा परतंत्रता के खिलाफ संघर्ष का बिगुल बजाने का आह्वान किया ।

******

संदर्भ ग्रंथ

1. हिन्दी साहित्य का इतिहास, विजयेन्द्र स्नातक (2018), साहित्य अकादमी, पृ- 220

2. भारत-भारती, मैथिलीशरण गुप्त (1984), साहित्य सदन, पृ- 4

3. वही, पृ- 16

4. जयद्रथ वध, मैथिलीशरण गुप्त (2009), लोकभारती प्रकाशन, पृ- 8

5. गया प्रसाद शुक्ल सनेही-जीवन और काव्य (2006), सम्पादक नरेश चन्द्र चतुर्वेदी, साहित्य अकादमी, पृ- 34

6. हिन्दी पत्रकारिता, डॉ. कृष्ण बिहारी मिश्र (2009), भारतीय ज्ञानपीठ, पृ- 285

7. राष्ट्रीय कवितायें, सम्पादक नरेश चन्द्र चतुर्वेदी, साहित्य अकादमी, पृ- 189

8. वही, पृ- 156

9. वही, पृ- 77

10. वही, पृ- 92

11. वही, पृ- 98

12. वही, पृ- 107

13. वही, पृ- 119

14. वही, पृ- 138.

15. वही, पृ- 178

16. वही, पृ- 193

शैलेंद्र का देशप्रेम

रजनीश कुमार

आदमी जहाँ जन्म लेता है जहाँ बचपन गुजारता है, जवान होता है वहाँ से उसकी पहचान होती है और उसका वतन भी उससे पहचाना जाता है । वहाँ की संस्कृति उसके मानस पटल पर अंकित रहती है वह कहीं भी रहे अपने वतन से पहचाना जाता है । साहित्य, सिनेमा व अन्य क्षेत्रों में ऐसे कई व्यक्ति होते हैं जिनमें उनका देश नज़र आता है अपने देश के संदर्भ में मिसाल के तौर पर सिने जगत के अदाकार मनोज कुमार को लिया जा सकता है उनकी पहचान एक देशभक्त अभिनेता के रूप में है । उन्हें 'भारत कुमार' कहा जाता है उनकी ये पहचान इसलिए है कि उनकी फिल्मों में उनके किरदारों में हिंदुस्तान अपनी समस्त ख़ूबियों और ख़ामियों के साथ मौजूद है । यहां की रवायतें, कल्चर के अनेक पहलू उनमें इस तरह दिखाई देते हैं कि इनकी फ़िल्मों को देखकर हिंदुस्तान को जाना जा सकता है । ऐसी ही एक शख्सियत शैलेंद्र हैं जिनके गीतों में हिंदुस्तान नज़र आता है ।

हमारे देश में गीतों की बड़ी समृद्ध परंपरा रही है जीवन के दुःख-सुख, हर्षोल्लास, पर्व, मेला, जन्म-मरण, स्वप्न-जागरण हर मौके पर गीत मिलते हैं यही कारण है कि हमारे देश को गीतों का देश कहा जाता है । पहले लोकगीत ही हर अवसर पर गाए जाते थे । प्रेस आने से पूर्व तक लोकगीत भारतीय मानस के कंठ में सुरक्षित थे जिनमें देश की रवायतें इतिहास सुरक्षित है । हिन्दी सिनेमा में बोलती

फ़िल्मों के शुरुआत से ही गीतों का प्रयोग शुरू हो गया था और अब तक होता आ रहा है। शुरुआती दौर में सिनेमा में लोकगीतों का प्रयोग बहुतायत में होता था और बड़े शायरों मीर, ग़ालिब की गज़लों का भी प्रयोग होता था। अब सिनेगीत भी लोक व्यवहार में लोकगीतों की तरह गाए जाते हैं। इस संदर्भ में नरेश सक्सेना लिखते हैं "अतीत में जो काम लोकगीत करते थे, यानी हमारी चेतना को संस्कारित करने का, वह काम आज सिनेमा के गीत करते हैं। बदलती हुई टेक्नोलॉजी के कारण लोकगीतों की जगह फ़िल्मी गीतों ने ले ली है। शादियों में 'लेडीज़ संगीत' हो या भजन कीर्तन या तो फ़िल्मी गीत गाए जाते हैं या उनकी पैरोडियां।"[1] अदब के शायर भी सिनेमा के लिए गीत लिखते आ रहे हैं, हिन्दी के भी और उर्दू के भी।

शैलेंद्र हिन्दी साहित्य से सिनेमा में गए थे, उनके गीत व कविताएँ हिंदुस्तान के यथार्थ को बयां करती हैं। शैलेंद्र का रचनाकाल सन् 1941 से 66 ई. तक रहा है उनकी शुरुआती कविताओं में रुमानियत मिलती है और ये आज़ादी के आंदोलन में भी सक्रिय थे उस समय की कविताओं में आज़ादी को लेकर सपने थे। परंतु आज़ादी के बाद की कविताओं में आक्रोश मिलता है।

हिन्दी साहित्य में आज़ादी के बाद मोहभंग की स्थिति दिखाई देती है आज़ादी के तुरंत बाद ही जिन कवियों की कविताओं में मोहभंग मिलता है उनमें नागार्जुन, शैलेंद्र और माखनलाल चतुर्वेदी के नाम लिए जा सकते हैं। शैलेंद्र की कविताई में प्रखर राजनीतिक चेतना है, उनकी कविताएँ उनके प्रथम काव्य-संग्रह 'न्यौता और चुनौती' में मिलती हैं जो सन् 1955 में आया था इसमें सन् 1947 से सन् 1952 तक की कविताएँ शामिल हैं। मोहभंग उनकी सन् 1947-48 ई. की कविताओं में ही दिखाई देने लगता है। प्रहलाद अग्रवाल उनके संदर्भ में लिखते हैं "चौबीस साल के नवयुवक शैलेंद्र को आज़ादी का सुप्रभात आलोकित नहीं करता। सन् 1947 से 1950 ई. के दौरान लिखी गई कविताओं में वे उन अंधेरों को रेखांकित करते हैं जो आज़ादी के उजाले को चंद लोगों की जागीर बनाकर दम लेंगे। शैलेंद्र का वह अभिज्ञान पचास-पचपन साल बाद आज और अधिक स्पष्टता से प्रकाशित हो रहा है। उन्होंने जिन दुखती रंगों पर उंगली रखी थी वे आज भारतीय समाज की विडंबनाएँ बनकर आहत कर रही हैं। उन्होंने तब सवाल किया था- 'इन बनियों और लुटेरों को क्या सरकारी कंसेशन है? और स्पष्ट कहा था- 'रह गई गुलामी बरकरार हम समझे अब छुटकारा है।"[2]

वे स्वतंत्रता-आंदोलन का हिस्सा थे और जब देश स्वतंत्र होता है तो वे सारे मुद्दे कहीं पीछे छूट जाते हैं, जिनको लेकर स्वतंत्रता आंदोलन चल रहा था राजनेता अपने स्वार्थ सिद्धि के लिए कारपोरेट घरानों से गठजोड़ में लग जाते हैं, उनका काम किसी भी क़ीमत पर सत्ता हथियाना रह जाता है । देश की जनता जिसने आज़ादी पाने के लिए संघर्ष किया था उसकी हालत सुधरने के बजाय बद से बदतर होती जा रही थी । वे सन् 1947-48 ई. की कविताओं में लिखते हैं-

"वही नवाब वही राजे कोहराम वही है

पदवी बदल गई है किंतु निज़ाम वही है

थका पिसा मजदूर वही दहकान वही है

कहने को भारत पर हिंदुस्तान वही है ।"[3]

शैलेंद्र ने इस यथार्थ को बहुत जल्दी पहचान लिया था कि आज़ादी के नाम पर सिर्फ सत्ता परिवर्तन हुआ है । जैसा भगत सिंह कहते थे कि यदि गोरे अंग्रेजों के स्थान पर काले अंग्रेज़ आ जाएं तो इससे देश की जनता को क्या लाभ? आज़ादी के साथ ही भारत-विभाजन जैसी त्रासदी होती है, जिसमें न सिर्फ देश के दो टुकड़े हो जाते हैं बल्कि बड़ा नरसंहार होता है । इसे दुनियाँ के इतिहास में बड़े नरसंहारों में गिना जाता है। इस त्रासदी को वे अपनी कविताओं व फ़िल्मी गीतों में अभिव्यक्त करते हैं-

"ये रोशनी के साथ क्यूँ

धुआँ उठा चिराग़ से

ये ख़्वाब देखती हूँ मैं

या जग पड़ी हूँ ख़्वाब से ।"[4]

आज़ादी की रोशनी तो आई परंतु यह अपने साथ बँटवारे का धुआं लेकर आती है जिसमें साम्प्रदायिक दंगे होते हैं और बड़ी संख्या में लोग मारे जाते हैं, बेघर होते हैं । इस विडंबना को हिन्दी उर्दू के बहुत से शायरों, लेखकों ने बयां किया है । फ़ैज़ अहमद फ़ैज़ इसे *'ये दाग़ दाग़ उजाला ये शब गज़ीदा सहर/ वो इंतज़ार था जिसका ये वो सहर तो नहीं ।'* कहते हैं तो सआदत हसन मंटो इसे अपनी 'ठंडा गोश्त' और 'खोल दो' जैसी कहानियों में कहते हैं । बाद में दुष्यंत कुमार ने इस

पृष्ठभूमि पर एक ग़ज़ल कही - 'कहाँ तो तय था चराग़ां हर एक घर के लिए। कहाँ चराग़ मयस्सर नहीं शहर के लिए ।।

शैलेंद्र इस विभाजन को अंग्रेज़ों के षड्यंत्र की देन मानते हैं उनका मानना था कि आज़ादी क्रांति के माध्यम से ही आनी चाहिए थी, अंग्रेज़ों के षड्यंत्र के कारण आज़ादी थोड़ा जल्दी तो मिल गई परंतु वे जाते-जाते देश के दो टुकड़े कर गए। वे कहते हैं-

"परदेसी कैसी चाल चल गया

झूठे सपनों से हमको छल गया

डर के वह घर से तो निकल गया

दो आंगन कर गया इक मकान के

सुन भैय्या रहिमू पाकिस्तान के

भलुआ पुकारे हिंदुस्तान से ।"[5]

जब दोनों देशों में सांप्रदायिकता की आग लगी हुई थी, लोग एक दूसरे के ख़ून के प्यासे हो गए थे ऐसे समय में शैलेंद्र क़ौमी एकता के गीतों के माध्यम से आपसी सौहार्द क़ायम करने के लिए प्रयासरत थे । उस समय बंटवारे में कितने ही लोग बेघर हो गए थे, कितने परिवार उजड़ गए थे, अपने घरों और अपनों को ढूंढते लोग शरणार्थी शिविरों में रह रहे थे । संवेदनाएँ मर चुकी थीं । आदमी आदमी का दुश्मन हो गया था, नेताओं को अपने व्यक्तिगत हितों की पड़ी थी । लोगों के पास काम नहीं था इस स्थिति का शैलेंद्र ने सन् 1951 ई. में आई फ़िल्म 'आवारा' के एक गीत में ज़िक्र किया है-

"घर बार नहीं संसार नहीं

मुझसे किसी को प्यार नहीं

उस पार किसी के मिलने का इक़रार नहीं

मुझसे किसी को प्यार नहीं

दुनियाँ मैं तेरे तीर का

या तक़दीर मारा हूँ

आवारा हूँ"[6]

इस गीत का जो किरदार है वह देश का नौजवान है जो बेरोज़गार है, बेघर है और ये आवारगी उसके द्वारा चुनी हुई नहीं है बल्कि व्यवस्था द्वारा दी गई है। ये उस समय की स्थिति का वास्तविक चित्रण है।

शैलेंद्र एक सच्चे देशप्रेमी थे, वे स्वतन्त्र भारत में देश की जनता द्वारा देखे गए सपनों को साकार होता देखना चाहते हैं वे आज़ादी को एक नई ज़िम्मेदारी समझते हैं आज़ादी आने से ज़्यादा उसे संभालकर रखने की ज़रूरत है और इसके निर्वहन की उम्मीद वे देश के नेताओं से नहीं बल्कि मजदूरों और किसानों से करते हैं-

> *"अब तो इस आज़ाद मुल्क़ में*
> *सबके सिर ज़िम्मेदारी है आज़ादी की*
> *ख़ून बहाए बिना मिली जो महाजनों को*
> *हित चिंतक उदार गोरों से*
> *सदियों से ग़ुलाम भारत के कंधे टूटे*
> *लेकिन बोझा अब पहले से भारी है।"*[7]

स्वतंत्रता आंदोलन के दौरान देश में एक ऐसा वर्ग भी था जो अंग्रेज़ों का साथ दे रहा था और उनसे लाभान्वित हो रहा था। बाद में यही हुआ कि आज़ादी उन्हीं कुछ लोगों की रखैल बनकर रह गई। रामविलास शर्मा लिखते हैं "अंग्रेज़ों के तलवे चाटने वाले सामंती पिट्ठू आज अपने को निर्लज्जता से प्रताप और शिवाजी का वंशज कहकर हिन्दू धर्म के रक्षक बनकर सामने आते हैं। जिन मुनाफाखोरों ने देश की जनता को नंगा और भूखा रखा था, वे राष्ट्रीय पत्रों के संचालक बने हुए हैं। वे ज़मींदार जो अंग्रेज़ी अफसरों को दावत देते रहे और घूसखोर पुलिस के अफसरों के मित्र बने रहे, वे कांग्रेस के बहुत बड़े नेता बनकर हिंदुत्व की रक्षा करने निकल पड़े हैं।[8]

शैलेंद्र ने आज़ादी के बाद जो परिस्थितियाँ थीं उन्हें तो दर्शाया ही साथ ही उन परिस्थितियों के लिए ज़िम्मेदार लोगों को भी रेखांकित किया। वे नेताओं और पूँजीपतियों की गठजोड़ से शोषित पीड़ित जनता से उम्मीद करते हैं और जन

आंदोलन के रास्ते अपनाते हैं। यह वह दौर था जब प्रगतिशील विचारों वाले लोगों को पीड़ित-प्रताड़ित किया जा रहा था, उनका दमन किया जा रहा था। वे सन् 1948 ई. में ही इस स्थिति को एक कविता के माध्यम से अभिव्यक्त करते हैं-

इस गीत से उनकी दूरदर्शिता को देखा जा सकता है। आज़ादी के मात्र एक साल बाद ही वे इन स्थितियों को जान लेते हैं, उनकी इस तरह की कविताएं आज बहुत ही प्रासंगिक हैं अभी हाल ही में समाप्त हुए किसान आंदोलन को देखा जा सकता है कि किस तरह कुछ कारपोरेट घरानों ने फायदे लिए अपने ही देश में अपने ही लोगों द्वारा अपने ही लोग प्रताड़ित किए गए, उन पर तरह-तरह के मुक़दमें लगाए गए। वह लिखते हैं-

"तुम किसान मजदूरों पर गोली चलवाओ
और पहन लो खद्दर देशभक्त कहलाओ
तुम सेठों के संग पेट जनता का काटो
तिस पर आज़ादी की सौ सौ बातें छांटो
हमें न छल पाएगी है यह कोरी आज़ादी
उठ री उठ मजदूर किसानों की आबादी।"¹⁰

शैलेंद्र के गीतों में देश प्रेम झलकता है। हमारी सभ्यता संस्कृति के वह प्रतिनिधि गीतकार हैं, अपने एक गीत में वे अपनी पहचान कुछ इस तरह बताते हैं-
"होठों पे सच्चाई रहती है
जहां दिल में सफाई रहती है
हम उस देश के वासी हैं
जिस देश में गंगा बहती है।"¹¹

यह गीत राज कपूर की फिल्म 'जिस देश में गंगा बहती है' से लिया गया है यह फिल्म सन् 1960 ई. में आई थी, उस समय द्वितीय विश्व युद्ध को हुए बहुत समय नहीं हुआ था जिसमें भीषण नरसंहार हुआ। पश्चिमी देशों ने दुनिया को बहुत बुरी

तरह प्रभावित किया था। इस गीत ने पश्चिमी देशों की पशुता के विरुद्ध पूर्वी देशों को अमन पसंद बताया गया है, जहाँ के लोग इंसान की कीमत जानते हैं, वह मिल जुल कर रहते हैं। इसमें पश्चिमी देशों की साम्राज्यवादी प्रवृत्ति को भी दर्शाया गया है, पूर्वी देशों के जीवन मूल्य पश्चिमी देशों से एकदम अलग हैं, यहाँ के लोग जीवन को जी लेने में ही उसकी सुंदरता और सार्थकता समझते हैं। यहाँ की जनता भोली-भाली और निश्छल है। जिसे वे एक अन्य गीत में कुछ इस तरह बयां करते हैं-

"उस देश में तेरे परदेस में

सोने चांदी के बदले में बिकते हैं दिल

इस गांव में दर्द की छांव में

प्यार के नाम पर ही धड़कते हैं दिल।"[12]

अपनी संस्कृति से उन्हें बेहद प्यार है और यह प्यार किसी भी हद तक महदूद नहीं है। जैसा कि कहा जाता है कि सभ्यताएँ आपस में टकराती हैं और संस्कृतियाँ आपस में घुल-मिल जाती हैं, उनके गीतों में प्रकृति का संगम है तो कहीं नदियों के बहाने दो मन मिलते हैं तो कहीं संस्कृतियों का संगम देखने को मिलता है। ऐसा ही उनका एक गीत है, जिसमें अंतरराष्ट्रीय स्तर पर हमें संस्कृतियों का संगम देखने को मिलता है-

"मेरा जूता है जापानी

ये पतलून इंगलिस्तानी

सर पे लाल टोपी रूसी

फिर भी दिल है हिंदुस्तानी।"[13]

हम लिबास किसी भी मुल्क के पहन लें परंतु दिल हिंदुस्तानी ही रहना चाहिए, अपनी मूल पहचान को हमेशा बनाए रखना चाहिए। उर्दू के ज़दीद दौर के शायर बशीर बद्र का एक शेर याद आता है *'बड़े लोगों से मिलने में थोड़ा फासला रखना। जहां दरिया समंदर में मिला दरिया नहीं रहता।'* देश की संस्कृति मेलों, त्यौहारों से तो उन्हें प्यार था ही नदियों से उनका प्यार उनके कई गीतों में देखा जा सकता है। नदी के माध्यम से वह अपनी पहचान बताते हैं *'मेरा नाम राजू घराना अनाम बहती है गंगा जहां मेरा धाम।'* इस तरह के कई गीत हैं, जहां वे अपने कल्चर

से अपने आप को बहुत गौरवान्वित महसूस करते हैं, वहीं देश की बदइन्तज़ामी पर चिंता भी प्रकट करते हैं। वे कहीं भी यथार्थ से भागते नहीं हैं बल्कि उसे पूरी सच्चाई के साथ स्वीकार करते हैं और उनको जुबान देते हैं-

"यह लूट खसोट ये डाकाज़नी

भाई की भाई से न बनी

यह धरती क्या कुछ सहती है

उस देश में ये भी होता है

जिस देश में गंगा बहती है

उस देश में यह क्यूँ होता है

जिस देश में गंगा बहती है।"[14]

जो देश, प्रेम और जीवन का संदेश देता है, वहाँ पर इस तरह की घटनाएँ होना वाक़ई बेहद चिंताजनक है जो वह अपने गीत में प्रकट करते हैं। शैलेंद्र साहित्य से सिनेमा में गए थे और इस बात को कभी नहीं भूले, वे सिनेगीतों में स्तरीयता के लिए जाने जाते हैं, उनके गीतों में जनवादी तत्त्व है, इसीलिए वह आज जनकवि के रूप में जाने जाते हैं। शैलेंद्र के गीतों पर टिप्पणी करते हुए राजेश जोशी ने लिखा है "शंकर शैलेंद्र फिल्मों के लिए लिख रहे थे, पर उन गीतों में जीवन में वही गहरी आस्था, सकारात्मक दृष्टि, वही सपनों को साकार करने का दृढ़ आग्रह, निष्ठा, वही देश-प्रेम झलकते थे, जो उनके द्वारा इप्टा के मंच के लिए लिखे गए गीतों में पाए जाते थे। फिल्मों के लिए लिखते हुए शैलेंद्र उन्हीं उदात्त भावनाओं को व्यापक स्तर पर प्रसारित कर रहे थे। इसलिए बाबा नागार्जुन ने उन्हें जन-मन के सजग चितेरे कहा है।"[15] ये और बात है कि साहित्यिक आलोचकों ने उनका मूल्यांकन उस तरह से नहीं किया जिस तरह से होना चाहिए था, परंतु उनके गीत (फ़िल्मी और फ़िल्मों से इतर) लोक में मुहावरों की तरह प्रयोग किए जाते हैं। लोगों को उनके गीत याद हैं भले ही वे यह नहीं जानते कि उनका रचयिता कौन है?

शैलेंद्र ने देश की जनता से प्रेम किया वे सामाजिक बदलाव के लिए एक प्रतिबद्ध कार्यकर्ता थे। वे जनांदोलनों में एक मजदूर की हैसियत से शामिल होते एवं गीत गाते, उनके गीत आंदोलनों में नारा बनते थे। उनके कई गीत नारा बने मसलन-

"हर जोर ज़ुल्म की टक्कर में हड़ताल हमारा नारा है!"

***

"क्रांति के लिए उठे कदम
क्रांति के लिए जले मशाल
भूख के विरुद्ध भात के लिए
रात के विरुद्ध प्रात के लिए
मेहनती ग़रीब ज़ात के लिए
तू ज़िन्दा है तो ज़िंदगी की जीत में यकीन कर
अगर कहीं है स्वर्ग तो उतार ला ज़मीन पर।"

वगैरह, वगैरह । वे जनांदोलनों के प्रमुख आकर्षण हुआ करते थे । उनके गीतों की इस ख़ासियत पर टिप्पणी करते हुए राजेश जोशी ने लिखा है "किसी गीत की पंक्ति का इस तरह संघर्ष करती हुई जनता की संपत्ति बन जाना सदी की एक आश्चर्यजनक घटना है ।"[16] उस दौर में उनके द्वारा लिखे गए गीत आज भी जनांदोलनों में गाए जाते हैं । उनके गीत प्रगतिशील साहित्य की अनमोल धरोहर हैं। आंदोलन और गीत का साथ चोली दामन के साथ की तरह होता है, आंदोलनों के दौरान गीत व नारे गाए जाते हैं, इस संदर्भ में मैनेजर पांडेय ने लिखा है "आधुनिक हिन्दी कविता का इतिहास गवाह है जब-जब जन-आंदोलन तेज़ हुए हैं और कविता आंदोलन की ओर मुड़ी है तब-तब गीत रचना में तेज़ी आई है । जन-आंदोलन गीत-रचना की उर्वर भूमि होते हैं ।"[17] उनकी सम्पूर्ण कविताई में एक उच्च मानवीय मूल्य और संवेदनाएँ हैं जिनमें भारतीयता की महक है, सीधे-सरल शब्दों में वे लोक की झांकी प्रस्तुत करते हैं । वे एक प्रतिबद्ध कवि और सच्चे देशप्रेमी हैं, वे मज़दूरों, किसानों के साथ बड़ी प्रतिबद्धता के साथ खड़े हैं और बताते हैं कि वे किसके कवि हैं और उनकी कविता किसके लिए है-

"जो दुनियाँ भर का बोझ उठाए रंजोग़म से लड़ते हैं
जो अपनी राहें आप बना पर्वत की चोटी चढ़ते हैं
कवि उनका है, कविता उनकी ।"[18]

उनके साथ वे बाहर से आकर नहीं खड़े हो गए हैं बल्कि वे उन्हीं के बीच के हैं वे जो कुछ कह रहे हैं यह उनका अपना भोगा हुआ यथार्थ है । उनकी कविता स्वानुभूति की कविता है । प्रगतिशील साहित्य के तमाम कवियों के बारे में ये कहा

जाता है कि उनकी कविता में जिन किसान मज़दूरों की बात होती है, उसमें उनकी निजी अनुभूति नहीं । इस तरह का इल्ज़ाम निदा फ़ाज़ली द्वारा साहिर लुधियानवी जैसे तरक्क़ी पसंद शायरों पर भी लगाया गया था। परंतु शैलेंद्र के साथ ऐसा नहीं है ।

शैलेंद्र की कविताई में उनका देश-प्रेम, उच्च मानवीय मूल्य, संवेदनाएँ हैं वे चाहे उनके सिनेगीत हों या कविताएँ । सिनेगीतों का अपना साहित्यिक महत्त्व है। वे जिनके लिए लिख रहे थे उनके गीत उन तक पहुंचे भी, आज भी कहीं से गुज़रते हुए कभी न कभी कोई न कोई अक्सर उनके गीत गाते हुए मिल जाता है: *सजनवा बैरी हो गए हमार* या *सजन रे झूठ मत बोलो खुदा के पास जाना है* वगैरह वगैरह । उनके गीतों में हिंदुस्तान मुख़्तलिफ़ रंगो में नज़र आता है, ज़िन्दगी के तमाम मौक़ों पर उनके गीत गाए सुने जाते हैं, चाहे वह त्यौहारों का अवसर हो या कोई उदासी भरा लम्हा । कविता के प्रति उनकी प्रतिबद्धता है और ये जीवन भर बनी रही । वे कविता को सामाजिक बदलाव और प्रेम-सौहार्द क़ायम करने के लिए एक उपयोगी माध्यम के रूप में इस्तेमाल करते हैं । उन्हें कविता से प्रेम है, देश से प्रेम है, यहाँ की समस्त जनता उनकी प्रेमिका है तभी तो वे कहते हैं- "मैं चिर-प्रेमी शैलेंद्र और मेरी प्रेयसी हिन्दी जनता।"[19]

*****

 स्वाधीनता आन्दोलन और हिन्दी कविता

संदर्भ ग्रंथ

1. धरती कहे पुकार के, संपादक: इंद्रजीत सिंह, ग्लोबल पब्लिकेशन प्राइवेट लिमिटेड, द्वितीय संस्करण, 2019 पृ- 204

2. कवि शैलेंद्र: ज़िन्दगी की जीत में यकीन, प्रहलाद अग्रवाल, राजकमल प्रकाशन, नई दिल्ली, प्रथम संस्करण 2005, पृ- 86

3. अंदर की आग, शंकर शैलेंद्र, संपादक, रीमा भारती, राजकमल प्रकाशन नई दिल्ली प्रथम संस्करण, 2013,पृ- 148

4. फ़िल्म: दिल अपना और प्रीत पराई 1960

5. अंदर की आग, शंकर शैलेंद्र, संपादक, रीमा भारती, राजकमल प्रकाशन नई दिल्ली प्रथम   संस्करण, 2013,पृ- 52

6. फ़िल्म: आवारा 1951

7. अंदर की आग, शंकर शैलेंद्र, संपादक, रीमा भारती, राजकमल प्रकाशन नई दिल्ली प्रथम   संस्करण, 2013,पृ 107

8. डॉ. रामविलास शर्मा, मार्क्सवाद और प्रगतिशील साहित्य, पृ 24

9. अंदर की आग, शंकर शैलेंद्र, संपादक;रीमा भारती, राजकमल प्रकाशन नई दिल्ली प्रथम संस्करण, 2013,पृ 86 10.वही, पृ-96

11. फ़िल्म: जिस देश में गंगा बहती है, 1960

12. फ़िल्म: श्री 420 1955

13. फ़िल्म: आवारा 1951

14. फ़िल्म: जिस देश में गंगा बहती है 1960

15. धरती कहे पुकार के, संपादक : इंद्रजीत सिंह, ग्लोबल पब्लिकेशन प्राइवेट लिमिटेड, द्वितीय संस्करण, 2019

16. वही, पृ- 220

17. मैनेजर पांडेय,जनाधार भारती, प्रवेशांक, जुलाई 1991, पृ- 34

18. अंदर की आग;शंकर शैलेंद्र, संपादक,रीमा भारती, राजकमल प्रकाशन नई दिल्ली प्रथम संस्करण, 2013,पृ- 111

19. वही, पृ- 116

राष्ट्रीय एकता के कवि सोहनलाल द्विवेदी

डॉ. अंनत लक्ष्मी

राष्ट्रीयता वह शक्ति है जो एक सीमित भौगोलिक रेखा के अंतर्गत रहनेवाले लोगों को एक सूत्र में बाँधती है। इसमें हमारे राष्ट्र के हित सबसे प्रमुख और सर्वोपरि होते हैं। इसमें व्यक्तिगत लाभ और हानि नगण्य होता है। सामूहिकरण की भावना को जाति, वर्ग, प्रांत, भाषा आदि भेदों से ऊपर उठकर राष्ट्र के समग्र उत्थान की भावना को दृढ़ करना ही एक मात्र लक्ष्य होता है। राष्ट्रहित के लिए अपना हाथ बँटाना हमारा परम धर्म होता है। राष्ट्र के प्रति प्रेम, आत्मसमर्पण, कर्त्तव्यपालन, अनुशासन आदि गुणों की पुष्टि करना ही राष्ट्रीय भावना है। स्वतंत्रता आंदोलन में इसी भावना का बिंब द्रष्टव्य होता हैं। जिन हिन्दी कवियों ने अपनी कविताओं में राष्ट्रीयता की भावना को अपने साहित्य में अद्भुत रूप में प्रकट किया है उनमें प्रमुख हैं श्री सोहनलाल द्विवेदी जी।

भारत एक प्राचीन देश है। शांति, सद्भावना एवं एकता के लिए भारत ख्याति विश्व में सबसे विशेष ख्याति है। इसे आर्यावर्त कहा गया। जंबू द्वीप कहा गया। राजा हर्षवर्धन इसके अंतिम हिंदू शासक रहे। उनके बाद यह देश छोटे-छोटे राज्यों में बंट गया। देश के राजा अपने-अपने स्वार्थों के लिए आपस में लड़ते रहे जिसके फलस्वरूप देश पर विदेशियों का शासन स्थापित हो गया। फिर अंग्रेज़ों के शासन काल में राष्ट्रीयता की भावना एक बार फिर पनपने लगी। अंग्रेजी शासन के

विरुद्ध संघर्ष जनता को एकजुट करने और जनता में देशोद्धार की भावना को चरमोत्कर्ष पर ले जाने में जननायकों, राष्ट्रीय नेताओं, कवियों आदि की महत्त्वपूर्ण भूमिका रही । महात्मा गाँधी ऐसे ही जननायक थे जिनसे प्रभावित होकर असंख्य लोग स्वाधीनता आंदोलन में योगदान दिया । गांधी जी के सिद्धांतों व आदर्शों - सत्य, अहिंसा, शांति, समभाव व सद्भावना - का प्रभाव हिन्दी के कई साहित्यकारों पर भी पड़ा । गांधी जी की विचारों से प्रभावित हो कर स्वाधीनता आंदोलन में भाग लेने वाले हिन्दी के कवियों में श्री सोहनलाल द्विवेदी जी अग्रगण्य हैं । सोहनलाल द्विवेदी का जन्म सन् 1906 ई. में उत्तर प्रदेश के फतेहपुर जिले के 'बिन्दकी' नामक गाँव में हुआ । बचपन से ही सोहनलाल द्विवेदी कविता लिखते थे । देशप्रेम, राष्ट्रीयता एवं साँस्कृतिक एकता आदि सोहनलाल द्विवेदी की कविताओं के मुख्य विषय रहे । उन्होंने प्रचुरमात्रा में देश की वंदना के गीत लिखे । उनकी रचनों में गाँधीवाद का प्रभाव सर्वत्र देखने को मिलता है । अहिंसा, देशप्रेम, शांति और समानता का संदेश उनकी कविताओं में सामान्य रूप से सबसे अधिक नज़र आता है। भारत के प्राचीन गौरव से संबंधित कथाओं को द्विवेदी जी ने बहुत ही रोचक ढंग से अपनी कविताओं में प्रस्तुत किया है । देश-भक्तिपूर्ण उनकी कविताओं में 'पूजा गीत', 'बढ़े चलो, बढ़े चलो', 'वंदना के इन स्वरों में', 'मातृभूमि', 'खादी गीत', 'वंदना', 'भारत गीत', 'कोशिश करने वालों की हार नहीं होती' आदि महत्त्वपूर्ण हैं।

सोहनलाल द्विवेदी के राष्ट्रीयतावादी कविताओं में 'पूजा गीत' विशेष उल्लेखनीय है । द्विवेदी जी की कविता निस्तेज पड़े जीव में प्राण फूंक देने की शक्ति रखती है । उदाहरण के लिए निम्न पंक्तियाँ देखिए -

"वंदना है, इन स्वरों में, एक स्वर मेरा मिला लो,

तब कभी मां को न भूलों, राम में जब मत्त झूलों,

अर्चना के रत्नकण में एक कण मेरा मिला लो,

जन हृदय का तार बोले श्रृंखला के बंध खोले,

हो जहाँ बलि शीश अगणित, एक सिर मेरा मिला लो।"

इन पंक्तियों में द्विवेदी जी भारत माता के मंदिर में देशभक्तों के स्वर में स्वर मिलाकर पूजा के गीत गाने तथा उनके साथ देश के लिए अपने प्राण समर्पित करने

की इच्छा को प्रकट करते हैं। कवि अपने प्रत्येक रक्त कण को भारत माँ की सेवा में समर्पित करने के लिए आतुर है। उसकी इच्छा है कि भारत माँ को ब्रिटिश दासता की जंजीरों से मुक्त कराने के लिए लड़ने वाले देश के वीरों के साथ वह भी शामिल होना चाहता है। देश की आज़ादी के लिए शहीद होने वाले वीरों का साथ देते हुए वह भी अपने प्राणों की आहुति देना चाहता है।

इस कविता में सोहनलाल द्विवेदी जी की देशभक्ति, त्याग एवं समर्पण की भावना की ओजस्वी अभिव्यक्ति मिलती है। इसी प्रकार की द्विवेदी जी की एक और प्रसिद्ध कविता है 'युगावतार बापू'। यह कविता द्विवेदी की देशभक्ति एवं मानवतावादी विचारों से परिपूर्ण है। इस कविता की एक विशेषता यह भी है कि इसमें कवि ने गाँधी जी के प्रति अपनी श्रद्धा तथा भक्ति को उन्मुक्त भाव से अभिवर्णित किया है। इस कविता में लोगों पर गाँधीवादी विचारधारा का जो प्रभाव है, उसका सुंदर चित्रण मिलता है।

कवि कहते हैं कि गांधी जी जिस मार्ग पर चल पड़ते हैं, जिस राह पर दो कदम आगे बढ़ते हैं, उनका अनुगमन करते हुए करोड़ों लोग उसी मार्ग पर निकल पड़ते हैं। गाँधी एक दिव्य मूर्ति हैं। वे कोटिचरणों, बहु-रूपों और बहु-नामों के प्रतिरूप है। देश की सारी जनता (करोड़ों लोग) उनके ही प्रतिरूप है। यथा -

"चल पड़े जिधर दो डगमग पग, बढ़ चले कोटि पग उसी ओर।
पर गई जिधर भी एक दृष्टि, गड़ गये कोटि-दृग इसी ओर।"

****

"जिसे सिर पर निद धरा हाथ, उसके सिर रक्षक कोटि हाथ।
जिस पर निज मस्तक झुका दिया, झुक गये इसी पर कोटि माथ।"

कवि कहते हैं कि गाँधी जी युग के पथप्रदर्शक हैं। उनका अनुकरण सारा जग करता है, वे बोलते हैं तो युग बोलता है, जब वे मौन रहने के लिए कहो तो सारा युग मौन हो जाता है। इसीलिए कवि कहते हैं, उनके कारण ही इस युग में अभी भी धर्म की चर्चा होती है -

  स्वाधीनता आन्दोलन और हिन्दी कविता

कुल मिलाकर देखें तो हम पाते हैं कि सोहन लाल द्विवेदी की कविताएँ अपने समय और समाज के हलचलों से गहरे रूप में प्रभावित होते हुए राष्ट्रीय चेतना से लैस है। पराधीन राष्ट्र में जनता के मनोबल को ऊंचा उठाते हुए यहाँ के नायकों को अपने काव्य का आधार बनाकर सोहनलाल द्विवेदी ने एक बड़े साँस्कृतिक आवश्यकता की पूर्ति की।

******

भारत की आज़ादी पर 'कहें केदार खरी-खरी'

डॉ. अनिल कुमार

केदारनाथ अग्रवाल जनवादी कवि माने जाते हैं, वे प्रगतिवादी विचारधारा से सम्बद्ध कवि हैं । उन्होंने शोषणवादी ताकतों, उनके मंसूबों को अपने काव्य में बेनकाब किया है । मजदूरों, स्त्रियों, पूंजीपतियों, राजनेताओं, प्रशासन, नौकरशाहों, दलितों, बुन्देली लोगों, भारत-चीन युद्ध, वियतनाम युद्ध, बांग्लादेश मुक्ति, अमरीकी चालों को वे अपने काव्य में बड़ी हिम्मत से उजागर करते हैं । सन् 1942 से लेकर सन् 1981 ई. तक की सामाजिक, राजनीतिक, आर्थिक, साँस्कृतिक हलचलों को अपने काव्य में स्थान दिया । केदारनाथ अग्रवाल खरी-खरी कहने में विश्वास करते हैं, बिना किसी लाग-लपेट के वे सवाल करते और खरी-खोटी सुनाते हुए आगे बढ़ जाते हैं

राजनीति एक ऐसा क्षेत्र है जिसने मानव जाति को विकास के लिए प्रेरित किया है और बँटवारा भी किया है । सरल शब्दों में कहें तो राजनीति का कार्य होता है वस्तुओं को टुकड़ों में बांटकर देखना । केदारनाथ अग्रवाल जैसे सजग लेखकों ने अपने समय की राजनीति को बारिकी से देखा है और उससे सवाल भी किया है । उन्होंने लिखा है- "राजनीति नंगी औरत है/ कई साल से जो यूरुप में/ आलिंगन से

अंधे भूखे/ कई शक्तिशाली गुंडों को/ देश-देश के जो स्वामी हैं/ जो महान सेनायें रखते/ जो अजेय अपने को कहते/ ऐसा पागल लड़वाती है/ आबादी में बम गिरते हैं/ दल की दल निर्दोष जनता/ गिनती में लाखों मरती है/ नष्ट सभ्यता हो जाती है/कभी किसी के, कभी किसी के/ गले झूल कर मुस्काती है/ हार-जीत के इस किलोल से/ संधि नहीं होने देती है।"[1] केदारनाथ अग्रवाल के सामने द्वितीय विश्वयुद्ध जैसी त्रासदी थी, यूरोप भारी उथल-पुथल से गुज़र रहा था, एशिया में ब्रिटिश हुकूमत की अनुगूँज थी, भारत आज़ादी की लड़ाई मजबूती से लड़ रहा था। जनता गांधीजी के निर्देशन में ब्रितानिया हुकूमत को उखाड़ फेंकने का संकल्प ले चुकी थी। उसी समय अमरीका ने जापान जैसे देश पर एटमबम का घातक प्रहार कर एशिया में अपनी बादशाहत कायम करना चाहा और इसी मंसूबों को पूरा करने के लिए हिरोशिमा और नागाशाकी जैसे शहरों को ध्वस्त किया। यह एक अंतर्राष्ट्रीय राजनीति का हिस्सा रहा जिसे केदारनाथ ने कुरेदा है, असल समस्या इस देश के अंदर की रही जिस पर कांग्रेस और उसके समान्तर अन्य दल आपस में भिड़े थे, वे गोलमेज सम्मेलनों में मात खा चुके थे। देश को आज़ादी मिली किन्तु बंटवारे के साथ। 'एक भूल' नामक कविता में यह दर्द छलक आया है- 'जिन्दगी ने मौत का घूँघट पहनकर रो दिया/ पांच नदियों को बड़ा दमदार पानी/ भूलकर अपनी रवानी/ घायलों के घाव से अब रिस रहा है।'[2] भारत-पाक दो हिस्सों में धरती बंट गयी और साम्प्रदायिकता की भेंट देश चढ़ गया। पंजाब की नदियाँ खून से लाल हो गयीं, मानवता शर्मसार हो चली। आज भी घायल दिलों से उस दर्द का पानी बह रहा है। चंद लकीरों को खींचकर एक दीवार खड़ी कर दी राजनीति ने।

देश के अंदर जातिवाद का दंश बहुत गहरे रूप में उभरा है, इस देश का सवर्ण घोर जातिवादी है। वही प्रगतिशील और प्रगतिवादी बना फिर रहा है। दलितों, शूद्रों के जीवन को यही नियंत्रित करते रहे हैं। सत्ता प्रतिष्ठानों में इनकी तूती बोलती है, सामाजिक स्तर पर अनपढ़ पुरोहित खूंखार होता है, उसके अधीन शासन और धर्म सत्ता होती है। इसी देश में कभी शूद्र जाति की स्त्रियों को स्तन ढँकने के लिए टैक्स देना पड़ता था, इसे त्रावणकोर का मूलाकर्म[3] कहते हैं। ऐसी जघन्य घटना को अंजाम देने वालों में इस देश का ब्राह्मणवादी समाज जिम्मेदार था।[4] उसी तरह आज भी उनके अधिकारों से वंचित करने वाला भी यही उच्च कुलोद्भव समाज है। इस जातिवाद को मार्क्सवादी क्रांति या सनातन धर्म से नहीं मिटाया जा सकता है कारण

यह है कि मार्क्सवादी भी खांटी जातिवादी द्विज हैं। उज्ज्वल शुक्ल लिखते हैं-
"जातिवाद भारत का एक ऐसा घटक बन गया है जो इसकी संरचना में बहुत गहराई
में जा बसा है । भारतीय समाज में यह संरचना इतनी गहरी है कि आज जाति व्यक्ति
के नाम, पहचान का प्रमुख हिस्सा हो गया है । जाति व्यवस्था के बारे में आचार्य
हजारीप्रसाद द्विवेदी जी का कहना था कि भारत में हर छोटी से छोटी जाति अपने से
नीचे वाली जाति खोज लेती है । अतः यह एक जटिल और व्यापक व्यवस्था है ।
इसका प्रभाव सकारात्मक और नकारात्मक दोनों रूपों में भारतीय समाज पर पड़ता
है ।" [5] केदारनाथ अग्रवाल इस बिंदु को कैसे छोड़ देते; उन्होंने कड़े शब्दों में हरिजनों
की पीड़ाओं का अंकन किया है- 'हमारी औरतों के तन/ उघारे ही झलकते हैं/ हज़ारों
आदमी के शव/ कफ़न तक को तरसते हैं/ बिना ओढ़े हुआ चदरा/ खुले मरघट को
जाते हैं/ हमारी जिन्दगी के दिन/ हमारी लाज के दिन हैं ।" यह उस समाज की
विवशता का चित्रण है जिसे इस देश की मिट्टी से उपजी घृणित जातिवादी व्यवस्था
ने बनाया है । आज देश को आ ज़ाद हुए कई वर्ष हो चुके हैं, किन्तु सामाजिक
असमानता की खाई और चौड़ी होती जा रही है । बात आज वर्ग-संघर्ष की नहीं है
जाति-संघर्ष की है । लोग भले ही कहें कि हमने चाँद-सितारे छू लिए हैं, उन सवर्णों
के मन में झाँक के देखा जाय तो बजबजाती, सड़ी हुयी जाति व्यवस्था है जहाँ छूत-
अछूत का दंश आज और भयंकर रूप में लोग झेल रहे हैं । भारत में पूंजीवाद की
जगह बनियावाद ने ले रखा है, जो पूंजीवाद से कहीं ज्यादा खतरनाक है । बनिया
अपने पेशे में किसी का सगा नहीं होता है । वह कफ़न में भी जेब लगा देता है ताकि
उससे मरते वक्त भी धन उगाही कर सके ..'मिल मालिक का बड़ा पेट है/ बड़े पेट में
बड़ी भूख है/ बड़ी भूख में बड़ा ज़ोर है/ बड़े ज़ोर में जुलुम घोर है ।' किसने कहा कि
आजादी के इतने साल बाद भारत बदल गया है, नहीं बदला है, जो धोखेबाज
सामंत, राजा हुआ करते थे वही आज पार्लियामेंट में नेता बनकर बैठे हैं, उनके मन से
भला वह सामंती चरित्र कैसे जाएगा । आम जनता उनके लिए मात्र एक तिनका है।
अंग्रेज़ों का गुलाम यहाँ का सवर्ण और सामंत हुआ था जनता तो तब भी गुलाम थी,
आज भी गुलाम है । उन्हीं सामंतों ने लड़ाई लड़ी है और राजनीतिक आज़ादी
हासिल की। सामाजिक आज़ादी के जिए आज भी आम जनता संघर्ष कर रही है ।
केदारनाथ ने लिखा है- 'बड़ी गरीबी भरी पड़ी है/ वही धुआँ है/ वही क्षुधा है/ वही
कर्ज है/ वही सूद है/ वही जमींदारों का छल है/ मानव से मानव शोषित हैं ।' वे आगे

लिखते हैं कि- 'थैलीशाहों की यह संस्कृति/ महामृत्यु है/ कुत्ता-बिल्ली से बढ़कर है/ मानवता को खा जाती है/ बेचारी धरती रोती है।' यह ज़हरीली पूंजीवादी/ बनियावादी संस्कृति सिर्फ मानवता को ही नहीं खा जाती है, मानवों की हड्डी तक को चबा जाती है- "महाजनी सभ्यता में सारे कामों की गरज महज पैसा होती है। किसी देश पर राज्य किया जाता है, तो इसलिए कि महाजनों, पूँजीपतियों को ज़्यादा से ज़्यादा नफ़ा हो। इस दृष्टि से मानों आज दुनिया में महाजनों का ही राज्य है। मनुष्य समाज दो भागों में बँट गया है। बड़ा हिस्सा तो मरने और खपने वालों का है, और बहुत ही छोटा हिस्सा उन लोगों का, जो अपनी शक्ति और प्रभाव से बड़े समुदाय को अपने बस में किये हुए हैं। इन्हें इस बड़े भाग के साथ किसी तरह की हमदर्दी नहीं, ज़रा भी रू-रियायत नहीं। उसका अस्तित्व केवल इसलिए है कि अपने मालिकों के लिए पसीना बहाये, खून गिराये और एक दिन चुपचाप इस दुनिया से विदा हो जाय। अधिक दु:ख की बात तो यह है कि शासक वर्ग के विचार और सिद्धान्त शासित वर्ग के भीतर भी समा गये हैं, जिसका फल यह हुआ है कि हर आदमी अपने को शिकारी समझता है और उसका शरीर है समाज। वह खुद समाज से बिल्कुल अलग है। अगर कोई सम्बन्ध है, तो यह कि किसी चाल या युक्ति से वह समाज को उल्लू बनावे और उससे जितना लाभ उठाया जा सकता हो, उठा ले।"[6] जो हुक्मरान रामराज्य का सपना सन् 1951 ई. में देश को दिखाया करते थे वही आज की राजनीति के केंद्र में हैं। जनता को एक ऐसा 'यूटोपियाई' समाज का झाँसा देना जहाँ चारों तरफ हरियाली ही हरियाली है, न गरीबी, न शोषण न जातिवाद। सब 'मंगलभवन अमंगलकारी' है। जबकि स्थिति इसके एकदम उलट है। केदारनाथ अग्रवाल ने लिखा है- 'आग लगे इस राम-राज में/ ढोलक मढ़ती है अमीर की/ चमड़ी बजती है गरीब की/ खून बहा है राम-राज में/ आग लगे इस राम-राज में/ आग लगे इस राम-राज में/ रोटी रूठी कौर छिना है/ थाली सूनी अन्न बिना है/ पेट धंसा है राम-राज में/ आग लगे इस राम-राज में।' राजनीति के हुक्मरान जनता के सामने झूठ का पहाड़ खड़ा कर देते हैं। सन् 1951 ई. की दयनीय स्थिति तनिक भी नहीं बदली है। नेता चोर/लुटेरे और हत्यारे हैं। उन्होंने जनता के सपनों को छीन लिया है। पढ़ा-लिखा वर्ग क्रीतदास है। वह नपुंसक है, धोखेबाज है। बुद्धिजीवी वर्ग दरिद्र वर्ग है; वह गुंडों के इशारे पर हमेशा चला है और आज भी चल रहा है। नेता युग की चर्चा करते हुए अग्रवाल लिखते हैं- "यश अपयश विधि हाथ है/ नहिं नेतन के जोर/ यह

देख बाढ़े बड़े/ सेठ महाजन चोर ।" सरकारें पूंजीपतियों के हाथ की कठपुतली हैं जिसको केदार ने आवाज़ दी है- "जहँ लग नेता राज है/ तंह लग बंटाधार/ पूंजीपति की गोद में/ खेल रही सरकार ।" धन्नासेठ ही इस देश को सदा से चलाते रहे हैं, वे आज भी चला रहे हैं । साहित्य इसीलिए आज भी प्रासांगिक है कि उसने आज़ादी के उस सपनों को लुटते देखा है जिसका हवाला आज भी दिया जाता है । "गायें कैसी गान? हमारी दुर्बल है मुस्कान!/ जीवन है अपमान/ हमारी दुर्बल है मुस्कान ।" नेता और लालफीताशाही दोनों जनता को इस कदर लूट रहे हैं कि बस जनता बेवश मेमने की तरह चुपचाप भेड़ियों के सामने समर्पण कर चुकी है । केदारनाथ अग्रवाल सरकार और उसके तंत्र पर सीधे-सीधे प्रहार करते हैं- "कहीं न देखा ऐसा राज/ देख रहे हैं जैसा आज/ ठग्गू पहने हैं सिरताज/ घुग्घू हैं मंत्री महाराज।" इन प्रतीकों के हवाले से बात करें तो स्थिति एकदम साफ़ नज़र आती हैं, हुक्मरान ठग है, लोगों की आँखों से उनका काजल तक चुरा लेता है, मंत्री घाघ हैं जो सब कुछ को पचा जाते हैं । ठग और घाघ से बड़ी प्रतीक की बातें और क्या हो सकती हैं। नेता अशिक्षित हो किन्तु समझदार हो तो जनता बर्दाश्त कर लेगी पर वह ठग निकल जाए तो भला कौन जनता का भला करेगा? आवाज़ उठाने वालों को पुलिस, थाना-कोर्ट कचहरी है- "कवि केदार करो मनमाना/ तीरथ है कलियुग में थाना/ थाने में रहता भगवाना/ जग जाहिर है नाम महाना ।" इसीलिए केदारनाथ ऐसे शासक को बार-बार धिक्कारते हैं- "हाथ जोड़ जो हाथ कटावे/ पाँव पूजि जो पाँव कटावे/ पेट पाल जो लाश उठावै/ ड्योढ़ी मरघट एक बनावै/ ऐसे बगुला को धिक्कार/ राम-राम है सौ-सौ बार।"

केदारनाथ अग्रवाल ने राजनीति को बहुत करीब से देखा है, प्रगतिवादी होने के नाते उनका सिद्धांत ही वर्ग-संघर्ष का रहा है । वे इन सब का जिम्मेदार राजनीति और व्यवस्था को मानते हैं । कोई बाहरी दिव्य शक्ति नहीं बल्कि राजनीति की कुटिल चालें होती हैं जो धन पर कुण्डली मार कर बैठना चाहती हैं जिससे शोषण, जलालत, ग़रीबी, भुखमरी बढ़ जाती है । 'देखो यह कुदरत का खेल' में निकम्मी सरकारों पर लिखते हैं- "गिरगिट बैठे सिंहासन पर/ गधे लगाते तेल/ बीन बजाते बाज महोदय/ मगर चलाते रेल/ यह देखो कुदरत का खेल/ कल के त्यागी अब के बगुले/ जुटे गोमती तीर/ चांदी सोने के जूतों में/ पका रहे हैं खीर/ यह देखो खग की तकदीर/ जन-गन-मन-अधिनायक पैदल/ बड़े बजाते गाल/ टेढ़े मेढ़े तिरछे चलते/ गिरे पड़े कंकाल/ यह देखो फर्जी की चाल/ कहता है केदार कड़ककर/ बजे ढमाढम

ढोल/ अब तो गिरगिट थरथर काँपैं/ खुले गधों की पोल/ यह शासन हो गया मखौला।" क्या आज के शासन की यह झांकी नहीं है? शासन का चाल और चरित्र लगभग वैसा ही है जैसा आज़ादी के वक्त था।

केदारनाथ अग्रवाल चीन के माओ से ख़ासा प्रभावित थे, वे उसका कई जगहों पर गुणगान भी करते हैं। किन्तु जब भारत बासठ में चीन से युद्ध हार गया- "भारत-चीन के इस युद्ध के लिए हिमालय की विवादित सीमा एक मुख्य बहाना था, लेकिन अन्य मुद्दों ने भी इसमें प्रमुख भूमिका निभाई। चीन में वर्ष 1959 ई. के तिब्बती विद्रोह के बाद जब भारत ने दलाई लामा को शरण दी तो भारत-चीन सीमा पर हिंसक घटनाओं की एक श्रृंखला की शुरुआत हो गयी। भारत ने 'फ़ॉरवर्ड नीति' के तहत 'मैकमोहन रेखा' से लगी सीमा पर अपनी सैनिक चौकियाँ रखीं, जो सन् 1959 ई. में 'चीनी प्रीमियर झोउ एनलाई' के द्वारा घोषित वास्तविक नियंत्रण रेखा के पूर्वी भाग के उत्तर में थी। चीनी सेना ने 20 अक्टूबर, सन् 1962 ई. को लद्दाख में और 'मैकमोहन रेखा' के पार एक साथ हमले करने प्रारम्भ किये। चीनी सेना दोनों मोर्चों पर भारतीय सुरक्षा बलों पर उन्नत साबित हुई। चीनी सेना ने पश्चिमी क्षेत्र में चुशूल में रेज़ांग-ला एवं पूर्व में तवांग पर कब्ज़ा कर लिया। जब चीनी सेना ने 20 नवम्बर, सन् 1962 ई. को युद्ध विराम और साथ ही विवादित क्षेत्र से अपनी वापसी की घोषणा की, तब यह युद्ध समाप्त हुआ।"[7] तब केदारनाथ की रही सही हमदर्दी भी जाती रही। वे ज़रूर थे मार्क्सवादी पर वे पहले भारतीय थे, उनकी सरजमीं पर विदेशी हमला करें वह भला उन्हें कहाँ बर्दाश्त था ! इसीलिये वे नेहरू की चीन के प्रति हमदर्दी को सवालों के घेरे में खड़ा करते हैं। वे यहाँ के नेताओं को भेड़ों की नस्ल बताते हैं जो सर झुकाकर आत्म समर्पण कर देती हैं- "चीनी दूतावास के सामने/ 801 भेड़ों का जुलूस गया/ अपने कंठ से लटकाए हुए इश्तहार/ भारतीय भेड़ों ने वहाँ कहा/ हमको खाओ/ दुनिया बचाओ ... भेड़ों ने माओ का सिर झुका दिया/ और चीन को हरा दिया।" भारत की विदेश नीति के फेल होने और नेताओं के चीन के सामने आत्म समर्पण को कुरेदा है। चीन से पराजय ने साहित्य में और समाज में कभी स्वीकार नहीं हो पा रही है। इस देश के प्रधानमंत्री जिसे अपना मानते रहे उसी ने पीठ में छुरा भोंक दिया था। जन भावनाएँ बदल गईं, साहित्य ने उस आदर्शवाद को उतार फेंका जिसे वह अभी तक चिपकाए फिर रहा था। सारे दर्शन धवस्त हो गये, सारे आदर्श के तिलिस्म टूट गये, जनता और कवि दोनों का सरकार के प्रति

मोहभंग हो गया। यही कारण था कि नेहरू जी ज्यादा दिनों तक जीवित नहीं रह सके और इसी सदमे में उनकी मृत्यु हो गयी।

उधर पूंजीवादी देश और दुनिया का दादा अमेरिका ने उत्तरी वियतनाम पर अंधाधुंध आक्रमण करके प्रजातांत्रिक सरकार को, उसके नुमाइंदों को तहस-नहस करने की ठान ली थी। वियतनाम [8] युद्ध मात्र युद्ध नहीं था यह पूंजीवादी देशों और साम्यवादी देशों के मध्य एक वैचारिक लड़ाई भी थी। बच्चों से लेकर बुजुर्गों तक की बलि इसमें चढ़ाई गयी थी। वियतनामियों के राष्ट्र प्रेम के आगे अमरीकी युद्धक टैंक खामोश हो गए थे, दुनिया ने अमरीका की इस बर्बरता की भयानक भर्त्सना की। छापामार युद्धों के द्वारा यह साबित हो गया कि यदि एकता और संगठन है तो बड़ा से बड़ा युद्ध जीता जा सकता है। इस युद्ध के बाद उत्तरी और दक्षिणी वियतनाम एक हुए और वहाँ एक संप्रभु सरकार अस्तित्त्व में आयी। केदारनाथ अग्रवाल लिखते हैं- "समय फाड़कर चराचर/ समय के अंदर/ दहाड़ता लड़ रहा है जीवंत/ उत्तरी वियतनाम/ अपने देश की लड़ाई/ जन बच्चे से/ दखलन्दाज अमरीकियों को/अच्छा मिल रहा है सबक/ उस देश में गरदन फंसाकर/ अपने देश की गरदन कटाने में/ डालर ने सोचा था/ हो-ची-मिह्न भुनगा है/ उसका देश केचुआ है/ उसके लोग मुरदा हैं/ जाहिल आबादी है/ चुटकी से मसल देगा भुनगे को/ एड़ी से कुचल देगा केचुए को/ जल्दी से जीत लेगा मुरादों को/ जाहिल आबादी को पीट लेगा।" पर ऐसा नहीं हुआ। दुनिया अमरीका के खिलाफ उठ खड़ी हुयी। स्वयं अमरीका के निवासी उसके खिलाफ बगावत पर उतारू हो गये और महाशक्ति को अपने कदम पीछे खींचने पड़े। केदारनाथ ने लिखा- "सबसे अधिक पड़ा है प्रभाव इस लड़ाई का/ दुनिया के लोगों पर/ भाले से भूखे हुए लोगों पर/ पैरों पर पड़े हुए लोगों पर/ और वे तन गए जवाँ मर्द हो गए/ मौत के मुंह में अब।" यह इतिहास की लड़ाई एक सबक सिखाती है कि देश या तानाशाह कितना बड़ा है, यह मायने नहीं रखता उस देश के वासियों में राष्ट्र के प्रति कितना समर्पण है यह मायने रखता है, भारत के नेताओं की तरह नहीं जो समझौतों पर समझौते करते रहते हैं और देश की अस्मिता और आबरू लुटती रहती है। इसी तरह की एक जुर्त सदी में पश्चिमी पाकिस्तान ने पूर्वी पाकिस्तान के खिलाफ की थी। जब आज के बांग्लादेश को पाकिस्तान ने रौंदना शुरू किया था। भाषा विवाद से शुरू हुआ यह जंग आखिर में बंगलादेश मुक्ति पर जाकर रुका। बंगलादेश की आबरू पर हमला पाकिस्तान को भारी पड़ा था। उसके

स्वाधीनता आन्दोलन और हिन्दी कविता

अत्याचार से मानवता शर्मसार हो गयी थी । तकरीबन 40 लाख बांग्लादेशी मौत के घाट उतार दिए गये थे- "मार्च 1971 ई. में पाकिस्तानी सेना ने क्रूरतापूर्वक अभियान शुरू किया । पूर्वी बंगाल में बड़े पैमाने पर अत्याचार किए गए । हत्या और रेप की इंतहा हो गई । मुजीब को गिरफ्तार कर लिया गया । गिरफ्तारी और टॉर्चर से बचने के लिए बड़ी संख्या में अवामी लीग के सदस्य भागकर भारत आ गए । शुरू में पाकिस्तानी सेना की चार इन्फैंट्री ब्रिगेड अभियान में शामिल थी लेकिन बाद में उसकी संख्या बढ़ती चली गई । भारत में शरणार्थी संकट बढ़ने लगा। एक साल से भी कम समय के अंदर बांग्लादेश से करीब 1 करोड़ शरणार्थियों ने भागकर भारत के पश्चिम बंगाल में शरण ली । इससे भारत पर पाकिस्तान के खिलाफ कार्रवाई करने का दबाव बढ़ गया ।" [9] महुआ माजी ने 'मैं बोरिशाइल्ला' नामक उपन्यास में बांग्लादेश की त्रासदी को बहुत तथ्यात्मक ढंग से उठाया है । बांग्ला भाषा और संस्कृति की पहचान को लेकर वे समझौता नहीं करना चाहते थे । पाकिस्तान ने सोचा था कि बांग्लादेश की नस्ल बदल देगा पर उसके उलटा हुआ, आज पाकिस्तान खुद अपनी जिल्लत भरी जिन्दगी जीने को मजबूर है । केदारनाथ अग्रवाल एक रिपोर्टर की तरह लिखते हैं- "आयी खबर नगर में मेरे/ तोड़-ताड़कर जालिम प्रतिबंधों के घेरे/ मैंने देखा/ खुली आँखों से/ लोगों ने हैरत से देखा/ गली-गली, घर-घर में पहुँची/ खबर नगर में मेरे ... दुर्दम दानव मथे डालता है जन-सागर/ अमृत घट पाने के हित/ लेकिन तेरी मुक्तवाहिनी लहरें उठकर/ लपट-झपटकर/ झूम-झूमकर दावानल को पटक रही हैं ।" इस लड़ाई में सब बुद्धिजीवी, विद्वान, युद्ध बंदी बना लिए गये थे, सामान्य लोगों ने, कूलियों ने, किसानों ने, छात्रों ने, महिलाओं ने इस लड़ाई को अपने आत्मबल से लड़ी, "विद्यालय बूचडखानों में बदल गए/ हत्याओं के दहन कुंड में/ नगर निकेतन होम हो गये/ अस्मत लूटी गयी सड़क पर/ सुन्दरता पर डाके डाले गए पिशाची/ सूरज मुखियों के शरीर को भस्म बनाया ... हो ची मिन्ह भी याद आ गए इस अवसर पर/ और लड़ाई उनके वाले वियतनाम की याद आ गयी ।" भारत की सेना ने ऐसी मार मचाई कि पाकिस्तानियों को देश छोड़ने पर मजबूर होना पड़ा । यह सदी की सबसे बड़ी लड़ाई थी जिसे बंगलादेश के निवासियों ने अपने रक्त की बूंदों से सींचा था । युद्ध किसी भी रूप में मानवता और शान्ति की बात नहीं मानते हैं, जितने बड़े देश हैं उन्होंने उतनी ही शक्ति से मानवता को अपने हितों के लिए रौंदा है । रूस, अमरीका या कुछ सदी पहले इंग्लैण्ड हो।

देश में अपराध, अपराधियों और माफियाओं का बोलबाला दिनोंदिन बढ़ता जा रहा है । जैसे जैसे पूंजीवाद हावी होता जा रहा है पूंजीवाद की ताकत ज़मीनी स्तर पर माफियाओं और अपराधियों को पनाह देती जा रही है । हर अपराध के पीछे पूंजी होती है और पूंजी के पीछे शासन सत्ता की मिली भगत । हमारे ही बीच के लोगों में एकाधिकार की भावना भीतर घर करती जा रही है, "बिगड़े हैं लोग/ और बिगड़ा है आचरण/ रोके नहीं रुकता अपराधों का प्रजनन ।" आचरण क्यों बिगड़ गया है लोगों का, वे क्यों अपराधियों को गले लगाने लगे इसके भी पीछे एक षड्यंत्र है । शिक्षा ध्वस्त की गयी साजिश के तहत, गांधीवादी मूल्यों की आज़ादी के बाद ज़रूरत नहीं रह गयी । नेता ही अपराध को बढ़ावा देने लगा, सरल शब्दों में कहें तो अपराधी ही नेता बन गया है, शासन को अपने मुताबिक़ चलाने लगा। "चेहरे लगाए हैं गुरिल्ला का/ सुबह आने के लिए/ दिन का दायित्व/ निभाने के लिए/ धूप जो मर गयी है/ फिर भी उसको जिलाने के लिए।" तानाशाही सरकार संविधान के ढाँचे को तोड़कर उसे एक पन्ना बनाकर रखना चाहती है। संविधान लागू होने के कई साल बाद "42वें संविधान संशोधन सन् 1976 ई. के द्वारा पहली बार पंथ निरपेक्ष, समाजवादी शब्द दिया गया ।"[10] इसके पूर्व यह देश पंथ निरपेक्षता को सिद्धांततः लागू नहीं कर पाया था । इसी के साथ मनुवादी, पुरोहितवादी ताकतों के पेट में मरोड़ उठने लगी । चूंकी भारतीय समाज वर्णवाद व्यवस्था को बनाकर चलता रहा है तो उन्हें कहाँ से समाजवाद पचता है। केदारनाथ लिखते हैं- संसद हो गयी सर्वोपरि/ संविधान हो गया संशोधित/ धर्मनिरपेक्ष हो गया लोकतंत्र/ समाजवादी हो गया/ भारत-भाग्य विधाता/ आम आदमी हो गये अनुशासित/ सिर पर लिए संसद और संविधान/ एक ही चाल और चरित्र से/ अनुबंधित जीने के लिए/ लघुतम इकाई से महत्तम इकाई होने के लिए/ अन्ततोगत्वा/ देश के लिए होम हविष्य हो गये ।" केदारनाथ ने व्यंग्य करते हुए संशोधन को देखा है । जनता के ऊपर सारा भार डाल दिया गया। वही लोकतंत्र को जिए और जिलाए। नेता और हुक्मरान इससे मुक्त हो गये, वे जैसा चाहें वैसा बर्ताव जनता के साथ कर सकते हैं। सन् 1976 ई. से अभी तक की स्थिति दिनोंदिन लोकतंत्र के लिए मुश्किल होती जा रही है। केदारनाथ अग्रवाल ऐसे जन प्रतिनिधियों को 'ये साधक' नामक कविता में संबोधित करते हुए कहते हैं- "ठाठ-बाट के सुविधा-भोगी/ ये साधक आराधक धन के/ निहित स्वार्थ में लीन निरंतर/ बने हुए हैं बाधक जन के/ केंद्र बिंदु पर बैठे ठहरे/ चक्र चलाते हैं शोषण के ।" केदारनाथ ने शोषण का केंद्र बिंदु ही भारत की नेता जमात को दे दिया है ।

स्वाधीनता आन्दोलन और हिन्दी कविता

व्यापारी, लुटेरे सदा से लुटेरे थे, शासन/ प्रशासन उनके साए तले के नीचे रहती हैं । चुनाव की प्रक्रिया इतनी घटिया और फिजूलखर्ची होती जा रही है कि पूंजीपतियों ने नेताओं को ही कठपुतली की तरह नचाना शुरू कर दिया है ऐसे में भला लोकतंत्र और लोकतांत्रिक प्रक्रिया कैसे जीवित रहेगी? वे लिखते हैं- "काल पड़ा है बंधा/ ताल के श्याम सलिल में/ ताब नहीं रह गयी/ देश के अनल-अनिल में ।" केदारनाथ अग्रवाल ने सीधे इस देश की नौजवान होती पीढ़ी से सवाल किया है कि क्या अब इस देश की अन्न, जल, हवा-पानी में वह आग बची है कि नहीं जो जालिम के जुल्म को उखाड़ फेंके? यह सवाल आज भी कायम है । जैसे-जैसे तानाशाही दुनिया में कायम होती जाएगी यह सवाल और भी प्रासांगिक होता जाएगा ।

समग्रतः केदारनाथ अग्रवाल सन् 1930 ई. के दशक से निरंतर भारत और दुनिया को देखने और लिखने का कार्य करते रहे हैं । एक कवि होने के नाते उन्होंने पूरी जिम्मेदारी से अपने कर्त्तव्य का निर्वाह किया है । अंग्रेज़ी शासन की शोषण नीति, साम्यवादी देशों की शासन पद्धति, उसका ह्रास, भारत की आज़ादी और उसके बाद की लूट, जनता का अनवरत शोषण, गरीबी-भुखमरी, नेताओं की हुल्लड़बाजी, लोकतंत्र के नाम पर जनता से मज़ाक, सामंतों/राजाओं का चरित्र बदलकर पुनः सत्ता पर काबिज होना। जनता के साथ धोखा और अन्याय, बुंदेलखंड की ग़रीबी, लाचारी-बेबसी, मजदूरों, हरिजनों का विद्रोह, उन पर अत्याचार, शिक्षकों की दुर्दशा, महाजनों, बनियों की लूट, पंचवर्षीय योजना के नाम पर छलावा ये कुछ ऐसे मुद्दे थे जिनसे अग्रवाल जी लगातार टकराते रहे हैं। आज भी ये सवाल उसी रूप में हमारे सामने आते हैं जैसे अग्रवाल जी ने छोड़ा था। जनवादी कवि ने अपनी जिम्मेदारी को पूरी ईमानदारी के साथ निभाया है । केदारनाथ के अंदर एक ठेठ बुन्देलखंडी इंसान भी बसता था जो केन की सुन्दरता पर मुग्ध होता है और नदियों के साथ आत्मीय सम्बन्ध बनाकर उससे नाता जोड़ता है । केदारनाथ को कटीली प्रकृति का प्रेमी कहा जाता है । कटीली प्रकृति का अपना सौंदर्य है जिसे केदारनाथ ने जिया है । यह प्रकृति बुंदेलखंड की है जिसकी छाँव में वे जिए हैं, पले-बढ़े हैं। बुंदेलखंड की सोंधी खुशबू उनके काव्य में हर जगह मिल जाती हैं। कविता लिखते-लिखते वे अपनी बुन्देली का भी प्रयोग बेधड़क करते हैं, एक लयात्मकता के साथ वह भी काव्य में उत्कर्ष का कार्य करती है ।

****

संदर्भ

1. कहें केदार खरी खरी : सम्पादक- अशोक त्रिपाठी, प्रकाशक साहित्य भण्डार, इलाहाबाद, प्रथम संस्करण-2009, पृ-17

2. वही, पृ-24

3. साभार https://navbharattimes.indiatimes.com/photomazza/education-career/breast-tax-in-kerala-dreadful-story-of-a-cruel system/photoshow/71535838.cms?minitv=true.

4. साभार.https://www.youtube.com/watch?v=Lb59SjM94RE&list=RDCM UC9ONsv_4hREc_3ajLMZZOSg&index=11&ab_channel =Article19India

5. साभार- https://knowledgeocean.in/82-A6/1960/

6. साभार-https://samkaleenjanmat.in/mahajani-sabhyata-premchand/.

7. साभार- https://bharatdiscovery.org/india/A7_(1962)#gsc.tab=0

8. साभार-https://www.youtube.com/watch?v=xNIJ1h34FRY&ab_channel =TheLallantop

9. साभार-https://navbharattimes.indiatimes.com/education/gk-update/1971-india-pakistan-war-and-liberation-of bangladesh/articleshow /72342645.cms?minitv=true

10. भारत का संविधान, डॉ. बी. आर. अंबेडकर, सम्यक प्रकाशन-नयी दिल्ली. द्वितीय सम्यक संस्करण-2019

*****

लेखक मंडल

1. प्रो. शशि मुदीराज (सेवा निवृत्त)

   पूर्व अध्यक्ष, हिन्दी विभाग, हैदराबाद विश्वविद्यालय, हैदराबाद

   मोबाइल : 88979 27936

2. प्रो. कृष्ण कुमार सिंह

   पूर्व अध्यक्ष, साहित्य विभाग, महात्मा गाँधी अंतरराष्ट्रीय हिन्दी विश्वविद्यालय

   वर्धा, मोबाइल :94404 354261

3. प्रो.एस. पद्मप्रिया

   प्रोफेसर, हिन्दी विभाग, पांडिचेरी विश्वविद्यालय, पुदुचेरी

   मोबाइल :93453 31394

4. प्रो. एम. श्याम राव

   प्रोफेसर, हिन्दी विभाग, हैराबाद विश्वविद्यालय, हैदराबाद

   मोबाइल: 94929 23364

5. डॉ. सी. कामेश्वरी

   एसिसटेण्ट प्रोफेसर एवं भाषा विभागाध्यक्षा (सेवा निवृत्त), भवन्स विवेकानन्द

   महाविद्यालय, सैनिकपुरी, सिकंदराबाद

   मोबाइल : 9391136608

   ई-मेल : Kameswari.sahitya@gmail.com

   श्रीमती पदमा गर्व

   लेखिका, अनुवादक एवं स्वयं सेवी, चण्डीगढ

   मोबाइल : 09478026219

   ई-मेल : padma.bhargav@gmail.com

6. प्रो. एम. आंजनेयुलु

   प्रोफेसर, हिन्दी विभाग, हैराबाद विश्वविद्यालय, हैदराबाद

   मोबाइल : 94404 25686

7. प्रो. करन सिंह ऊटवाल

   प्रोफेसर, हिन्दी विभाग, मौलाना आज़ाद नेशनल उर्दू यूनिवर्सिटी, हैदराबाद

   मोबाइल : 98494 41956

8. डॉ. डी. अनंत लक्ष्मी

सहायक प्रोफेसर, पिंगली महिला कलाशाला (स्वायत्त), हनुमकोंडा, तेलंगाना

मोबाइल : 98492 06272

9. डॉ. अनुज कुमार

सहायक प्राध्यापक, हिन्दी विभाग, नागालैंड विश्वविद्यालय, कोहिमा परिसर

मेरिमा,

मोबाइल : 7903367410

10. डॉ. मनोज कुमार 'मौर्य'

सहायक प्राध्यापक, त्रिपुरा विश्वविद्यालय, त्रिपुरा

मोबाइल : 9560515608

ई-मेल : mauryahcu@gmail.com

11. डॉ. जनार्दन

सहायक प्राध्यापक, हिन्दी एवं आधुनिक भारतीय भाषा विभाग, इलाहाबाद

विश्वविद्यालय, प्रयागराज,उ.प्र.

12. डॉ. अनिल कुमार

मार्डन कालोनी, गणेश मंदिर, शरदवाड़ी रोड, सिन्नर, नाशिक, महाराष्ट्र

मोबाइल :83413 99496

13. डॉ. प्रफुल्ल कुमार

सहायक प्राध्यापक, बी.एन. मंडल विश्वविद्यालय, बिहार,

मोबाइल : 708505181

ई–मेल : prafullkumarbhu@gmail.com

14. संजीव कुमार मिश्र

शोधार्थी, हिन्दी विभाग, हैदराबाद विश्वविद्यालय, हैदराबाद

मोबाइल : 9473728314

15. रजनीश कुमार

शोधार्थी, हिन्दी विभाग, हैदराबाद विश्वविद्यालय, हैदराबाद

मोबाइल :7607059505,

ई-मेल : rajnieshkumar.rk@gmail.com

 स्वाधीनता आन्दोलन और हिन्दी कविता

KASTURI VIJAYAM

00-91 95150 54998

KASTURIVIJAYAM@GMAIL.COM

SUPPORTS

- PUBLISH YOUR BOOK AS YOUR OWN PUBLISHER.

- PAPERBACK & E-BOOK SELF-PUBLISHING

- SUPPORT PRINT ON-DEMAND.

- YOUR PRINTED BOOKS AVAILABLE AROUND THE WORLD.

- EASY TO MANAGE YOUR BOOK'S LOGISTICS AND TRACK YOUR REPORTING.